高等院校经济管理类规划教材
国家新闻出版改革发展项目库入库项目

数字经济测评与管理

张 彬 刘 宇 等 编著

北京邮电大学出版社
www.buptpress.com

内 容 简 介

本书通过对数字经济测评与管理相关基础内容与核心问题的系统梳理与专项探究，分析国内外数字经济发展形势、发展规划以及数字经济测评与管理的方式方法与先进经验，同时建立一套完善、可行的数字经济评价指标体系，以测算世界主要经济体的数字经济发展水平，提出促进数字经济发展的管理策略。

本书着眼于普适性和前瞻性，聚焦数字经济发展问题，注重数字文明素质培养，可作为数字经济相关专业学生的教学用书。本书有助于学生搭建数字经济测评与管理的理论知识框架，并为学生提供科学分析数字经济发展问题的工具和方法。

图书在版编目（CIP）数据

数字经济测评与管理 / 张彬等编著． -- 北京：北京邮电大学出版社，2022.12
ISBN 978-7-5635-6817-8

Ⅰ．①数… Ⅱ．①张… Ⅲ．①信息经济－研究 Ⅳ．①F49

中国版本图书馆 CIP 数据核字(2022)第 236379 号

策划编辑：姚　顺　刘纳新　　责任编辑：姚　顺　谢亚茹　　责任校对：张会良　　封面设计：七星博纳

出版发行：北京邮电大学出版社
社　　址：北京市海淀区西土城路 10 号
邮政编码：100876
发 行 部：电话：010-62282185　传真：010-62283578
E-mail：publish@bupt.edu.cn
经　　销：各地新华书店
印　　刷：唐山玺诚印务有限公司
开　　本：787 mm×1 092 mm　1/16
印　　张：13.25
字　　数：331 千字
版　　次：2022 年 12 月第 1 版
印　　次：2022 年 12 月第 1 次印刷

ISBN 978-7-5635-6817-8　　　　　　　　　　　　　　　　　　　定价：39.00 元
・如有印装质量问题，请与北京邮电大学出版社发行部联系・

序

在经济增速放缓的国际市场背景下,以"数据+算法+算力"为动力引擎的数字经济展现出蓬勃发展的态势。尤其在新冠肺炎疫情的影响下,经济下行压力加大,数字经济与实体经济的融合发展已经成为我国经济高质量发展的强大助推力,是实现我国产业结构优化升级、新旧动能加快转换与资源要素均衡发展的一条重要路径。早在1995年出版的 *The Digital Economy: Promise and Peril in the Age of Networked Intelligence* 一书中,著名新经济学家 Don Tapscott 便提出数字经济(digital economy)的概念,而2016年9月召开的G20杭州峰会正式对数字经济进行了明确的界定。随着信息通信技术的快速发展和大数据、人工智能、物联网、云计算等新业务的普及,数字经济凭借自身在供需匹配、价格机制、要素投入与资源配置等方面的效率优势,步入发展的快车道。

我国一直重视数字经济的发展。《2017年政府工作报告》指出,要"推动'互联网+'深入发展、促进数字经济加快成长"。2021年10月,习近平总书记在中共中央政治局第三十四次集体学习时提出,要把握数字经济发展趋势和规律,推动我国数字经济健康发展。2019年11月,国家发展改革委与中央网信办联合印发《国家数字经济创新发展试验区实施方案》,启动试验区建设工作,打造中国数字经济创新发展标杆,支撑我国数字经济高质量发展。2020年4月,国家发展改革委、中央网信办联合印发《〈关于推进"上云用数赋智"行动培育新经济发展实施方案〉的通知》(以下简称《通知》),《通知》提出要大力培育数字经济新业态,深入推进企业数字化转型。2021年3月发布的《中华人民共和国国民经济和社会发展第十四个五年规划和2035年远景目标纲要》提出,要发展数字经济,加快推动数字产业化,推进产业数字化转型,打造具有国际竞争力的数字产业集群。凭借长远的经济战略规划与完善的政策制度保障,我国数字经济已经取得显著成就。2020年,我国数字经济规模超过39万亿元,占GDP比重达到38.6%,占比同比提高2.4个百分点,成为当前我国经济发展过程中活力最高、辐射范围最广、创新性最强的经济增长极,是持续推动我国经济高质量发展的重要经济形态。

对数字经济进行科学、准确的测评,不仅可以帮助我们清楚地了解数字经济的发展现状、发展潜力与发展趋势,还可以帮助我们对不同区域的数字经济发展水平进行比较分析,找出造成区域间差异化发展、形成区域数字鸿沟的关键因素;而系统、深入地分析数字经济在战略、技术、运行等方面的管理过程,不仅可以帮助我们深入地了解全面高质量发展数字经济的内涵、目标与要求,还可以帮助我们提出充分释放数字经济潜力、有力提升我国经济实力的管理方案。因此,解决好数字经济的测评与管理问题是一项十分迫切的课题,对于我国今后更好地拥抱数字经济所带来的新发展机遇,营造我国数字经济的良好生态,并在国际数字经济发展过程中提出"中国方案"等方面具有深远意义。

应现实之需要,着未来之发展。《数字经济测评与管理》一书是由北京邮电大学经济管理学院张彬教授及其合作者在长期从事数字经济测评的教学工作与课题研究的基础上编撰而成的。它系统梳理了数字经济发展过程中的关键问题,详细总结了数字经济测评的理论与方法,结合我国权威统计部门发布的实际数据,并综合运用多种评价预测方法,提出了一套操作性强、可信度高的数字经济测评理论体系,同时着眼于数字经济管理过程中的不同方面,分析了现阶段数字经济发展遇到的问题,并提出下阶段实现数字经济高质量发展的路径、措施,内容翔实、论证充分,具有重要的理论价值和实践意义。

中国通信标准化协会理事长

闻库

2021.12.16

前　言

在全球数字革命浪潮下，数字经济已然成为引领科技创新、促进产业升级、拉动经济增长与重塑国际竞争格局的核心力量。数字经济的高速发展不仅能够持续催生新业态、新模式、新领域，繁荣经济，也能够为我国提高生产效率、优化产业结构注入新动力。同时，为充分利用数字经济这一新动能在带动经济增长方面的关键引擎作用，世界主要经济体在数字技术研发、数据风险管理与技术人才培养等方面加快布局，制定数字经济发展战略规划，扶持重点发展方向，以期在未来的国际数字经济发展中占据优势地位。鉴于此，借助于数字经济测评加强数字经济管理，衡量我国数字经济发展水平，科学研判整体经济形势，规范数字产业发展，对实现我国数字经济高质量发展、"弯道超车"抢占国际经济发展高地具有重要理论意义与实践参考价值。

本书包括12章：第1章为背景概述部分，主要对数字经济的基本概念、发展阶段以及战略意义等内容进行简要介绍；第2～4章为数字经济测评的基础概念与理论研究部分，主要介绍数字经济测评所涉及的概念、范围以及国际社会不同派别与机构对数字经济测度与评价的分析方法；第5～11章为数字经济管理的基础概念与内容概述部分，包括数字经济管理所涉及的概念、内涵以及在经济发展进程中出现的变化，并从战略、技术、运行、劳动力、创新与生态等角度，探究促进数字经济高质量发展的内容与方法；第12章为数字经济测评与管理的技术应用部分，构建测评指标体系分析世界主要经济体数字经济发展态势，并结合我国发展实际阐述管理策略。

本书由北京邮电大学经济管理学院张彬教授负责拟定全书框架脉络和主导各章内容的撰写。此外，北京邮电大学经济管理学院刘宇副教授和在校博士生刘媛媛参与了第2章的撰写；刘宇副教授和北京邮电大学经济管理学院在校硕士生张校绮参与了第3～4章的撰写；北京邮电大学经济管理学院在校博士生何洪阳参与了第6章和第10章的撰写；北京邮电大学经济管理学院在校博士生石佩霖和何洪阳参与了第7章的撰写；何洪阳和石佩霖参与了第11章的撰写；刘媛媛参与了第5章的撰写；北京邮电大学经济管理学院在校硕士生黄莹莹参与了本书第1章和第9章的撰写；北京邮电大学经济管理学院在校硕士生秦晨雪参与了第8章的撰写；石佩霖、刘宇副教授和何洪阳参与了第12章的撰写。感谢北京邮电大学经济管理学院2017级硕士研究生金知烨和彭书桢、2018级硕士研究生唐茹钰在读期间所进行的与本书相关的基础性研究工作，包括收集大量的第一手资料。

本书选题前沿，紧密结合党的十九大以来关于促进数字经济高质量发展、提高数字经济治理体系和治理能力等方面的精神，契合时代发展要求。本书内容全面，完整规范地展现了数字经济测评与管理的知识和技能,注重对学生数字文明素质的培养,符合国家发展趋势。本书结构合理,以"理论综述-综合知识-思考题"为主线,涵盖数字经济测评理论、数字经济管理实践以及数字经济案例应用等部分,适合用于教学。本书语言简洁流畅、文字严谨规范,可作为管理类、经济类、系统科学类等专业高年级本科生、研究生的教材,也可供研究数字经济发展、测评与管理问题的经济类、管理类科研人员、政府部门决策人员与企业高层管理人员参考。

本书的写作受到了国家社科基金重大项目"提高网络综合治理能力研究"(18VZL010)和中央网络安全与信息化委员会的委托课题《数字经济发展比较研究》(2018ZJW0008)的支持。

本书在编写过程中得到了原国家信息化专家咨询委员会常务副主任周宏仁等诸多专家、同行的关注与帮助,在此表示衷心的感谢。

衷心希望本书能够对数字经济测评与管理的科研工作和促进我国数字经济高质量发展、提升数字经济国际竞争力的政策制定提供帮助。由于数字经济发展的研究具有动态性,加之作者水平有限,书中的不妥之处敬请各位专家、读者予以批评指正。

目 录

第1章 数字经济概述 ·· 1

1.1 数字经济的内涵、特征 ·· 1
    1.1.1 数字经济的概念与内涵 ·· 1
    1.1.2 数字经济的类型与特征 ·· 5

1.2 数字经济的发展历程 ··· 8
    1.2.1 数字经济发展的第一波浪潮——萌芽孕育期 ································ 8
    1.2.2 数字经济发展的第二波浪潮——高速发展期 ································ 9
    1.2.3 数字经济发展的第三波浪潮——深度融合期 ······························· 10

1.3 数字经济发展与数字经济测评 ·· 12
    1.3.1 发展数字经济的战略意义 ··· 12
    1.3.2 影响数字经济发展的关键因素 ··· 13
    1.3.3 数字经济管理与数字经济测评的关系 ······································ 15

思考题 ··· 16
本章参考文献 ·· 16

第2章 数字经济测评基础 ·· 19

2.1 数字经济测评概述 ·· 19
    2.1.1 数字经济测评的背景 ·· 19
    2.1.2 数字经济测评的概念及对象 ·· 22
    2.1.3 数字经济测评的指导意义 ·· 23
    2.1.4 数字经济测评的原则与特点 ·· 24

2.2 数字经济测评的相关机构 ·· 26
    2.2.1 国内机构 ·· 26
    2.2.2 国际机构 ·· 29

思考题 ··· 31
本章参考文献 ·· 31

第3章　数字经济测评方法 ……………………………………………………………… 33

3.1 数字经济规模的测度(核算) ………………………………………………… 33
3.1.1 数字经济规模测度(核算)的类型 …………………………………… 33
3.1.2 数字经济所涉及的产业类别 ………………………………………… 35
3.2 数字经济综合评价法 ………………………………………………………… 36
3.2.1 指数的概念特性及作用 ……………………………………………… 36
3.2.2 综合评价指标体系的构建 …………………………………………… 37
3.2.3 数字经济相关指标体系实例 ………………………………………… 44
思考题 ……………………………………………………………………………… 47
本章参考文献 ……………………………………………………………………… 47

第4章　数字经济评价分析方法 …………………………………………………… 49

4.1 聚类分析 ……………………………………………………………………… 49
4.1.1 聚类分析概述 ………………………………………………………… 49
4.1.2 3种常见的聚类算法 ………………………………………………… 50
4.1.3 K-Means 划分聚类的步骤及实例 …………………………………… 51
4.2 洛伦兹曲线与基尼系数 ……………………………………………………… 53
4.2.1 洛伦兹曲线与基尼系数概述 ………………………………………… 53
4.2.2 计算基尼系数 ………………………………………………………… 54
4.2.3 洛伦兹曲线与基尼系数实例 ………………………………………… 54
4.3 灰色预测 ……………………………………………………………………… 57
4.3.1 灰色系统理论 ………………………………………………………… 57
4.3.2 灰色预测法 …………………………………………………………… 57
4.3.3 灰色生成数列 ………………………………………………………… 58
4.3.4 灰度模型 ……………………………………………………………… 59
4.3.5 灰色预测的步骤 ……………………………………………………… 59
4.3.6 灰色预测实例 ………………………………………………………… 60
4.4 时间序列预测法 ……………………………………………………………… 62
4.4.1 时间序列预测法概述 ………………………………………………… 62
4.4.2 时间序列类型 ………………………………………………………… 63
4.4.3 时间序列预测法的步骤 ……………………………………………… 63
4.5 相关分析 ……………………………………………………………………… 70
4.5.1 相关分析概述 ………………………………………………………… 70
4.5.2 相关分析方法 ………………………………………………………… 70
4.5.3 相关分析实例 ………………………………………………………… 72
思考题 ……………………………………………………………………………… 72
本章参考文献 ……………………………………………………………………… 74

第 5 章　数字经济管理基础 ·· 75

5.1　数字经济管理的概述 ·· 75
5.1.1　数字经济管理的概念与对象 ································· 75
5.1.2　数字经济管理的特点 ·· 76
5.2　数字经济管理的意义 ·· 77
5.3　数字经济管理的发展和演进 ··· 78
5.3.1　数字经济管理与传统经济管理的区别 ··················· 78
5.3.2　数字经济管理的发展 ·· 79
5.3.3　数字经济管理的演进 ·· 80
思考题 ··· 81
本章参考文献 ·· 81

第 6 章　数字经济战略管理 ·· 83

6.1　数字经济战略管理概述 ··· 83
6.1.1　数字经济战略管理的内涵 ····································· 83
6.1.2　数字经济战略制定的目标 ····································· 83
6.1.3　数字经济战略制定的原则 ····································· 85
6.2　数字经济战略的演进规律与发展挑战 ··························· 85
6.2.1　不同发展阶段数字经济战略内涵的变化 ··············· 86
6.2.2　数字经济战略制定需解决的主要问题 ··················· 87
6.3　数字经济战略制定的国际经验借鉴 ······························ 88
6.3.1　发达国家和地区数字经济战略侧重点 ··················· 89
6.3.2　国际经验借鉴 ··· 91
6.3.3　未来数字经济战略制定的关键要点 ······················· 92
思考题 ··· 95
本章参考文献 ·· 95

第 7 章　数字经济技术管理 ·· 98

7.1　数字信息技术与应用 ·· 98
7.1.1　数字经济发展的核心技术 ····································· 98
7.1.2　数字信息技术应用 ··· 103
7.2　数字信息技术发展的助力政策与问题挑战 ·················· 106
7.2.1　国内外数字信息技术发展政策梳理 ····················· 106
7.2.2　数字信息技术发展带来的问题 ···························· 111
7.3　未来数字经济技术管理的优化措施 ····························· 112
思考题 ··· 113
本章参考文献 ·· 113

第8章 数字经济运行管理······116

8.1 数字经济运行管理概述······116
8.1.1 数字经济运行的内涵······116
8.1.2 数字经济运行的机制······117
8.1.3 数字经济运行的目标······118

8.2 数字产业化与产业数字化内涵、特征及转型······120
8.2.1 数字产业化与产业数字化的内涵及特征······120
8.2.2 数字产业化和产业数字化转型······122

思考题······124

本章参考文献······124

第9章 数字经济劳动力管理······126

9.1 数字经济对就业的影响······126
9.1.1 数字经济就业现状分析······126
9.1.2 数字经济就业模式······127
9.1.3 数字经济发展对劳动力结构和劳动生产率的影响······129

9.2 数字经济时代的就业挑战······131
9.2.1 就业壁垒加剧数字鸿沟的扩张······131
9.2.2 融合发展引发劳动力多样化需求······132
9.2.3 数字经济就业形态对管理模式提出挑战······132

9.3 数字经济时代的劳动力管理······133
9.3.1 数字经济时代劳动力管理的重要意义······133
9.3.2 数字经济劳动力管理的关键问题分析······134
9.3.3 数字经济劳动力管理提效举措······136

思考题······139

本章参考文献······139

第10章 数字经济创新管理······141

10.1 数字经济创新的概念与影响······141
10.1.1 数字经济创新的基本概念······141
10.1.2 数字经济创新给产业发展带来的影响······142

10.2 数字经济创新的目标与挑战······144
10.2.1 数字经济的创新发展目标······144
10.2.2 我国数字经济创新面临的挑战······145

10.3 数字经济创新的关键要点与体系构建······146
10.3.1 数字经济创新的关键要点······147
10.3.2 数字经济创新的体系设计······148

10.4 数字经济创新的保障措施······151

思考题 · 152
本章参考文献 · 152

第 11 章 数字经济生态管理 · 154

11.1 数字经济生态的基本概念与组成 · 154
11.1.1 数字经济生态的概念与内涵 · 154
11.1.2 数字经济生态的基本组成 · 155

11.2 数字经济生态的运行特征与发展目标 · 157
11.2.1 数字经济生态的运行特征 · 157
11.2.2 数字经济生态的发展目标 · 158

11.3 营造良好数字经济生态的发展路径 · 160
11.3.1 促进数字经济生态结构功能完整 · 160
11.3.2 培育集聚数字经济市场主体 · 161
11.3.3 促进数字经济主体良好运行 · 161
11.3.4 持续注入数字经济创新发展动能 · 162
11.3.5 构建数字经济生态共生体系 · 162

11.4 数字经济生态管理的新问题和新挑战 · 163
11.4.1 数字鸿沟 · 163
11.4.2 数据产权 · 164
11.4.3 数据开放 · 166
11.4.4 数据安全 · 167
11.4.5 知识侵权 · 169
11.4.6 网络伦理道德 · 170

11.5 数字经济生态的治理策略 · 171
11.5.1 宏观层面的网络空间治理 · 171
11.5.2 微观层面的数据治理 · 172
11.5.3 国际层面的合作治理 · 173

思考题 · 175
本章参考文献 · 175

第 12 章 数字经济测评与管理案例 · 178

12.1 数字经济综合发展水平指标体系的确立 · 178
12.2 指标体系中各指标含义 · 180
12.3 数字经济综合发展水平测评方法 · 180
12.3.1 数据采集 · 181
12.3.2 数据补缺 · 181
12.3.3 数据标准化 · 181
12.3.4 权重确定 · 188
12.3.5 指数计算 · 193

12.4　数字经济测评分析与管理建议 193
　　12.4.1　数字经济水平发展状况整体分析 193
　　12.4.2　数字经济综合发展水平二、三级指标分析 196
　　12.4.3　数字经济管理建议 198
思考题 199
本章参考文献 200

第 1 章 数字经济概述

作为新时期拉动经济增长的重要引擎,数字经济以现代信息网络为主要载体,以信息通信技术为重要助力,实现数字产业与传统产业的融合应用与发展。数字经济发展速度快、辐射范围广、影响程度深,正日益深刻地影响着人们的生产生活方式,是未来重组全球经济结构、重塑全球竞争格局的关键力量。本章重点对数字经济的内涵、特征以及影响数字经济发展的关键因素等重点基础性问题进行系统阐述,厘清数字经济的发展历程与战略意义,为深入探究数字经济的测评理论方法与管理实践措施奠定基础。

1.1 数字经济的内涵、特征

数字经济概念的演变及辨析

1.1.1 数字经济的概念与内涵

1. 数字经济的起源与发展

全球著名的新经济学家和商业策略大师 Don Tapscott 早在其 1995 年出版的著作 *The Digital Economy: Promise and Peril in the Age of Networked Intelligence* 中最先提出数字经济的概念,他认为数字革命可以改变人们生活、学习、工作和交流的方式,将数字经济定义为"网络智能时代的经济",并在此书中对数字革命、数字经济、数字化未来进行了深入的剖析,被誉为"数字经济之父"。同年,MIT 媒体实验室的创始人尼古拉斯·尼葛洛庞帝(Nicholas Negroponte)在其出版的《数字化生存》一书中,将数字经济定义为"利用比特而非原子的经济",这一定义在当时具有里程碑意义,揭示了"数字经济是基于网络的经济"这一本质。

随着移动互联网、大数据、云计算、物联网、人工智能等前沿技术的蓬勃发展,数字经济包含了更多新的内容,政府、组织、个人对数字经济的理解也不完全相同。2016 年,中国作为二十国集团(G20)主席国,首次将"数字经济"列为 G20 创新增长蓝图中的一项重要议题。在 G20 杭州峰会上通过的全球首个由多国领导人共同签署的数字经济政策文件《G20 数字经济发展与合作倡议》正式对数字经济作出了定义:"数字经济是指以使用数字化的知识和信息作为关键生产要素、以现代信息网络作为重要载体、以信息通信技术的有效使用作为效率提升和经济结构优化的重要推动力的一系列经济活动。"这一定义将数字经济归结为一种将互联网、信息通信产业与其他传统产业相融合的经济活动。

数字技术的发展和应用使得各类社会生产活动能以数字化方式生成可记录、可存储、可交互的数据、信息和知识,数据由此成为新的生产资料和关键生产要素。互联网、物联网等网络技术的发展和应用使抽象出来的数据、信息、知识在不同主体间流动、对接、融合,深刻地改变着传统的生产方式和生产关系。人工智能、大数据、云计算、量子通信等数据信息处理技术和先进信息通信技术的应用使得数据处理效率更高、能力更强,大大提高了数据处理的系统化、自动化和智能化水平。总的来说,信息技术的进步能够推动社会经济活动效率迅速提升、社会生产力快速发展,可以认为数字经济是全社会信息活动的经济总和。

随着以数据驱动为特征的数字化、网络化、智能化发展深入推进,数字经济的含义也在不断地丰富和发展。中国信息通信研究院在2020年7月发布的《中国数字经济发展白皮书(2020)》中,将数字经济的定义升级为"以数字化的知识和信息为关键生产要素,以数字技术为核心驱动力,以现代信息网络为重要载体,通过数字技术与实体经济深度融合,不断提高数字化、网络化、智能化水平,加速重构经济发展与治理模式的新型经济形态",并利用数字产业化、产业数字化、数字化治理、数据价值化的"四化"框架分析了数字经济的内涵。

数字产业化是指数据要素的产业化、商业化和市场化。产业数字化是指利用现代数字信息技术、先进互联网和人工智能技术对传统产业进行全方位、全角度、全链条改造,使数字技术与实体经济各行各业深度融合发展。我国在2021年发布的《中华人民共和国国民经济和社会发展第十四个五年规划和2035年远景目标纲要》中指出,要"加快推动数字产业化"和"推进产业数字化转型"。这是我国把握世界科技革命和产业变革大趋势做出的战略部署,加快推动数字产业化、推进产业数字化转型是打造数字经济新优势的关键举措。而数字化治理指的是使用数字化手段进行国家治理,使用数字技术开辟社会治理新途径,是推进国家治理体系和治理能力现代化的重要组成部分。数据价值化包括但不限于数据采集、数据标准、数据确权、数据标注、数据定价、数据交易、数据流转、数据保护等方面,价值化的数据是数字经济发展的关键生产要素,加快推进数据价值化进程是发展数字经济的本质要求。

2. 数字经济与其他相关概念的关系

在信息技术对整个社会经济带来影响的各种论述中,除了数字经济的概念外,还存在知识经济、信息经济和网络经济等概念。其中,知识经济强调知识作为要素在经济发展中的作用;信息经济强调信息技术相关产业对经济增长的影响;网络经济强调在因特网上进行资源分配、生产、交换和消费等经济活动。知识经济、信息经济、网络经济这3个概念与数字经济之间虽然存在差异,但实际上紧密联系,不同概念的演进深刻体现了经济社会发展中的数字化转型过程。

知识经济和信息经济两个概念之间联系紧密,较早提出"信息经济"概念的是奥地利裔美籍经济学家弗里茨·马克卢普(Fritz Machlup),他在1962年出版的信息经济经典论著《美国的知识生产和分配》中首次提出了"知识产业""知识经济"的概念以及从经济学角度测度信息社会的方法。弗里茨将知识产业划分为5个分支,根据他的"知识产业"(信息产业)在美国国民经济中的比例研究,将知识产业的各分支按照对国民经济生产总值的贡献由大到小排序,依次为教育、通信媒介、信息服务、研究与开发、信息设备。

从区别来看,知识经济是以知识为基础、以脑力劳动为主体、以智力资源配置为要素的经济。在以知识为基础的知识经济社会,智力资源成为一个国家、一个企业取得竞争优势的核心资源,知识作为要素在经济发展中具有核心作用。而信息经济是指以生产、获取、处理和应用信息为主的经济,可以将经济部门划分为信息经济部门和非信息经济部门,强调的是信息技术对经济增长的影响。

在知识经济和信息经济之后,网络经济概念诞生了。网络经济是一种建立在计算机网络基础上的生产、分配、交换和消费的经济关系,是以现代信息技术为核心的新经济形态。这种经济形态以极快的速度影响着社会经济与人们的生活,不仅包括以现代计算机技术为基础的整个高新技术产业的崛起和迅猛发展,还包括由于高新技术的推广和运用所引起的传统产业的革命性变化和飞跃性发展。

数字经济的最大特征是数字化,因此"数字化"的知识经济和信息经济本质上就是数字经济。数字经济的繁荣离不开信息与通信技术的发展,其中,基于计算机网络技术的数字经济就是网络经济。因此,知识经济、信息经济、数字经济、网络经济的大致关系可以用图1-1所示的形式描述。"数字经济"的概念比较全面地反映了信息时代基于计算机网络及信息通信等数字化技术的经济活动的主要特征和发展趋势。

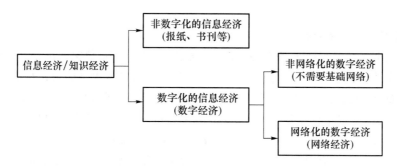

图1-1　知识经济、信息经济、数字经济、网络经济的关系

3. 世界各国对数字经济的理解和定义

20世纪90年代以来,世界各国对数字经济进行定义和测量方面的研究从未中断。各国政府中最早对数字经济进行定义的是日本政府。1997年5月,日本通产省在相关报告中将数字经济描述为具备4种经济形态特征的"广义电子商务":①没有人员、物体和资金的物理移动的经济是可能的;②合同的签订、价值转移和资产累积可以用电子手段完成;③作为经济基础的信息技术将高速发展;④电子商务将广泛拓展,数字化将渗透人类生活的各个方面。1998年和1999年,美国商务部连续两次发布了《兴起中的数字经济》报告,从政府角度审视数字经济,并开始设计测量指标,搜集数据,将数字经济纳入官方统计。

澳大利亚政府在2009年出台的政策文件《澳大利亚的数字经济:未来的方向》将数字经济视为促进生产、提高国际竞争地位、改善社会福利的必然选择。该文件指出,数字经济是指通过互联网、移动电话和传感器网络等信息和通信技术实现经济和社会在网络上的全球化。可以看出,澳大利亚政府对数字经济的理解侧重于数字经济是一种社会变革和进程。为促进数字经济的健康发展,英国政府于2010年4月颁布并实施了《数字经济法2010》,将音乐、游戏、电视广播、移动通信、电子出版物等列入数字经济的范畴。英国研究委员会指出,数字经济通过人、过程与技术发生复杂关系,从而创造社会经济效益。英国国家经济社会研究院将数字经济定义为各类数字化投入带来的全部经济产出。其中,数字化投入包括数字技能、数字设备(软硬件和通信设备)以及用于生产环节的数字化中间产品和服务。从该定义不难看出,英国是从产出的角度理解数字经济的。美国经济分析局于2016年11月发布的名为《测量数字经济》的报告指出,测量数字经济不仅应包括电子商务服务,还应包括新的数字服务,如广告支持下的免费互联网服务和共享经济服务等。同美国一样,经济合作与发展组织对数字经济的理解侧重于测度数字经济,将数字经济定义为通过电子商务实现和进行的商品和服务贸易。俄罗斯联邦政府在一份2017年7月发布的以发展数字经济为主题的文件中将数字经济定义为"以保障俄联邦国家利益(包括提高国民生活水平和提高国家经济竞争力)为目的,在生产、管理、行政等过程中普遍使用数字或信息技术的经济活动"。法国对数字经济的定义是以行业为核心的,法国数字经济监测中心对数字经济的阐述为数字经济涵盖了电信行业、视听行业、软件行业、互联网行业以及需要运用电信、视听、软件、互联网技术来支持自身活动的行业。韩国对数字经济的理解更加广泛,直接将数字经济定义为以包括互联网在内的信息通信产业为基础的所有经济活动(包括电子交易、互联网购物和搜索服务等)。

虽然各国对数字经济的理解不完全相同,但是各国对数字经济涉及范畴的划定较为一致。

4. 数字经济内涵的特征

数字经济渗入农业、工业、服务业,成为一种新的经济形态,数字经济是经济社会转型升级的重要驱动力,促进了经济全球化发展。随着信息技术发展水平的快速提高,数字经济的内涵和涉及的范围也发生了变化,众多学者、组织和政府机构陆续对数字经济的内涵进行了研究,加深了对数字经济的认识。归结起来,数字经济内涵的特征主要包括以下4个方面。

1) 数字经济包括直接数字经济和间接数字经济两大部分

数字经济的构成包括两大部分。一是直接数字经济,是数字产业化对应的部分,也称数字经济基础部分,即将信息产业生产的产品或提供的服务直接用于数字化的知识和信息(数据)的生产、分配和使用。其具体的行业形态包括信息技术产业、网络运营服务业、互联网产业、数据产业、网络和信息安全产业等。二是间接数字经济,是产业数字化对应的部分,也称数字经济融合部分,即各行业(包括政府类、事业类和企业类等)部门在生产产品或提供服务的过程中,开展的以计算机、计算机网络或数字化的知识和信息(数据)为关键生产要素,提高劳动生产率或效率为目的的经济活动。数字技术给传统产业带来的生产数量和生产效率的提升体现了数字经济对国民经济的重要贡献。间接数字经济将无处不在。

2) 数字经济是一种新的经济社会发展形态

在数字经济时代,数据成为新的生产要素。数字经济渗入农业、工业、服务业等行业,构成一种新的经济社会发展形态,与信息技术、信息化发展密不可分。数字经济在基本特征、运行规律等维度出现根本性变革。对数字经济的认识,需要拓展范围、拓宽边界和视野,需要站在人类经济社会形态演化的角度,全面审视数字经济对经济社会的革命性、系统性和全局性影响。

3) 数字经济是一种技术范式

数字经济建立在包括大数据、云计算、物联网、人工智能、区块链、量子计算、移动互联网等信息通信技术重大突破的基础上,以数字技术与实体经济融合驱动产业梯次转型和经济创新发展为主要引擎,在基础设施和生产要素、产业结构和治理结构上表现出与传统经济形态显著不同的特点。数字技术将带来经济社会新一轮的发展和变迁,推动经济效益大幅提高。数字经济技术范式具有三大特征:数字化的知识和信息是最重要的经济要素;数字技术有非常显著的网络化特征;数字技术重塑了经济与社会。

4) 数字经济是信息经济和信息化发展的高级阶段

信息经济包括以数字化的知识和信息为驱动的经济以及以非数字化的知识和信息为驱动的经济两大类。未来,非实物生产要素的数字化是不可逆转的历史趋势,数字经济既是信息经济的子集,又是未来的发展方向。而信息化是经济发展的一种重要手段,数字经济除了包括信息化外,还包括在信息化基础上产生的经济和社会形态的变革,这是信息化发展的结果。在数字经济发展带来新的历史机遇的今天,提升我国各地区信息化发展水平,缩小差异,弥合数字鸿沟,进而加快我国数字产业化和产业数字化在各地区间均衡演进,整体带动产业结构优化升级,实现"数字中国"强国梦的远大目标,是一个前瞻性问题。因此,需要结合我国数字经济的发展特点,采用与时俱进的科学方法,对数字经济的发展水平进行测评、分析、比较,并由此提出优化策略,从而实现科学构建一种可持续发展的社会新型经济形态的宏伟目标。

5. 对数字经济的扩展定义

综合以上要点,数字经济包括了一切基于数字计算机生产的产品和提供的服务,是以数字化丰富要素供给,以网络化提高要素配置效率,以智能化提升产出效能,以数字安全保障有效运行,通过数字技术与实体经济深度融合,形成经济发展新动能,进而构建和谐包容、以人为本、可持续发展社会的一种新型经济形态。

1.1.2 数字经济的类型与特征

1. 数字经济的类型

数字经济的类型划分主要用于对数字经济相关产业进行分类,以便于进行数字经济测度。

1) 经济合作与发展组织的数字经济分类

经济合作与发展组织(OECD)是推动数字经济统计分类和卫星账户框架研究的国际组织,整合了包括 IMF、欧盟统计局和各国统计机构在内的专家资源对数字经济统计领域进行了长期深入的研究。在 2018 年 9 月召开的第 16 届政府统计大会上,OECD 数字经济咨询小组学者从测量角度提出数字经济卫星账户的概念框架,来指导数字经济官方统计,为在概念框架内识别数字经济活动,还进行了产品和产业分类,初步将数字经济产业划分为以下 6 类。

① 数字促成产业:通过电子技术手段生产产品以实现信息处理和通信功能的产业。
② 数字中介平台产业:利用数字化技术为买卖双方提供交易平台和中介服务的产业。
③ 电子商务产业:利用互联网信息技术进行商品交换的商务活动。
④ 数字内容产业:基于网络的搜索引擎、比较站点、社交网络、协作平台以及基于订阅提供内容的业务。
⑤ 依赖数字中介平台的数字产业:依赖交易平台和中介服务平台提供服务的数字产业。
⑥ 其他数字产业:前 5 个类别未涉及的所有其他数字产业。

2) 美国商务部的数字经济分类

2018 年,美国商务部下属机构经济分析局(BEA)发布名为《定义和测度数字经济》的报告,该报告对数字经济进行了详细的分类。BEA 将数字经济划分为 3 个一级类别:数字赋能基础设施、电子商务、数字媒体等。每个一级分类包含若干个二级分类,如表1-1所示。

表1-1　BEA数字经济分类方案表

一级分类	数字赋能基础设施	电子商务	数字媒体
二级分类	硬件 软件 通信设备及服务 支持服务 建筑 物联网	B2B B2C P2P	直接销售的数字媒体 免费数字媒体 大数据

3)中国国家统计局的数字经济分类

2021年6月,中国国家统计局正式公布了《数字经济及其核心产业统计分类(2021)》,将数字经济划分为数字产品制造业、数字产品服务业、数字技术应用业、数字要素驱动业和数字化效率提升业等五大基本类型。其中,前四大类为数字产业化部分,即数字经济核心产业,是指为产业数字化发展提供数字技术、产品、服务、基础设施和解决方案,以及完全依赖于数字技术、数据要素的各类经济活动。第五大类为产业数字化部分,是应用数字技术和数据资源为传统产业带来产出增加和效率提高的经济活动,是数字技术与实体经济的融合部分,该部分涵盖智慧农业、智能制造、智能交通、智慧物流、数字金融、数字商贸、数字社会、数字政府等数字化应用场景。

4)中国信息化百人会的数字经济分类

2017年,中国信息化百人会发布的《中国数字经济发展报告》根据信息通信技术与其他领域的结合情况,将数字经济分为基础型、融合型、效率型、新生型、福利型等五大类型。

① 基础型数字经济:数字产业化部分,即传统信息通信产业,如电子信息设备制造业、电信业、软件和信息技术服务业等。

② 融合型数字经济:由于信息采集、传输、存储、处理等信息设备不断融入传统产业的生产、销售、流通、服务等各个环节,形成了新的生产组织方式,因此给传统产业中的信息资本存量带来了产出增长份额,即构成了融合型数字经济。

③ 效率型数字经济:信息通信技术在传统产业的普及促进了全要素生产率的提高,由此带来的产出增长份额构成了效率型数字经济。

④ 新生型数字经济:信息通信技术的发展不断催生出的新技术、新产品、新业态构成了新生型数字经济。

⑤ 福利型数字经济:信息通信技术普及所带来的消费者剩余和社会福利等正的外部效应,构成了福利型数字经济。

2. 数字经济的特征

1)数字经济的基本特征

数字经济受梅特卡夫定律、摩尔定律和达维多定律等网络经济定律的支配和影响,具有以下4个基本特征。

(1)数字化

数字化是指将信息载体(文字、图片、图像、信号等)以数字编码形式进行储存、传输、加工、处理和应用的技术途径。数字化概念本身指的是信息表示方式与处理方式,但本质上强调的是信息应用的计算机化和自动化,通过对数据的收集、聚合、分析与应用,强化数据的生产要素与生产力功能。20世纪中叶,计算机的发明标志着数字化的起步。目前,数字化正从计算机化向数据化发展,通过信息技术的进步与融合来推动传统产业向数字化转型,这是当前社会信息化最重要的趋势之一。

(2) 网络化

网络化是指利用通信技术和计算机技术,把分布在不同地点的计算机及各类电子终端设备互联起来,使其按照一定的网络协议相互通信,以达到所有用户都可以共享软件、硬件和数据资源的目的。20世纪90年代以后,互联网的全球普及为数字经济的发展构筑了至关重要的基础设施。网络化带来了以基于网络基础建设而进行资源的生产、分配、交换和消费为主的新形式的经济活动。网络化是数字经济的重要特征,它不仅包括以计算机为核心的信息技术产业的兴起和快速增长、以现代计算机技术为基础的整个高新技术产业的崛起和迅猛发展,还包括由于高新技术的推广和运用所引起的传统产业、传统部门的革命性变化和飞跃性发展。推动网络进一步演化升级,推动信息领域技术创新突破,能够更好地助力经济发展。

(3) 智能化

智能化是指事物在计算机网络、大数据、物联网和人工智能等技术的支持下(数字化和网络化的结果),所具有的能动地满足人的各种需求的属性(系统直接进行决策并指挥相应的部门执行决策)。通俗一点来说,智能化将决策机制模型化后,直接指挥执行单元,执行单元接到指令后可以自动执行,从而降低了管理人员决策的工作难度,提高决策效率。目前,人工智能、物联网等领域的研究与发展表明数字经济已经进入以智能化为核心的发展阶段。智能应用研究包括语音识别、自动驾驶、机器人写稿、图像识别、医疗辅助等诸多领域。未来,智能化技术发展将对数字经济发展产生质变效应,推动人类生产和生活方式的新变革。

(4) 商业化

数字经济将会对众多产业造成颠覆性影响,一系列变化促使新的商业模式出现。未来,数字经济将会以大数据、云计算、物联网以及人工智能为驱动技术,在传统商业模式基础上进行重新设计,构建依靠数字产品横向延伸价值链和依靠数字技术纵向衍生产业链的基本商业模式,以及依靠数字技术驱动的跨行业、跨区域商业模式。

2) 数字经济区别于传统经济的典型特征

除以上4个基本特征以外,数字经济作为一种新的经济形态,既具有一般经济系统的特征,也呈现出有别于传统经济的独有特征。其区别于传统经济的典型特征主要体现在以下几个方面:

① 数字经济依靠以大数据、人工智能、物联网、云计算为核心的高新技术推动经济发展和社会进步,从而使数据成为发展数字经济的关键生产要素;

② 物理世界对数字世界的技术创新提出更高的要求,数字创新驱动成为新的生产力;

③ 引领创新与应用并保证实施到位的根本在于高水平数字人才的培养,因此数字经济教育体系建设成为数字经济时代的新要求;

④ 发展数字经济需结合供给侧结构性改革,促进产业组织、商业模式、供应链管理创新,大幅提高生产运营和组织效率,推动传统产业数字化转型升级,促进产业融合;

⑤ 数字经济依托嵌入式生态系统，其价值在于数据资源聚集，而与之密切相关的是数据治理问题，包括数据开放、数据安全与隐私保护、数据所有权与知识产权保护、公平信任与数字包容、社会共识与道德伦理规范等。

1.2 数字经济的发展历程

数字经济的发展历程

数字经济作为一种经济业态，其发展最早可追溯到 20 世纪 40 年代兴起的信息经济。数字经济的发展历程与数字技术（信息技术）的发展历程息息相关，从电子计算机的划时代发明、互联网诞生和普及带来的进步，到近年来兴起的大数据等新兴技术所预示和导向的智能化前景，都推进着数字经济的演化和发展。随着电子计算机的发明和数字化产品形态的演变，"0-1"数字化的出现引发了数字经济的第一波浪潮，互联网、移动互联网的发展和普及引发了数字经济的第二波浪潮，而近年来全球范围内数字技术的深度跨界融合正在引发数字经济的第三波浪潮。

1.2.1 数字经济发展的第一波浪潮——萌芽孕育期

1. 早期的信息化

数字经济的本质在于信息化，信息化奠定了数字经济发展的基础。因此，早期的信息化阶段是数字经济的起步阶段，是由计算机与互联网等生产工具的革命带来的工业经济向信息经济的转型阶段。1946 年，美国研制出世界上第一台通用计算机埃尼阿克（ENIAC），标志着数字经济时代的正式开始。早期计算机主要采用电子管作为基本电子元器件，使用机器语言或汇编语言来编写应用程序，应用领域主要为科学计算和数据处理，应用场所主要是军事场所、科研院所和大中型企业。20 世纪 50 年代中期，晶体管的出现使得计算机开始朝小型化方向发展。1954 年，IBM 公司推出第一台晶体管计算机 TRADIC，计算机的计算能力有了很大提高。20 世纪 60 年代初中期，集成电路的发明引发了电路设计革命。1964 年，IBM 公司研制成功第一台采用集成电路工艺的计算机 IBM S/360。1970 年，采用大规模集成电路研制出 IBM S/370，并将硬件与软件分离开来，从而明确了软件的价值。1971 年，Intel 公司研制成功世界上第一款商用微处理器 4004，基于微处理器的微型计算机时代从此开启。同时，软件方面也出现了标准化的程序设计语言和人机会话式的 BASIC 语言等。从技术发展特点看，随着集成电路设计与加工能力的进步，计算机的核心处理和存储技术快速发展，体积不断缩小，价格持续下降，可靠性也逐渐增强。计算机的发展为数字经济提供了物质载体，这标志着数字经济开始进入萌芽期。

2. 计算机的普及与应用

20 世纪 70 年代中期至 90 年代中前期，随着大规模集成电路的出现，计算机的体积进一步缩小，性能进一步提高，开始应用到中小企业及居民生活等领域，数字经济步入孕育阶段。1981 年，IBM 公司推出第一台个人计算机 IBM 5150，其采用英特尔公司的 8088 微处理器，搭载微软的 MS-DOS 系统，标志着计算机正式进入个人计算机（PC）时代。此后计算机在商业领域开始广泛运用，由大企业向中小企业普及，并开始进入千家万户，以计算机为核心的 IT 产业初步形成。在硬件领域，苹果公司于 1976 年成立，并于 1984 年推出麦金塔

(Macintosh)计算机,首次将图形用户界面应用到个人计算机上;康柏公司和戴尔公司先后于1982和1984年创立,并在便携式计算机的开发上取得进展。在软件领域,微软公司于1975年创立,并于同年将BASIC语言移植到个人计算机上,1980年开发出DOS系统;1977年,甲骨文公司创立,并开发出商用的SQL数据库。日本企业也开始进军IT领域,NEC、夏普、东芝等企业以存储器为切入口在半导体芯片领域实现快速发展。以半导体微电子产业和计算机产业为基础的现代信息技术的普及、应用以及信息资源共享带来的极大便利,对经济增长方式产生了积极的影响,为数字经济进入高速发展阶段奠定了基础。

1.2.2 数字经济发展的第二波浪潮——高速发展期

1. 网络经济时代的到来

20世纪90年代中期至21世纪初期,伴随着个人计算机和网络技术的发展,数字经济从以计算机为基础的信息化阶段发展逐步进入以网络互联互通为基础的网络化发展阶段。一般认为,从1995年开始,数字经济开始进入网络时代。美国国防部于1969年建立的ARPA网是计算机主机的联网,虽然不是计算机网络的联网,但可以说是互联网发展的早期形态。在此后的发展历程中逐渐形成NSF网(1986)、万维网(1991)等主干网。1993年,美国克林顿政府执政后推出"信息高速公路"战略,大力推动信息基础设施建设,标志着计算机网络进入高速发展阶段。1994年,网景公司成立,开发出导航者浏览器,1995年其上市首日股票市值即达数十亿美元,引发了IT产业的爆发式增长。随后,以互联网为核心的信息技术开始渗透到社会经济的各个方面。作为搜索服务领域的先锋,雅虎公司和谷歌公司先后于1995年和1998年成立。在电子商务领域,亚马逊和eBay于1995年创立,开始挑战传统商务;Netflix于1997年成立,拓展了在线影片租赁业务。与此同时,网络硬件领域的三大供应商(思科、3COM、海湾网络公司)齐头并进,其营业收入达到10亿美元,成为主要的受益者。1994年,中国正式接入国际互联网,进入互联网时代。以互联网行业崛起为显著特征,伴随着互联网用户数量的高速增长,一大批业内的先锋企业相继成立:三大门户网站(新浪、搜狐、网易)先后创立,阿里巴巴、京东等电子商务网站进入初创阶段,百度、腾讯等搜索引擎和社交媒体得到空前发展。在移动通信领域,20世纪70年代以后,移动通信技术开始快速发展,1985年高通公司成立,将原有的军用通信技术CDMA迅速转向民用。网络经济时代的大幕已经全面拉开。

2. 网络经济的破灭与复苏

网络经济发展的热潮在2000年达到顶点,由于个人计算机计算速度、存储规模和网速越来越成为新兴经济发展的桎梏,很多今天广泛应用的商业模式没有有效的技术支撑,网络经济的发展速度远远超出实体经济的发展需要,最终导致2000年的网络经济泡沫破灭,美国相继爆发次贷危机(2007)和金融危机(2008)。而在这一阶段,中国数字经济的商业模式仍较为单一,以新闻门户、邮箱业务、搜索引擎为代表业态,其增值服务则以信息传播和获取为核心;萌芽期初创企业模仿国外成功商业模式的现象极为普遍,技术创新尚未得到足够重视,流量争夺和用户积累是竞争的核心内容。2000年前后,以科技股为代表的纳斯达克股市崩盘,全球互联网泡沫破灭,国内互联网产业也未能幸免,经历了2~3年的低迷阶段。但随着个人计算机计算速度、存储规模和网速的几何级数增长,移动通信技术的不断进步以及智能手机的出现,曾经破灭的网络经济在以移动互联网为代表的新技术驱动下迎来又一波繁荣,由 PC 互联网时代进入移动互联网时代。在移动通信领域,3G、4G 等移动通信技术逐步投入使用。在移动终端上,苹果公司于 2007 年推出 iPhone 智能手机,并于同年发布 iOS 操作系统,三星等企业迅速跟进,颠覆了以诺基亚、摩托罗拉为代表的传统手机制造商的地位。在互联网企业方面,以雅虎为代表的互联网 1.0 公司逐渐被 Facebook(2004)、Twitter(2006)等互联网 2.0 公司取代,互联网的平台化趋势越发明显。以 Airbnb(2008)、Uber(2009)等为代表的共享经济模式开始引领时代发展的潮流。

1.2.3 数字经济发展的第三波浪潮——深度融合期

1. 数字经济促进全要素生产率提升

在大数据、人工智能、物联网、云计算等新兴信息技术的驱动下,数字经济成为推动全球经济快速平稳增长的重要引擎。当前数字经济的技术基础与应用发展不断丰富成熟,走到关键的时代节点,一场新的数字经济变革悄然酝酿,正从碎片化、孤立化应用为主的起步阶段迈入重点聚焦、跨界融合、集成创新的新阶段。从本质上来看,数字经济发展的典型特征就是数据成为关键的生产要素,相较于传统生产要素,数据要素具有更深、更广的融合能力,具有边际成本递减、可复制、易传播、流通性强等特征。数据渗透到工业、交通、医疗、教育等各个领域,成为各行各业价值增值的战略性资源,提高了经济社会的运行效率。

同时,人工智能、区块链、云计算、大数据等信息技术的快速发展,使得传统工业时代的生产关系难以适应发展需要,必须向数据更透明、信用体系更健全、信息更对称、交易更高效的数字化生产关系转型。先进生产力和数字化生产关系的相互促进与发展对提升全要素生产率起到了重要作用。数字经济相关的生产要素通过影响经济规模、生产效率、技术创新等方面显著促进了全要素生产率的增长。首先,数字经济促进了资本的积累,推动了经济规模攀升。数字经济的高渗透性和高替代性促使人们在生产过程中不断增加科技及人力资本投入,增加了高端要素的投入比重。其次,数字经济提高了生产效率。数字经济的高协同性能够提高其他要素之间的配合度,最终促进生产效率的提高。最后,数字经济带来了技术创新,科技创新是推动经济高质量发展的关键因素。

2. 数字经济带来产业升级创新

随着移动互联网、人工智能、区块链等新兴技术与实体经济的融合日益深入,数字创新的业务、产品、模式、服务层出不穷,成为引领新一轮经济增长和产业转型的重要引擎。党的十九大报告提出"加快建设数字中国",随后几年陆续出台数字经济基础建设、数字经济新兴技术发展、数字经济新业态管理以及传统产业数字化转型的相关政策法规,着力于加快产业数字化转型,壮大实体经济发展新动能。数字经济的发展正在深刻地改变着经济社会的运行和治理模式,数字资源的跨界流动使得基于产业数字化和数字产业化的数字创新成为驱动经济体系重构的关键要素。

首先,数字经济发展在产业链的各个环节上能够为产业结构升级提供技术支持。就生产环节而言,数字技术的嵌入能够最大限度促进资源有效利用,提升生产效率和产品质量,从而使生产环节从低附加值向高附加值转变,并最终实现产业链的智能化和数字化。此外,在经营和销售环节,数字技术的嵌入可以降低经营和销售成本,提高经营和销售效率,增加产业整体营收。

此外,数字经济发展能够促进多产业融合提效。应加快数字经济与传统产业融合发展,以创新为前提持续推进供给侧结构性改革,利用数字经济的优势对传统经济产业尤其是教育、医疗等重点行业进行全面的改造升级。培育新业态、发展新动能,积极鼓励和扶持传统产业从线下走向线上,通过数字技术创新催生出新业态、新模式,更好地实现经济效益与社会效益双丰收,提高对产业数字化转型升级的服务供给能力,激发企业数字化转型的内生动力,持续推进数字产业化与产业数字化发展,为经济社会高质量发展提供新动能。

与此同时,数字经济发展能够更好地推动产业创新,激发新的经济活力。除了技术创新之外,数字经济带来的最大创新就是产品创新和商业应用模式创新。通过产品创新和商业应用模式创新为传统产业赋能,拓宽价值创造的空间助推产业结构升级。例如,在金融行业广泛应用大数据、云计算等技术进行风险控制,大大提高了金融机构的风险应对能力,拓宽了金融产品的服务范围。在商业应用模式创新方面,当前在数字经济的推动下,线上线下融合、网络新业态等商业模式不断涌现,为传统产品升级和价值创造提供了动力,不断拓宽产品衍生空间,促进产业结构的跨行业融合和多元发展。

3. 数字经济持续发展

数字经济发展意义重大,已经成为全球共识,各国纷纷制定数字经济发展战略,聚焦科技创新、数字基础设施建设、数字产业链重塑、中小企业数字化转型等方面,以助力经济发展。美国在2015年和2016年连续发布了《数字经济议程》,2017—2019年又陆续在数据治理、5G、人工智能等几个重点领域分别发布政策。2018年,欧盟在数字经济领域发布了《欧盟人工智能战略》等一系列政策,部署欧盟人工智能经济增长规划。日本政府在《第五期科学技术基本计划(2016—2020)》和《科学技术创新综合战略2016》中首次提出"超智能社会(5.0社会)"的概念,旨在在交通、医疗、养老等领域推动数字化转型。法国2018年在数字经济领域发布了《法国人工智能发展战略》《利用数字技术促进工业转型的方案》等一系列与数字经济相关的前沿技术政策。

2020年,新冠肺炎疫情深刻影响了经济社会增长的方式,为应对经济下行压力、迎接国际格局的调整,各国加快政策调整,全球数字经济向全面化、智能化、绿色化的方向加速前进。以中国、美国、日本等为代表的国家将科技创新立于经济社会发展的核心地位,围绕人工智能、量子信息科学、5G通信网络等关键领域,持续巩固科技创新。2021年,中国在《中华人民共和国国民经济和社会发展第十四个五年规划和2035年远景目标纲要》中提出,将进一步加快数字经济发展,打造数字经济新优势,协同推进数字产业化和产业数字化转型,加快数字社会建设步伐,提高数字政府建设水平,营造良好数字生态,建设数字中国。美国在《2021年美国创新与竞争法案》中提出投资1 000亿美元聚焦十大关键技术领域的深度研发。日本发布《科学技术创新综合战略2020》,制定并推广了战略性创新创造计划,并在2020年发布《ICT基础设施区域扩展总体规划2.0》,注重数字基础设施的优质发展。

全球各个国家围绕数字经济关键领域加快部署、推动发展。在技术赋能方面,以5G和人工智能为代表的技术进步和产品创新快速演进,并加速与垂直行业的深度融合,应用场景数量不断增加。在数字化转型方面,制造业的数字化转型步伐加快,金融科技等服务业数字化水平快速提高,推动传统产业的新兴裂变和升级演进。在数据和安全方面,各国加快推动数据开发利用和数据交易进程,并升级全球网络安全部署,带动网络安全产业的发展。

同时,在数字经济浪潮席卷全球的时代背景下,围绕数据的利用与保护、安全与发展等核心要点的数据治理问题已成为世界各国面对的全新挑战。为切实保障数据安全,国际社会各方在实践中不断探索治理路径,基于不同价值理念,形成了各具特色的数据安全保护路径。在保护个人隐私及保障数据安全的同时,促进数据要素自由流动和高效利用成为全球各国数字化转型战略布局的重点领域,推动数据跨境流动,实现更大范围和更深层次的数据价值挖掘成为各国提高数字经济国际竞争力的重要途径。但标准差异化、规则碎片化、机制不协调等问题成为制约全球数字经济深入发展的重要因素。在当前大国角力愈演愈烈的国际政治格局下,推动建立全球数据治理体系,最重要的是国际各方坚决摒弃"零和博弈、对抗分立"的狭隘思维,从"人类命运共同体"角度出发,坚持开放合作,实现互利共赢。

1.3 数字经济发展与数字经济测评

发展数字经济的战略意义

1.3.1 发展数字经济的战略意义

2008年全球金融危机之后,世界经济进入了深度调整创新阶段:一方面,传统经济持续低迷、发展疲软;另一方面,以互联网为基础的数字经济快速崛起,展现出十分强劲的生命力。随着全球信息化步入全面渗透、跨界融合、加速创新、引领发展的新阶段,我国也借势深度布局、大力推动数字经济的发展。欧美等国家将发展数字经济提升到国家战略高度,如美国的"工业互联网"、德国的"工业4.0"、日本的机器人新战略、欧盟地区的工业数字化战略等。面对新一轮互联网信息化革命浪潮,我国政府根据基本国情和整体需要,逐步推进数字经济的发展。2017年3月,我国的政府工作报告中首次出现有关"数字经济"的内容;2018年提出"网络强国"战略;2019年提出"深化大数据、人工智能等研发应用,培育新一代信息技术、高端装备、生物医药、新能源汽车、新材料等新兴产业集群,壮大数字经济";2020年指出"全面推进'互联网+',打造数字经济新优势"。这些举措将数字经济上升到国家战略层面,使其成为新常态下经济结构转型升级和跃迁式发展的新动能。因此,发展数字经济对全球各个国家和地区的整体经济发展具有重大的战略意义。

1. 数字经济拥有广阔的发展前景

基于互联网信息革命的数字经济不仅深度释放了原有的社会生产力,也创造出了更具价值的全新生产力。数字经济的快速崛起和发展大大提高了现代经济效益,推动了经济结构的转型升级,成为全球经济走向复苏与繁荣的重要驱动力量。2008年后,数字经济在全球整体经济发展疲软的大背景下逆势而上,呈现出巨大的发展活力。大数据、云计算、物联网、移动互联网、智能机器人、3D打印、无人驾驶、VR/AR等各种信息技术创新与应用不断涌现,在颠覆重塑诸多传统产业的同时,也不断创造出新的产业、业态与模式。

对我国来讲,发展数字经济也是贯彻"创新、协调、绿色、开放、共享"新发展理念的集中体现。数字经济本身就是新技术革命的产物,是一种新的经济形态、新的资源配置方式,集中体现了创新的内在要求。数字经济减少了信息流动障碍,加速了资源要素流动,提高了供需匹配效率,有助于实现城乡之间、区域之间的协调发展。数字经济能够极大地提高资源的利用率,是绿色发展的最佳体现。数字经济的最大特点就是基于嵌入式信息空间,而这种嵌入式信息空间的特性就是开放共享。数字经济也为落后地区、低收入人群创造了更多的参与经济活动、共享发展成果的机会。

2. 数字经济推动社会生产生活方式的变革

以新一代信息技术与制造技术深度融合为特征的智能制造模式正在引发新一轮制造业变革,数字化、虚拟化、智能化技术将贯穿产品的整个生命周期,柔性化、网络化、个性化的生产将成为制造模式的新趋势,全球化、服务化、平台化将成为产业组织的新方式。数字经济能够高效引领农业实现现代化,数字农业、智慧农业等农业发展新模式就是数字经济在农业领域的实现与应用。而在服务业领域,数字经济的影响与作用也已经得到较好的体现,电子商务、互联网金融、网络教育、远程医疗、在线娱乐等已经使人们的生产生活方式发生了极大改变。

3. 数字经济推动社会和经济的数字化转型

数字经济发展为新的商业模式以及市场创造了机遇,实现了数字技术与服务在不同领域的应用,正推动着经济与整个社会的数字化转型。数字化转型基于数字技术的发展,向传统企业提出了将现有业务与数字技术融合、创新,从而实现企业业绩增长与可持续发展的变革要求。对高新数字信息技术产品和服务的投资是数字经济创新和增长的基础,数字技术的应用不仅可以改变企业业务的增长模式,提升发展动力,对于加速企业业务的线上、线下融合创新发展也具有积极作用。同时,数字化转型的动力是挖掘数据的核心价值,数据的质量直接决定了数字化的能力,充分利用数据不仅可以打破原有企业部门之间的隔阂,降低业务流程成本,还可以借助于数据分析与跟踪技术衡量用户需求,改善用户体验,拓宽业务领域应用和服务的范围。数字化转型正在促进就业形式和商业格局的重塑,对产业融合发展具有强大的推动作用,未来的经济结构将不再由独立产业组成,随着数字经济的发展,产业的边界将越来越模糊甚至消失,彼此之间将无缝衔接。同时,未来的产业将呈现出多元化、立体化、开放化、标准化的趋势,企业可能是一个平台化、订单化和虚拟化的载体,数字化转型助推产业融合将成为新常态。

4. 数字经济是构建竞争优势的先导力量

在信息革命引发的世界经济版图重构过程中,数字经济的发展将起到至关重要的作用,信息时代的核心竞争力将越来越表现为一个国家和地区的数字化、信息化、网络化与智能化水平。正因为如此,数字经济成为构建信息时代国家竞争新优势的重要先导力量,发展数字经济已经成为全球共识。数字经济是推动全球经济改革、效率改革和动力改革的"加速器"和"放大器",是改变世界的重要力量,受到世界各国、产业各界、社会各方的广泛关注。目前,众多国家纷纷出台了中长期数字经济发展战略,致力于打造新的竞争优势,赢得在未来发展和国际竞争中的主动权。我国也正在加快发展数字经济,构建数字驱动的经济体系。

1.3.2 影响数字经济发展的关键因素

当前,数字经济市场竞争异常激烈,数字经济的发展方向将直接决定一个国家和民族未来的整体经济运行走向。要实现数字经济的稳步发展,需要重视以下影响数字经济发展的关键因素。

1. 数字经济发展战略顶层设计

发展数字经济需要宏观政策的支持与引领,进而营造良好的发展环境。中央政府要做好数字经济发展的顶层设计和规划引领,通过制定行业规则、设施标准、规划布局、监督考核等,引导并规范数字基础设施的有效投资和有序建设。地方政府要充分考虑本地发展现状、需求、财力和债务承受情况，循序渐进地开展数字基建，提高资源配置效率，避免带来地方债务风险。政府部门还应当通过完善法律法规和制度标准，保障数据链、资金链、产业链、创新链的有效闭合，保障互联互通，实现深度融合。同时，加快数据要素市场的构建，确定数据的资产定位，完善数据资源的产权归属立法，促进数据的确权、流通、交易、保护，解决数据资源分散、体制分割、管理分治的难题，利用市场化的配置手段实现数据潜力的充分释放。此外，还应制定政务数据资源的开放共享政策，明确相应的标准规范，保障数据共享交换和业务协同，推进一体化的公共性大数据中心建设，打造政务综合、政企融合等综合性信息共享和服务的顶层体系架构。

2. 数字经济高质量基础设施建设

积极进行数字基础设施建设，是把握第四次工业革命机遇、参与全球科技竞争的重要抓手。在新工业革命的重大历史机遇面前，世界主要经济体和地区纷纷加强数字经济的战略布局，打造自主可控、安全可靠、系统完备的数字基建体系，夯实数字经济的发展基础，从而在新工业革命中占据制高点。通过完善数字基础设施建设，加快发展数字经济，可以释放大规模"数字红利"。数字新基建既能创造巨大的投资需求，又能撬动庞大的消费市场，其乘数效应和带动效应显著，能够有效增强市场主体的信心，对经济发展的快速、优质增长产生强大的推动力。与此同时，数字基建也能带动传统基础设施的数字化改造和智能化升级，实现数字经济基础设施建设的整体结构优化。

3. 产业数字化转型升级

发展壮大数字经济，推动产业数字化转型和智能化升级，有利于促进新旧动能转换，打造高质量发展的新引擎。数字基建是技术创新的新载体，有助于5G、人工智能、大数据、物联网、云计算和区块链等技术的融合创新和场景化应用，为数字经济发展厚植"数字土壤"。通过对技术、人才、资本、数据等各类产业资源的泛在连接、弹性互补和高效配置，打通全要素链、全产业链、全价值链，促进各行业深度融合、上下游有机联动，帮助更多企业提质降本、增效减存，进而实现新旧动能转换。同时，通过数字技术对传统产业进行改造升级，支持工业企业构建数字化的生产、经营、管理体系，推动智能制造、大规模个性化定制、网络化协同制造和柔性化生产，实现产业结构的转型升级。

4. 数字经济核心技术要素

驱动数字经济发展的核心技术要素是以5G、全光通信、物联网等技术为代表的连接技术和以大数据、云计算、人工智能等技术为代表的计算技术。数字经济的强度与技术连接的密度和计算的精度之积正相关，两者的融合将产生聚变效应，从而为各行各业的数字化转型与智能化升级提供新动能，赋予经济社会更强的生命力。核心技术是国之重器，需要加速推动信息领域的核心技术突破，遵循技术发展规律，做好体系化技术布局，以适应和引领数字经济的发展。

5. 复合型数字经济高素质人才供给

随着全球经济数字化转型的不断深入，信息技术与传统行业的融合发展作为数字经济战略布局的重心，对专业数字技能人才的需求正在急剧增长。数字经济时代的竞争不仅表现在资金和产能层面，更表现在技术水平和人才质量层面。数字人才日益成为国家创新驱动发展、企业转型升级的核心竞争力。农业经济和工业经济对多数消费者的文化素养基本没有要求，对劳动者的文化素养虽然有一定要求，但往往局限于某些职业和岗位。然而在数字经济下,数字素养成为消费者和劳动者都应具备的重要能力。数字技能类人才的短缺主要有以下几方面的表现:一是拥有顶尖数字技能的人才供不应求;二是具备数字技术与行业经验的跨界人才供不应求;三是初级数字技能人才的培养跟不上需求的增长。这些问题给企业的数字化转型与国际化发展带来很大挑战。数字技能人才的短缺将对企业的数字化转型产生很大制约作用,进而影响整体经济的数字化转型进程。

6. 数字经济依托嵌入式信息空间——全联网

新兴的数字信息技术将数字经济带入了一个全新阶段,在这样一个社会新阶段,无处不在的智能互联设备出于已知或未知、公共或私人的目的,对大量的数据流进行挖掘、处理和应用,形成嵌入式信息空间,即全联网。在全联网环境下,5G、人工智能、大数据、物联网、云计算和区块链等新一代信息技术不是相互割裂的专项技术,而是构成一个由数据流串联的相互关联、彼此融合的集合系统。形式丰富、分布广泛的物联网设备对增加海量数据贡献巨大,物联网是一个综合系统,很多系统通过物联网进行数据的管理与控制。云计算以其资源灵活分配的特征为海量数据的存储与处理提供场所。大数据对数据进行处理、分析和预测,而人工智能将数据分析应用落到实处,并与物联网、大数据和云计算协同运作,进一步促进人工智能发展。这种未来新型的嵌入式信息空间将完全地整合数字资源,并由于任何事物都可以作为底层网络的接口使得链接和智能无处不在,实现"互联网"向"全联网"的发展。同时,嵌入式生态系统的收益不是主要体现在业务销售的收入方面,而是体现在数据收集的价值方面。因此,在数字经济生态环境的治理中,学界和产业界重点关注的问题是消费者隐私保护、数据所有权、数据管理、产品责任、网络安全和监管管辖、反歧视、公平信用、道德准则等。

1.3.3 数字经济管理与数字经济测评的关系

鉴于数字经济的快速发展以及在各业务领域的广泛渗透,衡量数字经济关键影响因素的作用对于理解我国整体经济形势的发展十分重要。数字经济测评与数字经济管理是紧密联系、融合共生的,需要注重二者之间的作用,通过有效的数字经济测评实现高质量的数字经济管理,并进一步丰富测评体系的科学内涵,从而解决数字经济发展问题并实现效益最大化提升。数字经济测评中的数字经济分类以及数字经济发展指标体系实际上是依据数字经济在各行各业的渗透和发展程度而设计的,因此数字经济测评是判断经济形势和规范数字经济产业发展的重要理论参考,在一定程度上为我们提供促进数字经济发展的关键决策依据。同时,数字经济发展测评结果反映出数字经济发展的整体态势,有助于进行更具针对性的数字经济管理活动。一方面,数字经济测评为数字经管理提供了方向:针对增长乏力点,可以通过数字经济战略管理、数字经济产业管理、数字经济技术管理、数字经济就业管理等多种管理手段对宏观经济发展进行调节和优化。另一方面,数字经济管理的效果可以由数字经济测评检验:在采取措施对数字经济发展进行指导与管理后,可以通过数字经济测评结果的变化态势来检验数字经济管理的效果。

我国数字经济正处在发展上升期,发展特征与表现呈现快速变化的态势。同时,数字经济以数据资源为关键要素,新业态、新趋势、新模式不断涌现,所涉及的领域往往跨越行业和地域限制,与传统经济的统计口径、产业分类体系具有一定的交叉,且在生产方式、盈利方式等方面与传统经济有很大区别,导致现有国民经济核算体系在统计口径或核算方法上较难准确测量数字经济的体量和影响,制约了政府部门对数字经济宏观形势的总体把握和相关政策的制订。显然,当前数字经济测评体系落后于数字经济发展,难以有效指导数字经济发展实践。如果不能及时扭转这一局面,将难以获得准确的数字经济发展现状反馈信息,必然使数字经济的运行受到一定影响。因此,对数字经济发展水平进行科学的测度和评价,客观反映数字经济对经济社会发展的影响,进而提出提高数字经济管理水平的政策措施,已经成为国家社会经济发展研究的重点关注领域。

目前,学界和政府部门将数字经济的测度方法分为两类:一是直接法,即在界定范围内,统计或估算出一定范围内数字经济的规模体量;二是对比法,即基于多个维度的指标,对不同群体间的数字经济发展情况进行对比,得到数字经济在具体领域发展的相对情况。由于数字经济涉及内容的广泛性和复杂性,无法用单一指标来反映数字经济发展的整体状况,必须建立一套科学、合理的数字经济测评指标体系以便使用。值得注意的是,国内外不同的研究机构均对数字经济发展指标进行了研究,形成了不同的衡量体系。一般来讲,一个数字经济指标体系由若干级别的指标构成,一级指标通常为基础指标、产业指标、融合指标和环境指标等,每个一级指标下包含若干个二级指标、三级指标等。选定数字经济测度的指标体系后,首先,从官方统计平台获取权威指标数据,并对数据进行标准化处理;然后,综合利用主成分分析法、层次分析法、德尔菲法等统计学方法进行指标权重的确定;最后,利用相关统计方法进行指数计算。按照这样的程序和步骤进行下去,可以通过对指数的对比研究对现有的方案进行评价、选择,并为最终的数字经济管理决策提供参考依据。数字经济测评与管理相辅相成,是一个复杂的系统工程,本书将就此主题进行深入阐述,以期完整、规范地展现数字经济测评与管理的理论知识和应用技能。

思 考 题

1. 结合本章的学习,谈谈你对数字经济概念的理解。

2. 数字经济发展的指标有哪些?如何衡量数字经济?请查找数字经济衡量体系的相关资料,并选取2~3种衡量体系进行对比分析。

3. 未来,人工智能、虚拟现实、物联网、区块链等技术将更加成熟,并被应用到更多的场景中,请展望未来十年数字经济的发展趋势及带来的变革。

本章参考文献

[1] 田丽.各国数字经济概念比较研究[J].经济研究参考,2017(40):101-106+112.
[2] G20.二十国集团数字经济发展与合作倡议[EB/OL].(2016-09-20)[2022-06-24]. http://www.g20chn.org/hywj/dncgwj/201609/t20160920_3474.html.
[3] 张辉,石琳.数字经济:新时代的新动力[J].北京交通大学学报(社会科学版),2019,18(02):10-22.
[4] 张鹏.数字经济的本质及其发展逻辑[J].经济学家,2019(02):25-33.

[5] 李晓华.数字经济新特征与数字经济新动能的形成机制[J].改革,2019(11):40-51.

[6] 中国信息通信研究院.中国数字经济发展白皮书(2017年)[R/OL].(2017-07-13)[2022-06-24].http//www.cac.gov.cn/files/pdf/baipishu/shuzijingjifazhan.pdf.

[7] 李长江,关于数字经济内涵的初步探讨[J].电子政务,2017(09):84-92.

[8] 刘伟,许宪春,熊泽泉.数字经济分类的国际进展与中国探索[J].财贸经济.2021,42(07):32-48.

[9] AHMAD N, RIBARSKY J. Towards a Framework for Measuring the Digital Economy[J/OL].(2018-09-19)[2022-06-24]. https://www.oecd.org/iaos2018/programme/IAOS-ECD2018_Ahmad-Ribarsky.pdf.

[10] 国家统计局.数字经济及其核心产业统计分类(2021)[EB/OL].(2021-05-27)[2022-06-24]. http://www.stats.gov.cn/tjgz/tzgb/202106/t20210603_1818129.html.

[11] 吴沈括.数据治理的全球态势及中国应对策略[J].电子政务,2019(01):2-10.

[12] 焦帅涛,孙秋碧.我国数字经济发展测度及其影响因素研究[J].调研世界,2021(07):13-23.

[13] 逢健,朱欣民.国外数字经济发展趋势与数字经济国家发展战略[J].科技进步与对策,2013,3(08):124-128.

[14] 荆文君,孙宝文.数字经济促进经济高质量发展:一个理论分析框架[J].经济学家,2019(02):66-73.

[15] 杜雪锋.数字经济发展的国际比较及借鉴[J].经济体制改革,2020(05):164-170.

[16] 陈煜波,马晔风.数字人才——中国经济数字化转型的核心驱动力[J].清华管理评论,2018(Z1):30-40.

[17] 中国信息通信研究院.中国数字经济发展指数白皮书[R/OL].(2021-08-09)[2022-06-24]. http://www.caict.ac.cn/kxyj/qwfb/bps/202104/t20210423_374626.htm.

[18] 易高峰.数字经济与创新管理实务[M].北京:中国经济出版社,2018.

[19] 朱建良,王廷才,李成,等.数字经济:中国经济创新增长"新蓝图"[M].北京:人民邮电出版社,2017.

[20] 李艺铭,安晖.数字经济:新时代再起航[M].北京:人民邮电出版社,2017.

[21] 中国信息通信研究院.全球数字经济白皮书——疫情冲击下的复苏新曙光.[R/OL].(2021-08-09)[2022-06-24]. http://www.caict.ac.cn/kxyj/qwfb/bps/202108/t20210802_381484.htm.

[22] 陆岷峰.经济发展新格局下数字产业化与产业数字化协调发展研究[J].金融理论与教学,2021(06):51-58.

[23] 徐清源,单志广,马潮江.国内外数字经济测度指标体系研究综述[J].调研世界,2018(11):52-58.

[24] 钟敏.国际数字经济测度的实践经验及中国的战略选择[J].经济体制改革,2021(03):158-165.

［25］ 胡思宇.浅谈我国数字经济发展测度及其影响因素[J].全国流通经济,2021(35):154-156.

［26］ 朱晓静,陈璨.数字经济含义与指标体系分析:一个文献综述[J].高科技与产业化,2021,27(07):68-71.

［27］ 胡歆韵,杨继瑞,郭鹏飞.数字经济与全要素生产率测算及其空间关联检验[J].统计与决策,2022,38(04):10-14.

［28］ 张凌洁,马立平.数字经济、产业结构升级与全要素生产率[J].统计与决策,2022,38(03):5-10.

［29］ 阙天舒,王子玥.数字经济时代的全球数据安全治理与中国策略[J].国际安全研究,2022,40(01):130-154+158.

［30］ 张莉,卞靖.数字经济背景下的数据治理策略探析[J].宏观经济管理,2022(02):35-41.

［31］ 熊一舟.《2021年数字经济报告》:全球数据治理有助实现数据共享[N].社会科学报,2021-11-18(007).

第 2 章 数字经济测评基础

数字经济高速发展推动传统产业转型升级,新产业、新业态、新模式层出不穷,数字产业化和产业数字化进程不断融合创新,已经渗透到经济社会的各个方面,而数字经济发展所具有的阶段性特征,以及其与其他经济形态的融合导致难以计算数字经济在社会发展中的贡献,因此设计完善的测评体系以准确度量数字经济发展总量与实践表现,对宏观把握数字经济发展趋势,微观调节数字经济作用效能具有重要作用。本章侧重于对数字经济测评做基础性介绍,系统阐述数字经济测评的概念、对象以及测评过程中所要遵守的基本原则等内容,同时梳理全球各主要机构对数字经济测评的研究基础和实践经验,以求后续更加完善、精确地开展数字经济测评工作。

2.1 数字经济测评概述

国际上关于数字经济测评的研究与实践

2.1.1 数字经济测评的背景

人类社会正在进入以数字化生产力为主要标志的新的历史阶段。以互联网、云计算、大数据、物联网、人工智能等为代表的新一代信息技术迅速发展,经济社会在各个层面与信息化融合,使得数字经济已然成为社会、经济发展的引擎。数字经济引领科技革命和产业变革,影响国际竞争格局,不断为全球经济复苏和社会进步注入新的活力。自 20 世纪 90 年代 Tapscott 提出"数字经济"这一概念以来,各国学者、研究机构和国际组织均已对数字经济的概念、特征及范围等进行了进一步的认识和界定,对不同国家的数字经济发展战略进行了比较研究,对数字经济的发展历程和趋势、数字经济的测评方法等也进行了理论上的探讨,取得了一系列的研究成果。大力发展数字经济已成为世界各主要国家推动实体经济提质增效、重塑核心竞争力的重要举措,数字经济被视为全球经济复苏的新引擎。进入 21 世纪以来,各国一方面纷纷出台各项政策,大力推进数字经济的发展,围绕新一轮科技和产业制高点展开积极竞合;另一方面,不断强化对数字经济的测评研究,以期能够科学、准确地反映数字经济发展的全貌。

1. 国际关于数字经济测评的研究与实践

数字经济的快速发展及其产生的巨大活力使各国政府意识到数字经济的发展对推动本国和地区经济、社会发展的重要作用和意义,纷纷开始关注数字经济的发展,将数字经济作为推动经济发展的新动力、新引擎,因此数字经济测评工作也得到了各国的高度重视。

1) 美国

1998年,美国商务部开始对本国数字经济进行核算,并采用"数字经济"来描述信息技术给美国及世界经济带来的变革。2001年,美国人口普查局发布的电子商务测量计划中讨论了对数字经济活动进行测量的相关术语、范围和关系等内容,同时讨论了其测量框架和正在进行的测量计划,但未能提供一种系统的测量方法且其测量对象较为片面。随后,美国商务部相继发布了《数字经济2002》《数字经济2003》等报告,并持续关注数字经济的发展及影响。美国商务部现有的数字经济测度方式大多是直接法,即通过对美国数字经济范围的界定、分析数字化对经济的影响路径来测算数字经济的规模、影响。由于美国数字经济起步较早,相关的政策研究已有20多年的历史,理论体系相对成熟,值得参考借鉴。

2) 欧盟

欧盟历来重视数字经济的发展与统计,从2014年起,每年均发布《数字经济与社会指数》(*Digital Economy and Society Index*,DESI)。DESI是刻画欧盟各国数字经济发展程度的合成指数,该指数由欧盟根据各国宽带接入、人力资本、互联网应用、数字技术应用和数字化公共服务程度等5个主要方面的31项二级指标计算得出。该指标的合成方法参照了经济合作与发展组织的《建立复合指数:方法论与用户说明手册》,具有较高的理论水平、科学性和可延续性;并且,该指数兼顾数字经济对社会的影响,是探析欧盟成员国数字经济和社会发展程度、相互比较、总结发展经验的重要窗口。此外,该指标体系的大部分指标数据来源于欧盟家庭ICT调查、企业ICT调查等专项统计调查,具有充分的研究积累和数据支撑。该指数框架设计以及调查数据采集工作机制的经验可供参考借鉴。

3) 英国

英国研究委员会(Research Council UK)认为,数字经济是通过人、过程和技术发生复杂关系而创造社会经济效益的。在数字经济中,数字网络和通信基础设施提供一种全球化的平台,促进个人和组织的相互交往、通信、合作和信息分析。英国政府为了实现本国数字经济的健康发展,在2010年4月8日颁布并实施了《数字经济法2010》,将音乐、游戏、电视、广播、移动通信、电子出版物等列入数字经济的范畴,并对范畴内的行为等(如网上著作权侵权等)进行了相关规定与管理条例的约束。

4) 日本

日本政府对新兴事物有着敏锐的嗅觉,希望将数字技术真正地融入生活,提升人民的幸福感,因此于2009年7月6日制定了《i-Japan战略2015》,主要是为了建立安全而又充满活力的数字化社会,实现信息技术的方便利用,突破阻碍数字技术使用的各种壁垒,确保信息安全,通过数字技术和信息技术在社会经济中的渗透打造全新的日本。该战略主要由3个部分组成,即电子政务、医疗保健、教育及人力资源3个领域,提出促进3个关键领域优先发展,促进产业和当地社会的复兴,并培育新产业,大力开展数字化基础设施建设。

5) 澳大利亚

澳大利亚政府将数字经济视为促进生产、提高国际竞争地位、改善社会福利的必然选择。2009年发布的《澳大利亚的数字经济:未来的方向》认为,数字经济将通过互联网、移动电话和传感器网络等信息和通信技术,实现经济和社会的全球性网络化。这一政策文件以及2011年发布的《国家数字经济战略》都提出要将澳大利亚建设成全球领先的数字经济体,但这两份文件都没有详细地提出解决数字时代商业经济问题的计划。2016年4月,为适应数字经济和数字贸易的发展趋势,澳大利亚发布了《澳大利亚网络安全战略——助推创新、发展与繁荣》(Australia's Cyber Security Strategy—Enabling innovation, growth prosperity),以此进一步统筹规划数字经济的发展,强化数字经济在网络安全中的应用能力,推动国家的创新和繁荣。通过与国际组织、区域组织开展合作,澳大利亚政府鼓励数字贸易发展。2018年3月16日,澳大利亚贸易、旅游和投资部部长史蒂文·乔博(Steven Ciobo)表示,政府已与东盟成员国达成联合倡议,以推动区域数字贸易和经济的全面发展。同年12月,澳大利亚工业、创新与科学部发布题为"澳大利亚技术未来——实现强大、安全和包容的数字经济"的战略报告,旨在使澳大利亚民众享受技术带来的生活质量的提高,使企业能够抓住迅速增长的现代经济的机遇,并参与全球竞争。这一报告从四大领域(人力资本、服务、数字资产和有利环境)、七个方面(技能、包容性、数字政府、数字基础设施、数据、网络安全和监管)提出了澳大利亚大力发展数字经济需要采取的管理措施。

2. 国内关于数字经济测评的研究与实践

党的十九大报告总结了十八大以来中国经济建设取得的重大成就,肯定了数字经济等新兴产业蓬勃发展对经济结构优化的深远影响。习近平总书记在中共中央政治局第二次集体学习时指出,要加快发展数字经济,推动实体经济和数字经济融合发展,推动互联网、大数据、人工智能同实体经济的深度融合,继续做好信息化和工业化深度融合这篇大文章,推动制造业加速向数字化、网络化、智能化发展。毫无疑问的是,数字经济的发展已经成为中国落实国家重大战略的关键力量,对实施供给侧改革、创新驱动发展战略具有重要意义。自1994年以来,中国以互联网行业的发展为开端,逐步成为世界公认的数字化大国。在这近30年的时间里,中国数字经济不仅在规模上实现了飞跃式地发展,在创新模式上也在逐步由模仿走向自主,还在许多领域开创了"领跑"的局面。2017年,由"一带一路"沿线二十国青年评选出的中国新"四大发明",无一例外地都与数字经济有着直接或间接地关联。中国为世界展现了一条具有中国特色和中国智慧的数字经济发展之路。

中国数字经济的早期发展得益于人口红利这一先天优势,网民规模的连年高速增长为互联网行业的崛起提供了天然的优质土壤。2012年之后,移动端时代的到来,促使中国的数字经济发展步入成熟期,至今手机网民的数量已达规模化。以信息互通为基础的数字经济业态主要具有两大特征:第一,传统行业互联网化,以网络零售为基础,生活服务的各个方面几乎都在向线上转移;第二,基于互联网的模式创新不断涌现,如网络直播"带货"、共享单车出行等,通过以模式创新为核心的方式为中国的数字经济发展注入了新的活力。

国家层面数字经济相关政策的发展大致经历了3个阶段的演变。互联网进入中国之初,相关政策主要集中在信息化建设方面,包括对移动通信网络、空间信息基础设施、软件产业等信息化基础设施、服务和行业的构建和扶持。随着互联网产业的蓬勃发展,信息化建设进入新阶段,在完善基础设施的基础上,国家在信息资源共享和政府信息公开方面均作出了重要规划。2005年,《国务院关于加快电子商务发展的若干意见》的发布标志着以电子商务为代表的数字经济发展成为国家战略的重要组成部分。以2015年7月发布的《国务院关于积极推进"互联网+"行动的指导意见》为重要开端,习近平总书记围绕数字经济相关议题发表了一系列重要讲话,同时各部委密集出台了鼓励数字经济发展的相关政策和指导意见。2017年3月,李克强总理在政府工作报告中首次提及数字经济,进一步体现了国家层面对数字经济的高度关注,同时表明数字经济发展已经上升到中国国家战略高度。2020年年底,数字经济论坛(DEFC)第八期——2020年数字经济形势分析与测评工作研讨会在国家信息中心召开,会议围绕2020年的数字经济发展形势展开了深入交流讨论,认为数字经济在新冠肺炎疫情之后的经济复苏过程中体现了强劲的韧性,成为实现经济复苏非常重要的驱动力,与此同时,数字经济发展水平评估需求迫切,国家统计局和相关机构正在从多维度、多层面推进评估测算工作,数字经济产业统计分类开始进入论证阶段,一些机构的数字经济发展水平评估已经初步形成多元化的理论研究和评测实践。

2021年是"十四五"规划的开局之年,"科技创新与数字生态建设"俨然成为政府工作报告中重点强调的方向之一。李克强总理在十三届全国人民代表大会第四次会议中作政府工作报告时说:"加快数字化发展,打造数字经济新优势,协同推进数字产业化和产业数字化转型,加快数字社会建设步伐,提高数字政府建设水平,营造良好数字生态,建设数字中国。"

到目前为止,国际上对于数字产业的分类及数字经济活动的测算尚未有统一的标准,大多是把互联网、电子商务、信息通信技术以及数字化交付纳入数字经济的核算体系中。全球重要国家和国际组织都在积极探索数字经济测评方法,其中以美国、欧盟、中国为最主要代表。中国和美国的相关机构分别发布了一系列本国数字经济的测算结果。

2.1.2 数字经济测评的概念及对象

1. 概念

数字经济是一种以数字化丰富要素供给,以网络化提高要素配置效率,以智能化提升产出效能,以数字安全保障有效运行,通过数字技术与实体经济深度融合,形成经济发展新动能,进而构建和谐包容、以人为本、可持续发展社会的不断进步的新型经济形态。

数字经济测评是对数字经济发展程度进行的测度和评价。其通常沿着两个方向展开:一是利用国民经济核算数据对数字经济的发展规模进行核算或测度;二是利用来自各个渠道的数据资料,通过构建相应指标体系计算相应指数,对数字经济发展水平、质量以及数字经济发展的各个侧面进行测量。数字经济测评通常指的是后者。

2. 对象

对数字经济的研究角度和侧面不同、测评的目的不同,数字经济的测评对象也不同。以数字经济综合发展评价为例,数字经济综合发展的测评对象包括以下几方面。

(1)数字经济相关产业

2021年,国家统计局将数字经济核心产业界定为为产业数字化发展提供数字技术、产品、服务、基础设施和解决方案,以及完全依赖于数字技术、数据要素的各类经济活动。数字经济核心产业是最直接体现数字经济特征的产业。此外,还有许多产业部分地体现了数字经济特征或对数字经济核心产业有较大影响,可以认为其是数字经济相关产业。本书定义数字经济相关产业为对数字经济核心产业起着有力支撑作用的一系列经济活动。

(2)数字基础设施

数字基础设施是伴随着以新一代信息技术为核心的新一轮科技革命和产业变革而产生的。一般认为,数字基础设施是以信息网络为基础,综合集成新一代信息技术,围绕数据的感知、传输、存储、计算、处理和安全等环节,形成的支撑经济社会数字化发展的新型基础设施体系。

(3) 数字化应用

数字化应用主要是指运用数字技术,开发和推广数字化解决方案,提供以数据计算为基础的主要服务或产品。数字化应用还可以被认为是对传统业务过程进行重塑,最终使业务场景从前端到后端的过程自动化,能够减少人工成本。

(4) 数字化创新

数字化创新是利用数字技术进行的产品、服务、机制等的创新,包含了对物联网、人工智能、区块链、量子计算、新材料等前沿技术融合应用的探索。数字化创新的结果是在数字技术的推动下形成新产业、新业态、新模式。

2.1.3 数字经济测评的指导意义

1. 把握数字经济发展的态势

21世纪以来,以互联网为核心的技术创新层出不穷,数字产品和服务的爆炸式增长(包括搜索引擎、社交媒体、电商平台、在线教育、短视频 App 等)给人类的生产、生活带来了巨大的改变。目前,数字经济测评体系的设计在相互研究、相互借鉴的过程中不断完善,这反映出全球数字技术的发展动态以及各国、各地区数字经济的发展动向。因此,对数字经济进行测评能够帮助人们更好地把握数字经济的发展态势。

2. 评估产业数字化转型的环境

数字经济发展迅猛,且对传统产业和领域不断产生巨大的影响和冲击。随着创新和开发的不断深入,数字经济所拥有的巨大市场和活力是任何产业都不容忽视的。以数据为关键生产要素的数字经济为促进经济发展模式从传统要素驱动型向数据要素驱动型的转变提供了契机。因此,数字经济测评可以对产业的数字化发展进行综合评估,以判断其进行数字化转型的条件与环境,发现机遇和挑战,推动其转型进程。

3. 推进对数据资源的管理

对数字经济进行测评可以发现数据资源的潜力,了解数据资源的结构、数据资源的占有和分配状况,从而进一步加强数据利用的合理化,促进对数据资源的有效管理,推动数字资源利用相关政策及时调整与落实。

4. 明确数字经济的体量和结构

数字经济规模的增长,电子商务、共享经济等新兴业态的蓬勃发展,对整个社会的经济增长具有显著的影响。对数字经济规模的测度,可以明确数字经济体量,进而充分认识数字经济发展的潜力和趋势、把握数字经济对社会经济影响的态势,也可以明晰数字经济结构,聚焦数字经济效益。这些都为数字经济发展战略的制定以及数字经济相关产业政策的落实提供了有力的支撑。

5. 制定消除数字鸿沟的新举措

我国区域间存在数字鸿沟。把握数字经济战略机遇,注重数字经济的均衡发展,优化数字经济公平竞争机制,有利于推动我国区域经济的协调发展。对数字经济的发展质量情况进行测度,有利于对比城市间、地区间或国家间取得的成就,从而发现存在的问题,为正确判断下一步的发展重点、把握制约数字经济发展质量的关键因素提供可靠的依据,也为制定消除数字鸿沟的有效措施、加快实现高质量均衡发展指明方向。

6. 促进数字社会体系的形成

新兴数字技术的不断涌现使得各国相继提出数字经济发展与社会环境、自然环境发展相适应的政策。数字经济测评通过从企业、地区、国家3个层面对社会数字化程度及其各个侧面的全面衡量与评估,帮助人们深入认识数字技术在社会各个领域的广泛应用所导致的传统社会向数字社会的转变,这种认识对推进数字素养全面提升、推动数字服务全覆盖、加快构建数字社会体系具有重要意义。

7. 构筑国家竞争力的战略支撑

在南北经济差距加剧、地缘政治矛盾日趋严峻的形势下,世界经济变得低迷、不稳定。面对这样的局势,数字经济展现出特有的韧性。数字经济发展热点的快速迭代使得数字经济已经成为世界经济增长的新引擎。在这一背景下,世界各国日渐提高对数字经济的重视程度,加快数字经济发展战略的制定。而建立数字经济测评体系是各国发展数字经济、保持国民经济稳定和推动国民经济增长的关键举措,这一举措为各国数字经济的发展带来了机遇,指明了方向。

2.1.4 数字经济测评的原则与特点

1. 原则

1) 系统性原则

数字经济测评的方方面面涉及的系统因素多、分布广、关系复杂。测评体系的建立应按照系统论观点,把相关系统的发展纳入整体,处理好部分与整体、具体行动与系统目标之间的关系。测评体系作为一个有机的整体,不仅要从各个层次、各个角度反映测评对象的特征和状况,还要体现测评对象的变化趋势,反映测评对象的发展动态。对各指标按层次分析并赋予不同权重,符合事物的发展规律,突出数字经济的本质特征。

2) 综合性原则

数字经济测评用于描述综合属性。企业经济、地区经济、国家经济的数字化过程涉及人口、资源、环境、社会、技术等诸多方面,简单采用个别指标往往不能得到客观的结果,需要结合时空变化,从不同层次综合建立体系,对数字经济的发展进行定量分析。

3) 实事求是原则

数字经济测评是制定国民经济发展战略和产业发展政策的重要参考依据,因此统计方法的科学性和统计数据的准确性尤为重要。在测评过程中,应当选择合适的数字经济测评方法,建立合理的指标体系,明确有效的数据口径,实事求是地进行科学的数字经济测评工作,避免统计数据造假或指标数据被"高估"或"漏统"等问题。

4) 有可比性、可操作性原则

数字经济是诸多要素相互作用、协同耦合的经济形式,其本身具有复杂性、开放性、非线性等特点,不同专家立足于不同的背景和领域,考虑的测评重点大不相同,建立的测评体系各具特色。只有数字经济测评指标体系的各项参数统一,得到的测评结果才可以进行比较。任何科学、完善的指标体系都必须经过评估实践检验其合理性,因此也要充分考虑其可操作性,选择有代表性的综合指标,并适当增加辅助指标。

5) 与时俱进原则

数字经济测评是一个动态的概念,与人们对数字经济认识的变化直接相关。随着产业融合与数字技术的发展,数字技术对各个产业的渗透不断加强,数字经济的内涵不断丰富,产业间的界限愈发模糊。因此,人们对数字经济的认识不断深入,数字经济涉及的内容与覆盖的领域也变得更加多元。在数字经济蓬勃发展的现阶段,评价指标的选取应随着经济形态与客观环境的变化进行适时地跟踪调整,将数字经济发展的新观点、新思路和新模式融会贯通,充分体现数字经济高速、高效、高质量的发展特征,从而构建更适时、更全面、更先进的评价体系。

6) 有针对性原则

数字经济发展是各种因素综合作用的结果,数字经济测评既可以是对数字经济的全面测评,也可以是对数字经济中某一方面的测评,因此指标体系的构建应考虑不同角度、不同含义,既客观全面又重点突出。数字经济评价指标体系的选取首先应切合数字经济的定义,根据数字经济内涵所涉及的领域确定各项一级指标的维度,再通过分析各项一级指标的具体含义以确定其所包含的二级指标,使其充分体现数字经济的发展特征。

7) 简洁化原则

构建指标体系应做到既全面又精炼,各项指标应合理布局,避免重叠与关联,使其简洁实用。联合国贸发会议(UNCTAD)发布的《2019年数字经济报告》指出,由于世界各国对数字经济的价值认定不同,可比较的统计数据主要适用于核心数字领域,因此目前的指标体系对数字经济的衡量以及国际间的比较是困难的。所以,在指标数量和指标层次的选取上要遵循简洁化原则,使得指标体系更有利于高效、高质量的测评。

8) 数据可得性原则

数据可得性是指数据获取的难易程度。数据可得性是选择指标时必须考虑的现实因素,要求数据既要具有全面性,又要具有连续性。数据全面性是指收集的数据要尽量覆盖所研究的各个区域、各个领域,有利于不同发展阶段的纵向比较,也有利于区域间的横向比较。数据连续性是指收集的数据要有一定的时间跨度,特别要考虑未来一段时间内数据发布的可能性,以便于后续的跟踪研究。

9) 数据来源可靠性原则

构建指标体系时,选择来源可靠的数据对研究结果的真实性和可信度至关重要。一般而言,可靠的数据来源于国际权威组织发布的统计报告、各国官方统计年鉴、国内知名研究机构的研究报告等。

10) 指标类型兼顾原则

在指标体系中,规模指标如总量类指标,统计的是绝对数值,能够直接体现某个国家在某一领域的发展规模,代表了该国家在该领域的整体水平和实力;结构、普及率指标如占比类指标,统计的是相对数值,可以表明某个国家在某一领域的发展布局和普及程度;增长和效益类指标代表了一个国家在某一领域的发展前景和影响力。对数字经济进行评价时,选取的指标要兼顾各种指标类型,这样对数字经济的评价才能更加全面、客观。

2. 特点

1) 标准规范化

数字经济测评体系是在经济、技术、科学和管理等社会实践中,以社会广泛认同的对数字经济的概念、范围、构成、产业等的认识为基础,通过深入研究而发布的测度和评价体系,无论是在指标内涵的确定、指标体系的构建方面,还是在指标数据的测度方法方面,都具有一定的标准性。这种规范化评价体系使得评价结果具有显著的客观性,能够得到社会各界的广泛认可,从而取得显著的社会效益和经济效益。

2) 严谨可靠性

深入研究国内外关于数字经济发展的各种文献,选择可靠的具有代表性的指标,采用先进的或者社会普遍认可的研究方法进行分析,才能确保最终得到数字经济评价结果是严谨科学的,从而使人们对数字经济的发展状况有清晰和准确的认识。

3) 可量化性

指标体系中一般存在多种定性指标,而数字经济测评体系对定性指标进行了量化处理(选取的指标均可量化),有效地解决了数字化的高渗透性带来的难以计量的棘手问题。

2.2 数字经济测评的相关机构

2.2.1 国内机构

国内外数字经济测评主要机构介绍

1. 中国信息通信研究院

中国信息通信研究院(简称中国信通院)始建于1957年,是工业和信息化部直属科研事业单位,是国家在信息通信领域最重要的支撑单位以及工业和信息化部综合政策领域的主要依托单位。60多年来,中国信通院伴随着信息通信业的发展与改革,在发展战略、自主创新、产业政策、行业管理、规划设计、技术标准、测试认证等方面不断积累经验、提升能力,在政府和行业决策、创新与发展中起到关键支撑和推动作用,见证、参与了我国信息通信业由小到大、由弱渐强的全过程,在国际、国内信息通信行业具有很大的影响力。

近年来,为适应经济社会发展的新形势、新要求,围绕国家"网络强国"和"制造强国"的新战略,中国信通院大力加强研究创新,在强化电信业和互联网研究优势的同时,不断扩展研究领域、挖掘研究深度,在4G/5G、工业互联网、智能制造、移动互联网、物联网、车联网、未来网络、云计算、大数据、人工智能、虚拟现实/增强现实(VR/AR)、智能硬件、网络与信息安全等方面进行了深入研究与前瞻布局,在信息通信及信息化与工业化融合领域的国家战略和政策研究、技术创新、产业发展、安全保障等方面发挥了重要作用,有力支撑了"互联网+""制造强国""宽带中国"等重大战略与政策的出台和各领域重要任务的实施。近70年来,中国信通院连续发布的《数字经济治理白皮书》《中国数字经济发展与就业白皮书》等在数字经济方面的相关研究成果,为我国经济转型升级、社会繁荣进步、国家创新发展提供了许多重要的思路和建议。

2. 中国社会科学院数量经济与技术经济研究所

中国社会科学院数量经济与技术经济研究所的前身是成立于1980年1月18日的中国社会科学院技术经济研究所,在1982年中国社会科学院经济研究所数量经济研究室和工业经济研究所管理现代化研究室并入后,改名为数量经济与技术经济研究所。数量经济与技术经济研究所的研究任务是发展有中国特色的数量经济学和技术经济学,根据我国改革开放和现代化建设的需要,对国民经济发展中的重大现实经济问题进行综合对策研究,为党中央和国务院提供决策的科学依据,并为中央和地方有关部门、行业和企业的经济决策提供广泛的咨询服务。数量经济与技术经济研究所不断追踪数字经济发展的前沿,2021年出版的《数字经济蓝皮书:中国数字经济前沿(2021)》不仅将中国数字经济规模划分为数字产业化规模和产业数字化规模,将产业数字化规模进一步划分为ICT替代效应规模和ICT协同效应规模,而且对1993—2025年的中国数字经济规模进行了测算和预测,从而给数字经济的测评又提供了一种角度。

3. 中国互联网协会

中国互联网协会成立于2001年5月25日,由网络运营商、服务提供商、设备制造商、系统集成商以及科研、教育机构等70多家国内互联网从业者共同发起成立,是由中国互联网行业及与互联网相关的企事业单位组建的行业性、全国性、非营利性的社会组织,现有会员1 000多个。中国互联网协会曾多次举办中国互联网大会,多角度分享了数字经济下的商业、互联网及电商行业的发展趋势、机遇与挑战,探讨加强政企合作、生态共建,促进经济高质量发展和供给侧改革,促进我国互联网事业的繁荣和发展,努力推进网络强国建设。中国互联网协会发布的《金砖国家数字经济发展研究报告与案例分享》旨在总结中国"互联网+"行动计划的实践经验,增强金砖国家数字经济领域的交流与合作、扩大各国利益汇合点,同时呼吁金砖各国推进数字经济领域的务实合作,并从推动基础设施建设、缩小数字鸿沟、推动互联网应用融合发展、维护网络空间安全、鼓励创新创业等方面发出倡议。自2002年开始,中国互联网协会每年均发布《中国互联网发展报告》,全面分析中国互联网发展的现状,总结中国互联网发展的经验,梳理中国互联网发展的重点领域,明确中国互联网发展的前景,目前已成为数字经济相关领域制定政策的重要参考。

4. 上海社会科学院

上海社会科学院为上海综合性人文和社会科学研究机构,是中国最早建立的社会科学院。上海社会科学院创建于1958年,由当时的中国科学院上海经济研究所和上海历史研究所、上海财经学院、华东政法学院、复旦大学法律系合并而成。其发布的数字经济蓝皮书《全球数字经济竞争力发展报告》在科学构建数字经济竞争力评价指标体系的基础上,以数字经济相关的国家、城市和企业数据为基础,全面评价全球各国家、各城市和企业的数字经济竞争力,勾勒出全球数字经济竞争发展的全景图。2020年,上海社会科学院经济研究所大数据与数字经济研究中心成立,该研究中心是围绕大数据领域的学科建设、研究生培养、学术研究和政府决策咨询服务而成立的一个综合性、跨学科的研究平台,旨在通过强化对经济社会大数据的分析和应用,积极助推政府职能的提升,加快推进政府决策数据化;通过加强对数字经济最前沿发展动态的跟踪研究,为数字经济企业未来投资和经营决策提供具有较强借鉴意义的量化研究成果和公共产品。

5. 清华大学中国经济社会数据研究中心

清华大学中国经济社会数据研究中心于2016年由清华大学与国家统计局合作共建,是依托清华大学经济管理学院与清华大学社会科学学院建立的校级科研机构,2020年作为重点建设智库被整体纳入国家高端智库——清华大学国家治理与全球治理研究院。该研究中心立足于国家统计局政府统计优势和清华大学学术研究优势,围绕中国经济社会数据开展研究,着力打造国内高端、国际一流的经济社会数据开发和研究团队,力争把研究中心建设成在国内外具有广泛社会影响力的智库以及在国内外学术界具有广泛知名度的研究平台。清华大学中国经济社会数据研究中心的研究团队坚持对接国家重大发展战略、经济社会发展重大现实问题、国际前沿领域,聚焦清华大学中国平衡发展指数、清华大学中国宏观经济形势季度分析、新经济、新动能等经济社会领域的重大课题开展持续研究。该研究中心与清华大学经济管理学院、清华大学社会科学学院和清华大学中国发展规划研究院进行合作,开展清华大学中国宏观经济形势季度分析,融合宏观经济数据与高频大数据,对中国以及世界面临的重大经济问题进行深入研究,以期打造具有清华特色的宏观经济形势分析品牌。其发表的关于中国数字经济规模核算的研究成果以及中国数字经济卫星账户的设计框架对中国的数字经济测评具有重要影响。

6. 赛迪顾问股份有限公司

赛迪顾问股份有限公司(下称赛迪顾问)隶属于工业和信息化部中国电子信息产业发展研究院,是中国电子信息行业重要的咨询企业,其研究领域包含3个部分,分别是新经济、新技术和新工业,其中新经济板块包括与数字经济息息相关的"数字经济产业研究中心"。赛迪顾问一直关注和研究中国数字经济的发展,连续多年发布《中国数字经济发展指数》,报告结合数字经济发展的新形势,选取了多个维度的典型指标,从基础、产业、融合、环境四大方面,对全国31个省(自治区、直辖市)的数字经济发展情况进行了评估,并对我国数字经济的发展提出了相应的建议。同时,赛迪顾问数字经济产业研究中心聚焦超声数字经济的发展,连续发布了《中国数字经济百强城市白皮书》,在对我国城市数字经济发展水平评估的研究中对以往指标进行了调整,围绕基础、环境、技术、产业融合、服务这五大关键领域,构建了中国城市数字经济发展指数指标体系,并根据该指标体系的评分得到了我国数字经济百强城市排名。

7. 腾讯研究院

腾讯研究院是腾讯公司设立的社会科学研究机构,旨在依托腾讯公司多元的产品、丰富的案例和海量的数据,围绕产业发展中的焦点问题开展研究。从2015年起,腾讯研究院联合京东、滴滴等相关机构统计了涵盖腾讯的微信、支付、城市服务、众创空间等10余个核心平台的全样本数据,以及京东、滴滴、携程等企业的行业数据,连续多年发布了《中国"互联网+"数字经济指数》。该指数下设基础、产业、创新创业、智慧民生4个分指数,共涵盖14个一级指标、135个二级指标,内容涉及社交、新闻、视频、云计算、三次产业的17个主要子行业、基于移动互联的创新创业、智慧民生等,可直观反映"互联网+"数字经济在全国31个省(自治区、直辖市)、351个城市的落地情况。从2019年起,腾讯研究院结合腾讯、京东、美团、滴滴、携程、快手、拼多多等合作伙伴的数据进行估算,开始发布《数字中国指数报告》,该指数下设数字产业、数字文化、数字生活以及数字政务4个分指数,测算全国351个城市的数字化发展程度,为业界提供大数据全景观察视角。

8. 华为技术有限公司

华为技术有限公司(下称华为公司)是信息通信领域具有国际影响力的高科技公司,长期关注数字经济相关产业的发展。华为公司从2014年开始连续发布《全球联接指数》(*Global Connectivity Index*,GCI),对国家数字经济发展现状进行量化评估。《全球联接指数》聚焦ICT技术对经济发展的影响,旨在为国家和行业的数字化转型提供评估建议。全球联接指数包含四大经济要素和五大使能技术,共40个指标。通过这40个指标,华为公司对其所研究的国家进行客观地评估、分析、预测,量化其数字化转型的进程,为政策制定者提供决策参考和依据。其中,四大经济要素包括供给、需求、体验和潜力,五大使能技术包括宽带、数据中心、云计算、大数据和物联网。在连续发布全球联接指数的第七年——2020年，华为公司首次提出行业数字化转型的五大阶段，这五大阶段分别是任务效率、功能效率、系统效率、组织效率与敏捷、生态系统效率与韧性。《全球联接指数2020量化数字经济进程》指出，2020年新冠肺炎疫情席卷全球，世界运转在"线上"。国家和企业都在积极思考如何进一步发展智能联接，加快数字化进程，适应新常态。

9. 阿里研究院

阿里研究院是依托阿里巴巴集团的海量数据、深耕小企业前沿案例、集结全球商业智慧，聚焦数字经济背景下的新商业研究机构。阿里研究院与业界顶尖学者、机构紧密合作，聚焦电子商务生态、产业升级、宏观经济等研究领域，共同推出数据地图等多个创新性数据产品、大量优秀信息经济领域研究报告，以及数千个经典小企业案例。2018年，阿里研究院、毕马威以及刚刚成立的数字经济论坛在数字经济暨数字丝绸之路国际会议上联合发布了名为《2018全球数字经济发展指数》的报告，该报告指出数字经济本质上是知识型经济，与教育、人才、资本等要素的积累高度相关。全球数字经济发展指数覆盖150个国家和地区，通过数字基础设施、数字消费者、数字产业生态、数字公共服务、数字科研五大维度，刻画数字经济的水平、结构与发展路径。此后，阿里研究院又针对不同领域，发布了一系列与数字经济相关的研究报告，例如，《2019长三角数字经济指数报告》《打造全球数字经济高地：2019数字长三角一体化发展报告》《数字经济助力小微企业创立与成长》《数字化助力乡村振兴：县域数字生态创新趋势展望》《数字经济下的完美生活圈研究——以杭州市为例》等。

2.2.2 国际机构

1. 美国人口普查局

美国人口普查局（United States Census Bureau）是美国商务部经济和统计管理局下属的一个机关。自1903年以来，美国政府的官方人口普查和经济普查数据由其提供。此外，它还负责日常的统计调查。美国人口普查局既是一个政府统计机构，也是一个政府研究机构，可以利用丰富的统计数据对美国的人口、经济、产业的发展状况和结构状况进行研究。美国人口普查局关注美国数字经济较早，有大量的工作论文涉及数字经济、数字技术、电子商务等。早在2001年，美国人口普查局就开展了对数字经济规模的测度，与经济分析局一样，成为官方研究数字经济的重要机构。其所提供的数据以及相关研究成果也成为各国研究数字经济的参考。

2. 欧洲统计局

欧洲统计局（Eurostat）是欧盟负责统计工作的最高行政机构，其总部位于卢森堡。欧洲统计局与欧盟成员国、冰岛、挪威、列支敦士登的统计机构以及中央银行共同构成欧洲统计系统。欧洲统计局的职责是与各成员国统计机构紧密合作，对统计资源进行协调整合，统计范围涵盖欧盟经济社会活动的主要方面，包括经济、就业、环境、研发创新、公共健康、交通、能源、科技等。欧洲统计局长期关注并研究欧洲数字经济的发展，追踪数字背景下欧洲各国ICT产品生产、消费、电子商务发展等相关统计数据的变化，并根据欧洲社会经济的发展提出一系列有关数字经济的概念、范围、统计界定、指标构建等框架。

3. 经济合作与发展组织

经济合作与发展组织（Organization for Economic Co-operation and Development,

OECD)简称经合组织,是由30多个市场经济国家组成的政府间国际经济组织,旨在共同应对全球化带来的经济、社会和政府治理等方面的挑战,并把握全球化带来的机遇,其使命是推动改善世界经济与社会民生的政策。经合组织提供了一个政府可以展开合作、分享经验并寻求共同问题解决方案的平台。经合组织是国际上最早关注并研究数字经济的机构之一,其在官方研究报告《衡量数字经济:一个新的视角》中,针对数字经济发展的衡量阐述了其对数字经济内涵的审视与理解。这一报告基于包容性发展的目标,围绕六大领域对38个指标下的数据进行对比、分析,并对取得的进展进行了评估,提出了具有前瞻性的国际评估议程,成为全球范围内对数字经济发展水平进行衡量的高质量研究成果。

4. 世界经济论坛

世界经济论坛(World Economic Forum,WEF)成立于1971年,是一个非营利性基金会,总部设在瑞士日内瓦。世界经济论坛致力于推动公私合作,不介入任何政治、党派或国家利益,与所有主要国际组织有着密切的合作关系。世界经济论坛自2002年起发布《全球信息技术报告》(Global Information Technology Report,GITR),对全球利用信息和通信技术的主要经济体在推动经济发展及其竞争力的成效方面进行衡量、评估。其中,用于评估的网络就绪指数(Networked Readiness Index,NRI)是世界经济论坛与美国哈佛大学国际发展中心合作开发的一种评价指数,该指数采用了数十个指标进行评价,提供了一套量化的参考指标,目的在于把复杂、泛化的信息化评价转化为易于理解的指标和评价结果。网络就绪指数于2002年首次发布,为评估ICT对社会和国家发展的多方面影响提供了一个整体框架。2016年之前,NRI是世界经济论坛、康奈尔大学和欧洲工商管理学院发布的《全球信息技术报告》的一部分;2019年,人们对NRI进行了更新与修订,NRI此后作为Portulans研究所的出版物单独发布。在《2019年网络就绪指数:迈向未来的社会》中,NRI以近年来的数字经济基准测试经验为基础,对全球121个经济体进行了排名,总共确定了62个指标,其中40个指标是定量数据,12个指标是综合指标数据,还有10个指标是定性数据,这些指标为ICT在国民经济中的应用提供了前瞻性和整体性的视角,被认为是极具权威性的评估结果。

5. 国际电信联盟

国际电信联盟(International Telecommunication Union,ITU)成立于1865年,总部设于瑞士日内瓦。国际电信联盟作为世界范围内联系各国政府和私营部门的纽带,旨在促进国际上通信网络的互联互通,是联合国负责信息通信技术事务的专门机构。国际电信联盟负责分配和管理全球无线电频谱与卫星轨道资源,制定技术标准以确保实现网络和技术的无缝互联,并努力增加全球服务欠缺社区的信息通信技术的获取。自2009年以来,国际电信联盟每年发布一期《衡量信息社会发展》报告,集中介绍衡量信息社会的ICT关键数据和基准测度方法,包括ICT发展指数(IDI)。IDI是一种综合指数,分为ICT接入分指数(含5项指标)、ICT使用分指数(含3项指标)以及ICT技能分指数(含3项指标),共包含11项指标,用于监测和比较不同国家之间ICT发展的差异性以及不同时期ICT发展的情况。该指数对ICT的基础设施建设及使用、普及等情况都有较为全面的衡量。

6. 美国商务部经济分析局

美国商务部成立于1903年2月14日,总部设在华盛顿特区,负责美国的国际贸易、进出口管制、贸易救济措施等。美国商务部下属的经济分析局(Bureau of Economic Analysis,BEA)于2018年首次发布了有关美国数字经济规模和增长率的初步统计数据和相关报告——《数字经济的定义与衡量》。在此之前,美国商务部数字经济咨询委员会提出了一个四部分框架用于测度数字经济,涉及:①测度经济数字化程度,包括企业、行业、家庭等;②数字化的效果或产出,如搜索成本、消费者盈余和供应链效率等;③对实际 GDP 和生产率等经济指标的综合影响;④对新兴的数字化领域进行监控。尽管这在当时只是一个概念性的探讨,但依然为数字经济的测度提供了借鉴。如今,美国经济分析局关于数字经济规模的测度方法和测度结果已成为各国测度本国数字经济的重要参考。

7. 联合国贸易和发展会议

联合国贸易和发展会议(United Nations Conference on Trade and Development,UNCTAD)简称联合国贸发会议,成立于 1964 年,总部设在瑞士日内瓦,是联合国大会常设机构之一,也是联合国系统内唯一综合处理发展和贸易、资金、技术、投资和可持续发展领域相关问题的政府间机构。联合国贸发会议的宗旨是促进国际贸易,其主要的职责与世界范围的商务领域有着直接的关系。联合国贸发会议每年均发布《数字经济报告》,2019 年的报告指出,数字经济还没有能够被广泛接受的定义,根据定义的不同,全球数字经济规模占世界 GDP 的比重为 4.5%~15.5%,美国和中国两个国家占了区块链技术相关专利的 75%,全球物联网支出的 50%,以及全球公共云计算市场的 75% 以上。2021 年的报告指出,2020 年,全球互联网带宽增长了 35%,大约 80% 的互联网流量与视频、社交网络和游戏有关。新冠肺炎疫情加速了数字经济的发展,同时也进一步暴露了国家和社会之间的数字鸿沟,全世界超大规模的数据中心有一半在中美两国,且两国的 5G 普及率最高,拥有 70% 的世界顶尖人工智能研究人员及 94% 的人工智能初创企业融资。

思 考 题

1. "人才测评"是否属于数字经济测评的一部分?说说你的看法。
2. 简述数字经济测评对促进传统行业转型升级的意义。
3. 结合目前的数字经济发展情况,谈谈对数字经济进行测评可为我国在国际上带来的竞争力。

本章参考文献

[1] 中国信息通信研究院.中国数字经济发展白皮书(2020 年)[R/OL].(2020-07-03)[2022-06-24]. http://www.caict.ac.cn/kxyj/qwfb/bps/202007/P020200703318256637020.pdf.

[2] 赛迪顾问.2020 中国数字城市百强研究白皮书[R/OL].(2020-12-21)[2022-06-24]. https://www.ccidgroup.com/info/1105/32183.htm.

[3] 联合国贸易和发展会议.2019 年数字经济报告[R/OL].(2019-09-14)[2022-06-24]. https://unctad.org/system/files/official-document/der2019_overview_ch.pdf.

[4] 中国信息通信研究院.G20 国家数字经济发展研究报告(2018 年)[R/OL].(2018-12-18)[2022-06-24]. http://www.caict.ac.cn/kxyj/qwfb/bps/201812/P020181219311367546218.pdf.

[5] 李克强.2017 年政府工作报告[R/OL].(2017-03-13)[2022-06-24]. https://www.audit.gov.cn/n9/n1117/n1118/c93757/content.html

[6] KEVIN B, DAVE C, WILLIAM J, et al. Defining and measuring the digital economy

[R/OL]．(2018-03-15)[2022-06-24]．https://www.bea.gov/system/files/papers/WP2018-4.pdf．

[7] OECD. OECD Digital Economy Outlook 2017[M]．Paris：OECD Publishing, 2017．

[8] 何枭吟．美国数字经济研究[D]．长春：吉林大学, 2005．

[9] 逄健, 朱欣民．国外数字经济发展趋势与数字经济国家发展战略[J]．科技进步与对策, 2013, 30(08)：124-128．

[10] 马化腾, 孟昭莉, 闫德利, 等．数字经济：中国创新增长新动能[M]．北京：中信出版集团, 2017．

[11] 李长江．关于数字经济内涵的初步探讨[J]．电子政务, 2017(09)：84-92．

[12] 张美慧．国际新经济测度研究进展及对中国的借鉴[J]．经济学家, 2017(11)：47-55．

[13] 续继, 唐琦．数字经济与国民经济核算文献评述[J]．经济学动态, 2019(10)：117-131．

[14] 刘淑春．中国数字经济高质量发展的靶向路径与政策供给[J]．经济学家, 2019(06)：52-61．

[15] 王伟玲, 王晶．我国数字经济发展的趋势与推动政策研究[J]．经济纵横, 2019(01)：69-75．

[16] 温珺, 阎志军, 程愚．数字经济与区域创新能力的提升[J]．经济问题探索, 2019(11)：112-124．

[17] 姬小燕．浙江省数字经济发展综合评价研究[D]．杭州：杭州电子科技大学, 2020．

[18] 许宪春, 张美慧．中国数字经济规模测算研究——基于国际比较的视角[J]．中国工业经济, 2020(05)：23-41．

[19] 钟敏．国际数字经济测度的实践经验及中国的战略选择[J]．经济体制改革, 2021(03)：158-165．

[20] 焦帅涛, 孙秋碧．我国数字经济发展对产业结构升级的影响研究[J]．工业技术经济, 2021, 40(05)：146-154．

[21] Haltiwanger J, Jarmin RS. Measuring the digital economy. Understanding the Digital Economy：Data, Tools and Research. 2000：13-33．

[22] MESENBOURG T L. Measuring the digital economy[J]．US Bureau of the Census, 2001, 1：1-19．

[23] WATANABE C, NAVEED K, TOU Y, et al. Measuring GDP in the digital economy：Increasing dependence on uncaptured GDP[J]．Technological Forecasting and Social Change. 2018(137)：226-40．

[24] European Commission. DESI 2018：digital economy and society index[EB/OL]．https://ec.europa.eu/digital-single-market/en/desi, 2019．

[25] Soumitra Dutta, Bruno Lanvin. The Network Readiness Index 2019：Towards a Future-Ready Society [R/OL]．Washington D.C., USA, Portulans Institute, 2019. https://networkreadinessindex.org/wp-content/uploads/2022/09/NRI_2019_Report.pdf．

[26] BEA. Defining and Measuring the Digital Economy[R/OL]．U.S. Bureau of Economic Analysis, 2018. https://www.bea.gov/research/papers/2018/definingand-measuring-digital-economy．

第3章 数字经济测评方法

数字经济测评方法的选取对于把握数字经济发展状况具有关键作用。根据测度目的不同,目前对数字经济的测度有两种方法:一是对数字经济规模的测度(核算);二是对数字经济某一方面发展程度的测度。前者的测度结果是绝对量,通常采用数字经济增加值指标;后者的测度结果是相对量,通常采用指数形式。本章系统介绍上述两种数字经济测评方法在指标选取、过程分析等方面的差异,比较两种测评方法的测评结果对政策制定的指向性作用,并介绍国内外几种较为成熟的数字经济指标体系,为实现更好的数字经济测评提供借鉴。

3.1 数字经济规模的测度(核算)

数字经济规模测度（核算）的类型

数字经济是以数字技术作为支撑的一系列经济活动。数字技术是一种通用目的技术,它有4个显著特征:一是能够实现从初期的一个应用领域到后期的多个应用领域的发展;二是能够持续促进生产率的提高、降低使用者的成本,随着新技术的发展和应用,技术应用的成本不断下降,技术应用的范围不断拓展;三是能够促进新技术创新和新产品生产,与其他技术之间存在着强烈的互补性(complementarity),具有强烈的外部性(spillovers),其自身在不断演进与创新的同时,能够促进其他新技术的创新和应用;四是数字技术的应用会不断促进生产、流通和组织管理方式的调整和优化。也就是说,数字技术能够与其他技术相互协作,广泛渗透到其他行业中,而这将使得对数字经济规模的测评变得复杂。

3.1.1 数字经济规模测度(核算)的类型

由于对数字经济的认识不同,目前数字经济规模的测度(核算)存在两种类型,即数字经济规模核算(窄派)和数字经济规模测度(宽派)。

1. 数字经济规模核算(窄派)

数字经济规模核算是指对现有统计资料中数字经济相关产业(部门)的产值、增加值数据进行审核、汇总进而得到数字经济总产值、增加值总量数据。

美国经济分析局、清华大学许宪春团队分别对美国和中国的数字经济规模进行了核算。结果显示,2016年、2017年、2018年美国数字经济增加值占比分别为6.5%、6.9%、9%,而2016年、2017年中国数字经济在GDP中的占比分别为5.73%、6.46%。

数字经济的发展涉及两部分，一是数字产业化，二是产业数字化。美国经济分析局、清华大学许宪春团队对数字经济规模的核算都仅针对数字产业化部分，没有触及产业数字化部分。由于数字经济规模核算的范围不包括产业数字化部分，核算范围相对较窄，因此通常被认为是窄派。

美国经济分析局、清华大学许宪春团队在核算数字经济规模时依据的产业类别是不同的。美国经济分析局认为数字经济包括3个部分，即数字赋能基础设施、电子商务、数字媒介。而清华大学许宪春团队认为数字经济包括4个部分：①数字化赋权基础设施所对应的产业，主要有信息传输服务、互联网相关服务、软件和信息技术服务业、电子信息设备制造业；②数字化媒体所对应的产业，主要是新闻出版和广电行业中的数字业务、互联网相关服务及软件和信息技术服务业中的部分产业小类（四位数产业）；③数字化交易，指的是电子商务，所对应的产业主要是批发业和零售业中的部分产业小类（四位数产业）；④数字经济交易产品所对应的产业。

2. 数字经济规模测度（宽派）

对数字经济规模的衡量不仅要考虑与数字技术直接相关的细分产业部门的增加值（或称数字产业化增加值），还要考虑由数字技术渗透性和协同性导致的传统产业效率提高所对应的增加值（或称产业数字化增加值）。数字技术通过对传统产业的广泛融合渗透，对传统产业增加产出和提高生产效率具有重要意义，然而这种"重要意义"无法通过传统产业的增加值直接得出。例如，大规模的数字技术应用于生产线、数控机床、智能机器人等，使得手机的生产率提高、手机制造过程以及手机本身的数字化程度越来越高，但是数字技术提高手机质量和生产效率所衍生出的额外增加值被核算在手机制造业里，无法拆分到数字经济中，因此只能通过相关数学模型进行估算。

数字经济规模测度既涉及数字产业化，也涉及产业数字化，由于数字经济测度的范围较宽，因此通常被认为是宽派。其中：对数字产业化规模的核算方法与窄派基本一致；对产业数字化规模的测度是这一测度类型的主要内容。由于对产业数字化规模的测度是一种估算，因此只能用"测度"一词描述，而不能用"核算"一词描述。

中国社会科学院蔡跃洲团队测度产业数字化的方法是：首先通过增长核算方法计算出全要素生产率（Total Factor Productivity，TFP）对GDP增长的贡献，然后利用计量方法大致测算出TFP增长与数字技术渗透率之间的关系，最后将两者结合得到数字经济渗透效应对GDP增长的贡献率，从而测算出特定时间段"数字经济渗透效应对GDP增长的贡献率"。以数字技术渗透几乎可以忽略不计的年份（如1998年）为起点，以目标测算年份为终点，那么该时间段的GDP增量乘以渗透效应贡献率，得到的就是目标测算年份"数字经济效率提高所对应的增加值规模"。测度结果是，2017—2020年，中国数字经济增加值占比分别为16.0%、16.4%、17.2%、18.8%。在核算数字产业化规模时，核算对象为ICT产业。

中国信息通信研究院测度产业数字化的方法是，利用增长核算账户框架（KLEMS），把不同传统产业产出中数字技术的贡献部分剥离出来，对各个传统行业中的此部分进行加和，从而得到传统产业中的数字经济总量。测算结果是，2016—2019年，中国数字经济在GDP中的占比分别为30.3%、32.9%、34.8%、36.2%。核算数字产业化规模时，核算对象为电子信息设备制造业、电子信息设备销售和租赁业、电子信息传输服务业、计算机服务和软件业、其他信息相关服务业，以及由于数字技术的广泛融合渗透而产生的新兴行业，如云计算、物联网、大数据、互联网金融等行业。

3.1.2 数字经济所涉及的产业类别

进行数字经济测度(核算)时,需要明确与数字经济相关的产业类别。在已有的各种测度(核算)方法中,由于与数字经济相关的产业选择差异较大,因此数字经济规模测度(核算)的结果千差万别。

为了统一认识,便于对数字经济进行测度(核算),国家统计局在2021年5月公布了《数字经济及其核心产业统计分类(2021)》。所有与数字经济相关的产业共分为五大类,分别是数字产品制造业、数字产品服务业、数字技术应用业、数字要素驱动业和数字化效率提升业。其中,前四大类为数字产业化部分,最后一类为产业数字化部分。具体如表3-1所示(忽略小类)。

表3-1 数字经济及其核心产业统计分类(忽略小类)

代 码	名 称	
大类	中类	
★01 数字产品制造业	0101	计算机制造
	0102	通信及雷达设备制造
	0103	数字媒体设备制造
	0104	智能设备制造
	0105	电子元器件及设备制造
	0106	其他数字产品制造业
★02 数字产品服务业	0201	数字产品批发
	0202	数字产品零售
	0203	数字产品租赁
	0204	数字产品维修
	0205	其他数字产品服务业
★03 数字技术应用业	0301	软件开发
	0302	电信、广播电视和卫星传输服务
	0303	互联网相关服务
	0304	信息技术服务
	0305	其他数字技术应用业
★04 数字要素驱动业	0401	互联网平台
	0402	互联网批发零售
	0403	互联网金融
	0404	数字内容与媒体
	0405	信息基础设施建设
	0406	数据资源与产权交易
	0407	其他数字要素驱动业

续表

代　码		名　称
大类		中类
05 数字化效率提升业	0501	智慧农业
	0502	智能制造
	0503	智能交通
	0504	智慧物流
	0505	数字金融
	0506	数字商贸
	0507	数字社会
	0508	数字政府
	0509	其他数字化效率提升业

注："★"为数字经济核心产业标识。

3.2　数字经济综合评价法

数字经济规模测度（核算）得到的结果是经济总量指标，并不能反映数字经济发展的质量、结构及数字经济发展所涉及的各个侧面。为此，数字经济综合评价法得到关注并被广泛采用。该方法的关键内容是构建数字经济相关指标体系，计算相关指数，进而对数字经济发展状况进行评价。

3.2.1　指数的概念、特性及作用

指数的概念有广义和狭义之分。广义的指数泛指反映社会现象在不同时期的数量对比关系的相对数，而狭义的指数定义为综合反映由多种要素组成的经济现象在不同时间和空间条件下平均变动的相对数。

指数作为经济分析的一种特殊统计方法，主要用于反映事物数量的相对变化程度。概括地讲，指数具有以下3种特性。

（1）相对性

指数是总体各变量在不同场合下对比形成的相对数，它可以度量一个变量在不同时间或不同空间的相对变化，如一种商品的价格指数或数量指数，这种指数称为个体指数；它也可以用于反映一组变量的综合变动，如消费价格指数反映了一组指定商品和服务的价格变动水平，这种指数称为综合指数。总体变量在不同时间上对比形成的指数称为时间性指数，在不同空间上对比形成的指数称为区域性指数。对于数字经济评测来说，时间和空间都是需要研究的维度。

（2）综合性

指数是反映一组变量在不同场合下的综合变动水平，这是就狭义的指数而言的，它也是指数理论和方法的核心问题，实际计算的主要是这种指数。如果没有综合性，指数就不可能

发展为一种独立的理论和方法论体系。综合性说明指数是一种特殊的相对数,它是由一组变量项目综合对比形成的。

(3) 平均性

指数是总体水平的一个代表性数值。平均性的含义有两种:一种是对指数进行比较的综合量作为个别量的一个代表,这本身就具有平均的性质;另一种是两个综合量对比形成的指数反映了个别量的平均变动水平,如物价指数反映了多种商品和服务项目价格的平均变动水平。

指数可以用来反映复杂社会经济现象总体的综合变动方向和变动程度,也可以用来分析社会经济现象在长时间内的变化趋势,还可以对社会经济现象进行综合评价和测定。基于此,它既可以反映社会经济现象的整体情况,又可以反映不同行业、不同商品、不同现象等的变动情况;既可以描述历史发展状况,又可以预测未来的发展趋势。通过综合评价指标体系计算得到的就是指数,它具备上述介绍的特性和作用。

由于数字经济规模总量测量的复杂性和不准确性,许多学者转而使用数字经济指数来衡量一个国家或地区的数字经济综合发展水平。它不仅计算方便,还能够从数字经济的政策环境、发展现状、未来潜力等方面进行综合考虑,更有利于进行国家、地区之间的横向对比和探究数字经济未来的增长点。

3.2.2 综合评价指标体系的构建

1. 综合评价指标体系的结构

综合评价指标体系是从多个视角和层次反映特定评价客体数量规模与数量水平的体系,所以综合评价指标体系是一个信息系统。构造一个综合评价指标体系,就是要构造一个系统。而系统的构造一般是包括系统元素的配置和系统结构的安排这两方面的。在综合评价指标体系这一系统中,每个指标都是系统元素,而各指标之间的相互关系则是系统结构。因此,从广义上讲,综合评价指标体系构造的内容就相应地有系统元素构造和系统结构构造两个方面。

1) 系统元素构造

系统元素构造明确了评价指标体系是由哪些指标组成的,各指标的概念、计算范围(包括计算的总体范围界定、时空范围界定、标志内容界定)、计算方法、计量单位分别是什么。任何单个指标的构造过程都是一个逻辑思维过程,它包括"明确指标测量目的并给出理论定义""选择待构指标的标志并给出操作性定义""设计指标计算内容和计算方法""实施指标测验"等基本步骤。图 3-1 展示了评价用单项指标的构建过程。考虑到评价的侧重点、指标含义的适宜性以及数据的可得性,有时需要考虑对指标进行某种变换。例如,赛迪中国数字经济指数指标体系中的"即时通信"指标最终转化为"微信用户分布","旅游"指标最终转化为"携程用户分布"。

2) 系统结构构造

系统结构构造明确了该评价指标体系中所有指标之间的相互关系、层次结构,因为越是复杂的综合评价问题,其评价目标往往层次越多,理顺这种层次关系,对于提高评价效率与效果都有重要的作用。

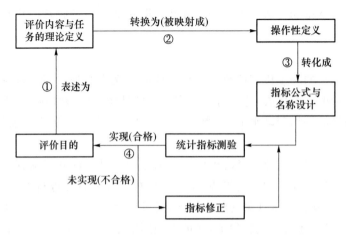

图 3-1　评价用的单项指标构建过程

任何评价指标体系都可以以最简单的双层结构的形式出现:第一层为总目标层,第二层为指标层。就指标而言,这种双层结构没有对指标体系进行结构分类。稍微复杂的综合评价指标体系一般都采用三层结构〔总目标(层)、子目标层、指标层,或总目标(层)、一级指标层、二级指标层(如赛迪顾问中国数字经济指数、上海社科院全球数字经济竞争力指数等)〕或四层结构〔总目标层、一级指标层、二级指标层、三级指标层(如中国信息通信研究院数字经济指数)〕。

2. 综合评价指标体系构造的过程

综合评价指标体系构造的过程是一个"具体—抽象—具体"的辩证逻辑思维过程,是人们对现象总体数量特征的认识逐步深化、求精、完善、系统化的过程。指标体系构造的一般流程有如下 5 步。

(1) 理论准备

指标体系的设计者必须对评价对象和评价目的有清楚的认识,并对相关的基础理论有一定深度和广度的了解,能深刻理解评价内容。要制定数字经济综合评价指标体系,评价者必须对数字经济的基础理论有较深刻的认识,如什么是数字经济、数字经济的深刻内涵是什么、国内外关于数字经济的评价指标体系有哪些、如何清楚地界定数字经济的评价内容,这些都是必不可少的准备知识。只有在概念清晰的基础上,才能构建出与评价对象的评价目的相符的指标体系。

(2) 指标体系初建

设计者可以采用系统分析的方法来构造指标体系框架,这是一个认识进一步深化的过程,也是一个由粗到细、由细到精的思考过程。设计指标体系时,要注意选取能切实反映评价对象本质特征的、具有代表性的指标。当评价对象有多种属性时,要从多角度出发选取评价指标。

指标的选取方法有定性和定量两种。用定性方法选取指标时,需要由设计者和决策者主观选取代表性指标。例如,国际电信联盟 ICT 发展指数指标体系的制定者在以 ICT 发展为评价对象时,人为地确定评价 ICT 发展时要从 ICT 接入、ICT 使用、ICT 技能 3 个方面出发,进而为每个方面选取相关子指标,如 ICT 使用包含互联网用户率、固定宽带使用率、移动宽带使用率,这种划分是难以从客观数据得到的,但是确实可以根据理论和常识作此决断。用定量方法选取指标时,要通过降维处理求得具有代表性的指标。一般来说,可以先用定性方法主观地、尽可能地选取评价指标的"全集",再用定量方法选出有代表性的主要指标。

(3) 指标筛选

指标体系初建时所得到的指标集一般都不一定是最合理和最必要的,可能有重叠和冗余的指标,或者关联度很高的指标,因此就需要对初选指标集进行筛选,得到最简洁明了且能反映评价对象特征的指标体系。

(4) 指标赋权

在多指标综合评价中,各评价指标权重分配不同会直接导致评价对象排序的改变,因而权重的合理性、准确性直接影响评价结果的可靠性。

(5) 指标体系应用

通过实际应用指标体系,分析评价结果的合理性,寻找导致评价结论不合理的原因,修正指标体系。

3. 构造综合评价指标体系的基本原则

从一般意义上讲,构造综合评价指标体系时必须注意以下 7 条基本原则。

(1) 全面性原则

评价指标体系必须反映被评价问题的各个侧面,绝对不能"扬长避短"。否则,评价结论将是不公正的。

(2) 科学性原则

整个综合评价指标体系从元素构成到结构,从每一个指标计算内容到计算方法都必须科学、合理、准确。

(3) 层次性原则

建立综合评价指标体系的层次结构,可为进一步的因素分析创造条件。

(4) 目的性原则

整个综合评价指标体系的构成必须紧紧围绕综合评价目的层层展开,使最后的评价结论真实地反映评价意图。

(5) 可比性原则

所构造的综合评价指标体系必须对每一个评价对象都是公平的、可比的。指标体系中不能包括一些有明显"倾向性"的指标。

(6) 可操作性原则

一个综合评价方案的真正价值只有在实践中才能够体现出来。这就要求指标体系中的每一个指标都必须是可操作的,以便及时搜集到准确的数据。如果有指标不可操作,应当设法寻找替代指标、专门调查搜集指标数据的途径和统计估算的方法。

(7) 时效性原则

数字经济是一个动态的概念,因此对其进行评估的内容也不是一成不变的。随着产业融合与数字技术的发展,数字经济的内涵也在不断演进。评价数字经济时,需要考虑数字经济概念的当时内涵,保证指标的时效性。

4. 指标体系的层次性

指标体系的建立是综合评价的重要内容和基础工作,它是将抽象的研究对象按照其本质属性和特征分解为具有行为化、可操作化的结构,并对指标体系中的每个指标赋予相应权重的过程,也是对客观事物认识的继续深化和发展。任何综合评价指标体系都包括指标、指标层次结构、指标权重以及映射关系这 4 个基本要素。

如果用 E 代表指标值,用 S 代表层次结构,用 W 代表指标权重,用 f 代表映射关系,则指标体系可以表示成 $Z=f(E,S,W)$。也就是说,指标体系可看作由 E、S、W 三元数组相互联系、相互作用而构成的有机整体。表 3-2 所示为国际电信联盟 ICT 发展指数指标体系。

表 3-2 国际电信联盟 ICT 发展指数指标体系

一级指标	一级指标权重	二级指标	二级指标权重	最终权重(W)	假定指标标准值(E)
ICT 接入	40%	固定电话覆盖率	20%	8%	90
		移动电话覆盖率	20%	8%	80
		用户平均国际互联网带宽	20%	8%	50
		家庭计算机普及率	20%	8%	70
		家庭互联网接入率	20%	8%	70
ICT 使用	40%	互联网用户数	33.3%	13.3%	70
		固定宽带使用率	33.3%	13.3%	70
		移动宽带使用率	33.3%	13.3%	80
ICT 技能	20%	入学年限中位数	33.3%	6.7%	70
		初中入学率	33.3%	6.7%	60
		高等教育入学率	33.3%	6.7%	50

注:假定指标标准值是虚构的标准化后的指标值;因小数点后保留位数有限,权重之和不为 1,存在一定误差。

根据 $Z=f(E,S,W)$ 的映射关系,可以由指标值 E 和权重 W 通过合成得到综合评价结果,即 Z 为 64.6。多指标综合评价的过程实际上就是按照评价目标和规则集成主客观因素的过程。将评价指标与权重相结合形成一定的价值函数,再与理想值进行对比,或者对多个评价对象进行排序,即可得到评价结论。

5. 指标权重的确定方法

1) 方法类别

综合评价指标权重的确定方法概括起来有 3 类,即主观赋权法、客观赋权法和组合赋权法。

主观赋权法主要是利用专家的知识和经验对实际问题做出判断,从而主观给出权重的方法。主观赋权法吸收了本领域专家的丰富知识和经验,反映了各个指标不同程度的重要性。主观赋权法主要包括 Delphi 法、层次分析法(Analytic Hierarchy Process,AHP)、相对比较法、连环比率法等。主观赋权法过于依赖专家的主观判断,具有较强的主观性和随意性,因此人们通过多种途径来改进主观赋权法,包括遴选专家时注重专家的知识和经验背景、注意专家判断的一致性、增加专家的数量、考虑专家的代表性、给不同的专家赋以相应的权重等。

客观赋权法是根据评价对象的实际数据,通过数学处理来赋权的方法。一般是根据指

指标权重
确定方法

标变异程度或各指标间的相关关系来确定指标的重要性,所得权重具有客观性。因此,这种根据评价对象数据信息确定的权重又被称为信息量权重。但是,客观赋权法没有考虑综合评价中人的因素,而过分强调从数据中挖掘信息。比较常用的客观赋权法有变异系数法、复相关系数法、熵值法等。多元统计中的主成分分析法、因子分析法在做综合评价时也给出了指标的权重。客观赋权法虽然具有赋权客观、不受人为因素影响等优点,但由于其绝对的客观性,从数据中挖掘指标的重要性信息时,很可能违背指标的实际意义,以致指标权重不能完全体现各指标自身的实际意义和在指标体系中的重要性;同时,样本的变化会带来权重的变化,致使结果具有不稳定性。

组合赋权法的产生是为了克服主观赋权法和客观赋权法的弊端,即在实际确定权重时主客观相结合。主观赋权法体现了指标的价值量,客观赋权法体现了指标的信息量,主客观结合形成的组合赋权法兼具二者的特点。权重的组合方法归纳起来有两种形式,即乘法合成与线性加权组合。

2)层次分析法——常见的权重确定方法

层次分析法由美国运筹学家T. L. 萨迪于20世纪70年代初提出。该方法具有系统、灵活、简洁的优点。1971年T. L. 萨迪用AHP为美国国防部研究了所谓的"应急计划",1972年又为美国国家科学基金会研究了电力在工业部门的分配问题,1973年为苏丹政府研究了苏丹运输问题,1977年在第一届国际数学建模会议上发表了"无结构决策问题的建模——层次分析法"。从此,AHP开始引起人们的注意,并在除方案排序之外的计划制订、资源分配、政策分析、冲突求解及决策预报等广泛的领域里得到了应用。1982年11月,在第一届中美能源资源环境会议上,T. L. 萨迪的学生H. 高兰民柴首次向中国学者介绍了AHP。近年来,AHP在我国能源系统分析、城市规划、经济管理、科研成果评价等许多领域中得到了应用。1987年9月,我国召开了第一届国际AHP学术会议。近年来,该方法仍在管理系统工程中被广泛运用。

AHP把一个复杂的决策问题表示为一个有序的递阶层次结构,通过人们的比较判断,计算出各种决策方案在不同准则及总准则之下的相对重要性量度,从而对决策方案的优劣进行排序。这个过程的核心问题是计算各决策方案的相对重要性系数。

运用AHP建模来解决实际问题,大体上可按如下4个步骤进行。

(1)建立系统的递阶层次结构模型

分析评价系统中各基本要素之间的关系,建立系统的递阶层次结构模型。

(2)确定各层次、各因素之间的权重

确定各层次、各因素之间的权重时,由于定性的结果常常不容易被人接受,因而萨迪等人提出一致矩阵法,即

① 不把所有因素放在一起比较,而是两两相互比较;

② 采用相对尺度,尽可能减小性质不同的诸因素相互比较时的困难,以提高准确度。

具体来说,从层次结构模型的第二层开始,对同一层次的各元素关于上一层次中某一准则的重要性进行两两比较,构造两两比较矩阵。按两两比较结果构成的矩阵称作判断矩阵。判断矩阵具有如下性质:

$$a_{ij}=\frac{1}{a_{ji}}$$

其中,a_{ij}为要素i与要素j的重要性比较结果。表 3-3 列出了萨迪给出的 9 个重要性等级及其赋值。

表 3-3 判断矩阵标度的定义

标度	含义
1	两个要素相比,具有同样的重要性
3	两个要素相比,前者比后者稍重要
5	两个要素相比,前者比后者明显重要
7	两个要素相比,前者比后者强烈重要
9	两个要素相比,前者比后者极端重要
2,4,6,8	上述相邻判断的中间值
倒数	两个要素相比,后者比前者的重要标度

(3) 层次单排序及其一致性检验

对应于判断矩阵最大特征根 λ_{max} 的特征向量,经归一化(使向量中各元素之和等于 1)后记为 W。W 中的元素为同一层次因素对于上一层次某因素相对重要性的排序权值,这一过程称为层次单排序。能否确认层次单排序,由一致性检验决定。所谓一致性检验,是指对 A 确定不一致的允许范围。

定理 1 n 阶一致阵的唯一非零特征根为 n。

定理 2 n 阶正互反阵 A 的最大特征根 $\lambda \geqslant n$,当且仅当 $\lambda = n$ 时 A 为一致阵。

由于 λ 连续地依赖 a_{ij},因此 λ 比 n 大得越多,判断矩阵 A 的不一致性越严重。用最大特征根对应的特征向量作为被比较因素对上层某因素影响程度的权向量,其不一致程度越大,引起的判断误差越大。因而,可以用 $\lambda - n$ 数值的大小来衡量 A 的不一致程度。定义一致性指标为

$$\text{CI} = \frac{\lambda - n}{n - 1}$$

其中,CI=0 时,A 有完全一致性;CI 接近于 0 时,A 有满意一致性;CI 越大,不一致性越严重。实际上,在构造成对比较矩阵时要求满足上述众多等式是不可能的。因此,往往要求成对比较矩阵有一定的一致性,即允许成对比较矩阵存在一定程度的不一致性。

为衡量 CI 的大小,引入随机一致性指标 RI,随机构造 500 个判断矩阵 $A_1, A_2, \cdots, A_{500}$,则可得对应的一致性指标 $\text{CI}_1, \text{CI}_2, \cdots, \text{CI}_{500}$,由此可得随机一致性指标公式:

$$\text{RI} = \frac{\text{CI}_1 + \text{CI}_2 + \cdots + \text{CI}_n}{n}$$

其中,随机一致性指标 RI 和判断矩阵的阶数有关。一般情况下,判断矩阵阶数越大,出现一致性随机偏离的可能性也越大。不同判断矩阵阶数对应的平均随机一致性指标标准值如表 3-4 所示。

表 3-4 不同判断矩阵阶数对应的平均随机一致性指标标准值

判断矩阵阶数	1	2	3	4	5	6	7	8	9	10
RI	0	0	0.58	0.90	1.12	1.24	1.32	1.41	1.45	1.49

注:标准不同,RI 的值也会有微小的差异。

考虑到一致性的偏离可能是由随机原因造成的,因此在检验判断矩阵是否具有满意的一致性时,还需将 CI 和随机一致性指标 RI 进行比较,得出检验系数 CR。

$$CR = \frac{CI}{RI}$$

一般,如果 CR<0.1,则认为该判断矩阵通过一致性检验,用其归一化特征向量作为权向量,否则就不具有满意一致性,需要重新构造判断矩阵 A,并对 a_{ij} 进行调整。

例 3-1:请计算出数字经济测评中下级指标层中各元素对"数字基础设施能力"这一高级指标的权向量,并做一致性检验。

解 假设两两判断矩阵为

$$A = \begin{bmatrix} 1 & \frac{1}{2} & 4 & 3 & 3 \\ 2 & 1 & 7 & 5 & 5 \\ \frac{1}{4} & \frac{1}{7} & 1 & \frac{1}{2} & \frac{1}{3} \\ \frac{1}{3} & \frac{1}{5} & 2 & 1 & 1 \\ \frac{1}{3} & \frac{1}{5} & 3 & 1 & 1 \end{bmatrix}$$

计算可得最大特征根:

$$\lambda = 5.073$$

权向量(特征向量):

$$W = (0.263, 0.475, 0.055, 0.090, 0.110)^{\mathrm{T}}$$

一致性指标:

$$CI = \frac{5.073 - 5}{5 - 1} \approx 0.018$$

随机一致性指标:

$$RI = 1.12(查表 3-4)$$

一致性比率:

$$CR = \frac{0.018}{1.12} = 0.016 < 0.1$$

通过一致性检验。

对于上例,权向量中有 5 个元素,每一个元素代表的是每一个因素对上一层因素的权重。如第一个值为 0.263 这代表的含义为第一个元素对于"数字基础设施能力"的重要性为 0.263。

有时候影响因素太多,计算量很大,可以用正互反阵最大特征根和特征向量的简化计算方法进行求解:由于一致阵的列向量与特征向量相同,如果一个正互反阵的一致性较好,那么它的列向量应近似于特征向量,因此可取归一化的列向量的算术平均作为权向量。

(4) 计算各层要素对系统目的(总目标)的合成(总)权重

通常,一个指标体系具有多层因素,需要从最高层次到最低层次依次计算出每一层对总目标的影响权重,这一过程称为层次总排序。

假设有 A、B 两个指标层,A 层 m 个因素对总目标的权重分别是 $a_1, a_2, \cdots, a_m$,B 层 n

个元素对上层因素 a_j 的层次单排序为 $b_{1j}, b_{2j}, \cdots, b_{nj}(j=1,2,\cdots,m)$，则 B 层的层次总排序为

$$B_1 : a_1b_{11} + a_2b_{12} + \cdots + a_mb_{1m}$$
$$B_2 : a_1b_{21} + a_2b_{22} + \cdots + a_mb_{2m}$$
$$\vdots$$
$$B_n : a_1b_{n1} + a_2b_{n2} + \cdots + a_mb_{nm}$$

即 B 层第 i 个因素对总目标的权值为 $\sum_{j=1}^{m} a_j b_{ij}$。

数字经济相关指标体系实例介绍

3.2.3 数字经济相关指标体系实例

1. 中国信息通信研究院数字经济景气指数

中国信息通信研究院数字经济景气指数（DEI）包括先行指数、一致指数和滞后指数 3 类，可以通过与基期对比，反映不同时期的经济景气状态。这一指数相比于其他指数的优点在于，充分考虑了数字经济发展所必需的基础条件、数字产业化、产业数字化以及数字经济对宏观经济社会带来的影响，并且选取了许多具有中国特色、时代特色的指标，是一个相对大而全的指数。其缺点是理论框架不够完善，指标之间的逻辑联系和科学依据不是很清晰，有些指标是当下的热点，但不一定有长期观测的可持续性和代表性。中国信息通信研究院数字经济景气指数的具体指标选择如表 3-5 所示。

表 3-5 中国信息通信研究院数字经济景气指数指标体系

先行指数	一致指数	滞后指数
大数据投融资	ICT 主营业务收入	第一产业增加值
云计算服务市场规模	ICT 综合价格指数	工业增加值
物联网终端用户数	互联网投融资	第三产业增加值
移动互联网接入流量	电子信息产业进出口总额	信息消费规模
移动宽带用户数	电子商务规模	
固定宽带接入时长	互联网服务市场规模	
固定宽带用户数	"互联网+"协同制造	
	"互联网+"智慧能源	
	"互联网+"普惠金融	
	"互联网+"高效物流	

2. 赛迪顾问中国数字经济指数

2017 年 11 月，赛迪顾问发布《2017 中国数字经济指数（DEDI）》，在对数字经济的发展演变和特点进行分析的基础上，将数字经济划分为基础型、资源型、技术型、融合型和服务型 5 类，并对全国 31 个省级行政区域进行测算。DEDI 兼顾了全国各省的测评和 5 个数字经济分指数的评估，并运用了互联网企业的用户数据，反映数字经济在服务领域的渗透情况，具有一定的创新性。但是，数据来源不稳定、无法进行国际对比是这类指标的缺点，具体指

标选择如表 3-6 所示。

表 3-6 赛迪顾问中国数字经济指数指标体系

一级指标	二级指标
基础型数字经济	电子信息制造业规模 信息传输业规模 软件和信息技术服务业规模 互联网普及率 固定宽带签约 宽带用户平均下载速率 移动电话普及率
资源型数字经济	上市大数据企业数 数据交易中心数量 政府数据开放水平 移动互联网接入流量 移动宽带用户数 固定互联网宽带接入时长 固定宽带用户数
技术型数字经济	高技术产业 R&D 人员折合全时当量 高技术产业 R&D 经费内部支出 高技术产业专利情况 高技术产业技术获取与技术改造支出
融合型数字经济	农业互联网平台数 有电子商务交易活动企业占比 两化融合国家级示范企业数 数字化研发设计工具普及率 关键工序数控化率 智能制造就绪率
服务型数字经济	即时通信——微信用户分布 旅游——携程用户分布 生活服务——新美大用户分布 网上购物——网络零售额 互联网金融——支付宝用户分布 娱乐——爱奇艺用户分布 教育——中小学互联网接入率 互联网医疗——平安好医生用户分布 出行——滴滴出行用户分布 政务——我国各省(区、市).gov.cn 域名分布

3. 上海社科院全球数字经济竞争力指数

《全球数字经济竞争力指数(2017)》于 2017 年 12 月发布,将数字经济分为主体产业部分和融合应用部分。该指数主要采用对比法,通过大规模采集和分析全球 120 多个国家的数字经济发展数据,形成综合性及多维度的评价。该指数构建了由数字基础设施竞争力、数字产业竞争力、数字创新竞争力、数字治理竞争力 4 个维度构成的全球数字经济竞争力指标体系,其中数字基础设施竞争力、数字产业竞争力和数字创新竞争力是一个国家数字经济竞争力的三大支柱,数字治理竞争力则是这一体系健康运行的保障,具体指标选择如表 3-7 所示。

表 3-7 上海社科院全球数字经济竞争力指数指标体系

一级指标	二级指标
数字基础设施竞争力	云服务 智能终端 链接"云"和"端"之间的各种设备
数字产业竞争力	经济产出 国际贸易 平台企业
数字创新竞争力	技术研发 人才支撑 创新转化
数字治理竞争力	公共服务 治理体系 安全保障

4. 欧盟数字经济与社会指数

欧盟历来重视数字经济的发展与统计,从 2014 年起每年发布《欧盟数字经济与社会报告》(*Digital Economy & Society in the EU*)和数字经济与社会指数(*Digital Economy and Society Index*,DESI)。DESI 是刻画欧盟各国数字经济发展程度的合成指数,该指数由欧盟根据各国宽带接入、人力资本、互联网应用、数字技术应用和公共服务数字化程度等 5 个主要方面的 31 项二级指标计算得出。该指标的合成方法参照了 OECD 发布的《建立复合指数:方法论与用户说明手册》,具有较高的理论水平、科学性和可延续性。该指数兼顾数字经济对社会的影响,是探析欧盟成员国数字经济和社会发展程度、相互比较总结发展经验的重要窗口。此外,该指标体系的大部分指标数据来源于欧盟家庭 ICT 调查、企业 ICT 调查等专项统计调查,具有充分的研究积累和数据支撑。该指数框架设计以及调查数据采集工作机制的经验可供参考借鉴,其具体指标选择如表 3-8 所示。

表 3-8 欧盟数字经济与社会指数(DESI)指标体系

一级指标	二级指标
宽带接入	固定宽带 移动宽带 速率 可支付能力
人力资本	基本能力和使用情况 高级技能及发展
互联网应用	内容 交流 交易
数字技术应用	企业数字化 电子商务
公共服务数字化程度	电子政务

思 考 题

1. 数字经济规模的测度有"宽派"和"窄派"之分,请谈谈它们各自的优势和不足。
2. 请谈谈通过构建指标体系对数字经济进行综合测评的优势和不足。
3. 目前,有很多机构对中国数字经济进行过测评,请从相关资料中查找,并对这些测评方法进行简单点评。
4. 试构建相应的指标体系,计算某区域的数字经济指数。

本章参考文献

[1] 安筱鹏. 通用目的技术(GPT)与两化深度融合[EB/OL]. (2018-05-08)[2021-12-28]. https://mp.weixin.qq.com/s/ZgPFa2aS2RCsUZ2ojHmG-w.

[2] 许宪春,张美慧. 中国数字经济规模测算研究——基于国际比较的视角[J]. 中国工业经济,2020(05):23-41.

[3] 蔡跃洲. 数字经济的增加值及贡献度测算:历史沿革、理论基础与方法框架[J]. 求是学刊,2018,45(05):65-71.

[4] 中国信息通信研究院. 全球数字经济白皮书——疫情冲击下的复苏新曙光.[R/OL]. (2021-08-09)[2022-06-24]. http://www.caict.ac.cn/kxyj/qwfb/bps/202108/t20210802_381484.htm.

[5] 国家统计局. 数字经济及其核心产业统计分类(2021)[R/OL]. (2021-06-03)[2021-

12-28]. http://www.stats.gov.cn/tjgz/tzgb/202106/t20210603_1818129.html.

[6] 徐清源,单志广,马潮江.国内外数字经济测度指标体系研究综述[J].调研世界,2018(11):52-58.

[7] 中国指数研究院.中国指数研究:理论与实践[M]北京:经济管理出版社,2016.

[8] 苏为华.多指标综合评价理论与方法问题研究[D].厦门:厦门大学,2000.

[9] 李远远.基于粗糙集的指标体系构建及综合评价方法研究[D].武汉:武汉理工大学,2009.

第4章 数字经济评价分析方法

本章介绍以数字经济指数为分析对象的多种分析方法,以期通过数字经济指数的进一步分析明确数字经济发展的实际状况。例如,通过聚类分析将数据在没有任何模式可依循的情况下按照各自的特性进行合理的分类;借助于洛伦兹曲线和基尼系数,得出数字经济的某一子指标在各地的不平衡程度;建立 DEA 模型清晰地展现数字经济的投入与产出比;运用灰色系统理论充分开发并利用各项数字经济指标中的显信息和隐信息,将原始数据进行处理,将灰色数变换为生成数,从生成数得到规律性较强的生成函数;运用时间序列预测法,将数字经济指数按时间顺序进行排列,预计数字经济未来的发展趋势;利用相关分析探究数字经济指数与某些社会现象之间是否存在某种非确定性关系。

4.1 聚类分析

聚类分析及其常见算法

将认识的对象进行分类是人类认识世界的一种重要方法,由于同类事物具有更多的近似特性,分门别类地对事物进行研究,远比将事物放在一个混杂的集合中进行研究更清晰、细致和明了。一般来说,人们可以凭借经验和专业知识来实现分类。但随着人类科学技术的发展,人们对分类的要求越来越高,以至于有时仅凭经验和专业知识难以确切地进行细致的分类,于是人们渐渐地将数学工具运用到了分类学中,形成了数值分类学,后来又将多元分析的技术引入数值分类学形成了聚类分析。聚类分析能够不依赖先验知识对数据进行分类,可以应用于许多方面,包括对数字经济指数的分析。

4.1.1 聚类分析概述

聚类分析是一种以寻找数据集中的"自然分组"为目的,以研究对象的特征为依据,在无须先验知识的情况下对研究对象进行分类的统计分析技术。通过聚类得到的各个类簇的实体是相似的,不同类簇的实体是不相似的。聚类最关键的工作是探索和挖掘数据中的潜在差异和联系。

典型的聚类过程包括以下 5 步。

① 数据准备:特征标准化和降维。
② 特征选择:从最初的特征中选择最有效的特征,并将其存储于向量中。
③ 特征提取:通过对所选择的特征进行转换,形成新的突出特征。

④ 聚类(或分组):首先选择合适特征类型的某种距离函数(或构造新的距离函数)进行接近程度的度量,然后执行聚类或分组。

⑤ 聚类结果评估:对聚类结果进行评估。评估主要有3种类型:外部有效性评估、内部有效性评估和相关性测试评估。

根据数据在聚类中的积聚规则以及应用这些规则的方法,有多种聚类算法,最常见的3种是划分聚类、层次聚类、基于密度和网格的聚类。没有任何一种聚类算法适用于揭示各种多维数据集所呈现出来的多种多样的结构。

4.1.2 3种常见的聚类算法

1. 划分聚类

使用划分聚类时,假设目标函数是可微的。划分聚类首先给出数据集的初始划分;然后以此为起点,在迭代过程中不断调整样本点的归属,从而使目标函数达到最优。当目标函数收敛时,便可得到最终的聚类结果。大部分划分方法是基于距离的,K-Means 和 FCM 是这类算法的典型代表。

这类算法的优点可归结为收敛速度快且易于扩展,缺点在于通常需要事先指定聚类数目。此外,初始簇中心的选择、噪声数据的存在和聚类数目的设置均会对聚类结果产生较大影响。

2. 层次聚类

层次聚类又称树聚类算法,该方法使用数据的联接规则,通过层次式架构方式反复将数据进行分裂或聚合,以形成一个层次序列的聚类问题的解。层次聚类有凝聚和分裂两种策略;凝聚层次聚类也称自底向上法,开始便将每个对象作为单独的一个簇,然后逐次合并相近的对象,直到所有簇被合并为一个大簇或者满足迭代停止条件;分裂层次聚类也称自顶向下法,开始将所有样本当成一个簇,然后迭代分解成更小的簇。近年来,层次聚类中具有代表性的研究成果有 Hungarian 算法、面向连续数据的粗聚类算法(RCOSD)和基于四叉树的快速聚类算法等。

层次聚类算法的优点在于不需要用户事先指定聚类数目,可以灵活控制不同层次的聚类粒度,并且可以清晰地表达簇之间的层次关系。但是,层次聚类算法也有其不可忽视的缺点:一方面,在层次聚类过程中不能回溯处理已经形成的簇结构,即上一层次的簇形成后,通常不能在后续的执行过程中对其进行调整;另一方面,目前大多数层次聚类算法的计算复杂度至少为 $O(n^2)$,其中 n 为数据集包含的数据点数量,巨大的计算开销已成为提高层次聚类算法性能的瓶颈,使其不适用于大规模数据集。

3. 基于密度和网格的聚类

基于密度的聚类只适用于包含数值属性的数据集,其主要思想是只要邻域的密度(单位体/面积内的对象或数据点的数目)超过某个阈值,就继续增长给定的簇;也就是说,对给定簇中的每个数据点,在给定半径的邻域中必须包含最少数目的点,这样的主要作用是过滤噪声、剔除离群点。基于网格的聚类适用于任何属性的数据集,它把对象空间量化为有限个单元,形成一个网格结构,所有的聚类操作都在这个网格结构中进行,使得处理的时间独立于数据对象的个数,而仅依赖于量化空间中每一维的单元数。由于这两类方法在处理数据时都侧重于使用样本点的空间分布信息,并且经常结合在一起使用,因此可将它们归为一类。

该类方法对处理形状复杂的簇具有明显的优势，近年来具有代表性的研究成果有TFCTMO算法和ST-DBSCAN算法等。

4.1.3 K-Means划分聚类的步骤及实例

划分聚类是最常见的聚类算法，代表算法是K-Means算法。假定输入样本为$X=\{x_1, x_2,\cdots,x_m\}$。K-Means算法的步骤如下：

① 从X中随机选取k个样本作为初始均值向量$\{u_1,u_2,\cdots,u_k\}$；

② 对于每个样本x_j，计算其与各个均值向量间的距离$d_{ji}=\|x_j-u_i\|^2$，并将每个样本标记为距离类别中心最近的类别；

③ 将每个类别中心更新为隶属该类别的所有样本的均值；

④ 重复步骤②③，直到类别中心的变化小于某阈值。

假设全国31个省(区、市)的数字经济指数如表4-1所示。

表4-1 全国31个省(区、市)的数字经济指数值

地区	数字经济指数	地区	数字经济指数
安徽	0.77	辽宁	0.82
北京	3.45	内蒙古	0.67
福建	1.17	宁夏	0.85
甘肃	0.59	青海	0.71
广东	1.36	山东	0.94
广西	0.61	山西	0.65
贵州	0.64	陕西	0.93
海南	0.94	上海	2.52
河北	0.72	四川	0.79
河南	0.66	天津	1.69
黑龙江	0.68	西藏	0.63
湖北	0.83	新疆	0.56
湖南	0.75	云南	0.60
吉林	0.79	浙江	1.57
江苏	1.48	重庆	0.93
江西	0.71		

将数据导入SPSS软件进行K-Means划分聚类分析，以数字经济指数为聚类变量，设定聚类数为3，相应设置如图4-1所示。

用SPSS软件随机选取3个地区的指数作为初始聚类中心，在经过3次迭代后，聚类中心不再变动，实现了收敛，得到最终聚类中心。聚类过程中的数据结果如表4-2、表4-3、表4-4所示。

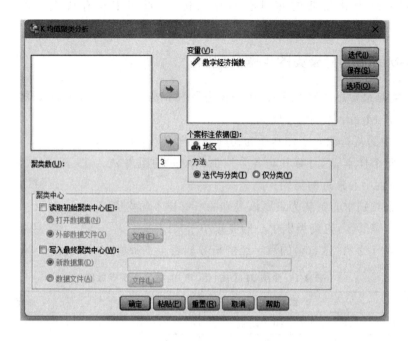

图 4-1　SPSS 软件中 K-Means 划分聚类分析的设置界面

表 4-2　初始聚类中心

	聚类		
	1	2	3
数字经济指数	0.56	3.45	1.69

表 4-3　迭代变化记录

	1	2	3
1	0.180	0.000	0.058
2	0.017	0.000	0.092
3	0.000	0.000	0.000

表 4-4　最终聚类中心

	聚类		
	1	2	3
数字经济指数	0.76	3.45	1.72

聚类分析结果如表 4-5 所示。能够看出,全国各省(区、市)的数字经济水平呈金字塔形分布;北京遥遥领先,是全国数字经济发展的引领者;长三角三省、广东及天津在第二阶梯;其余大部分地区的数字经济发展仍较落后。

表 4-5　全国 31 个省(区、市)的数字经济指数值聚类分析结果

地区	数字经济指数	分类	地区	数字经济指数	分类
北京	3.45	1	湖南	0.75	3
广东	1.36	2	吉林	0.79	3
江苏	1.48	2	江西	0.71	3
上海	2.52	2	辽宁	0.82	3
天津	1.69	2	内蒙古	0.67	3
浙江	1.57	2	宁夏	0.85	3
安徽	0.77	3	青海	0.71	3
福建	1.17	3	山东	0.94	3
甘肃	0.59	3	山西	0.65	3
广西	0.61	3	陕西	0.93	3
贵州	0.64	3	四川	0.79	3
海南	0.94	3	西藏	0.63	3
河北	0.72	3	新疆	0.56	3
河南	0.66	3	云南	0.60	3
黑龙江	0.68	3	重庆	0.93	3
湖北	0.83	3			

4.2　洛伦兹曲线与基尼系数

经济活动存在着不平衡性,即总体中各个组成部分之间存在着发展程度上的差异性。对于数字经济,不仅要关注其整体发展水平,还要分析各地区之间数字经济发展的不平衡程度。

4.2.1　洛伦兹曲线与基尼系数概述

为了研究国民收入在国民之间的分配问题,美国著名统计学家马克思·洛伦兹提出了洛伦兹曲线。洛伦兹首先将全社会的人按照收入进行升序排序,然后计算累计前 $X\%$ 的人的收入占社会总收入的百分比,这个数值就是对应 X 的 Y。洛伦兹曲线就是这一函数的图像,此曲线的弯曲程度反映了收入分配的不平等程度。弯曲程度越大,收入分配程度越不平等;反之亦然。如果收入分配是完全平等的,则洛伦兹曲线是通过原点的倾斜角度为 45°的直线。

基尼系数是根据洛伦兹曲线计算得到的,通常用来描述收入的整体差距。如图 4-2 所示,设实际收入分配曲线(洛伦兹曲线)和收入分配绝对平等曲线之间的面积为 A,实际收入分配曲线右下方的面积为 B,A 除以 $(A+B)$ 得到的商就是基尼系数。

洛伦兹曲线的弧度越大,基尼系数也越大。一般认为,当弧度处于 0.3~0.4 时,收入分配比较合理;弧度处于 0.4~0.5 时,收入差距过大;如果弧度超过 0.5,则意味着收入出现

两极分化。

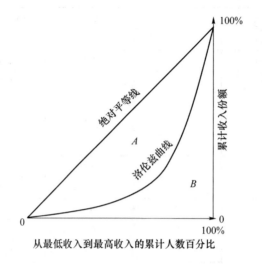

图 4-2 以居民收入为例的洛伦兹曲线

将洛伦兹曲线和基尼系数的概念引入数字经济指数分析,若要判断 n 个地区的数字经济发展不平衡程度,假设每个地区的指数值为 z_k,则将 n 个地区的数字经济指数进行升序排列,并计算每个地区的累积百分比 $y_k = \dfrac{z_1 + z_2 + \cdots + z_k}{z_1 + z_2 + \cdots + z_n}$ 作为纵坐标值,$x_k = k/n$ 作为横坐标值,拟合 n 个点,即可得到数字经济基尼曲线,进而计算出基尼系数。

4.2.2 计算基尼系数

尽管可以根据收入分配的统计数据加以描绘,但至今仍未找到一种准确、有效的方法拟合洛伦兹曲线方程,并由此求出精确的基尼系数。目前,常被用于计算基尼系数的方法主要有以下 3 种。

(1) 几何计算法

根据分组资料,按几何图形分块近似逼近计算的方法。

(2) 间接拟合法

先拟合求出收入分配的概率密度函数,再根据概率密度函数导出洛伦兹曲线。

(3) 曲线拟合法

选择适当的曲线直接拟合洛伦兹曲线,常用的曲线有二次曲线、指数曲线和幂函数曲线。

3 种拟合方法的优缺点比较:利用第一种方法不能得到洛伦兹曲线的表达式,只能用来计算基尼系数,但由于计算分块面积时用直线近似地代替曲线,计算出的基尼系数小于实际值,尤其当数据点较少时,误差较大。对于第二种方法,由于计算收入分配的概率密度的复杂性,很难提出合适的概率函数。第三种方法,即直接用曲线方程拟合洛伦兹曲线,这不失为一种较好的方法,但目前常用的曲线并不适用,且曲线含义不明确,或拟合误差较大。

4.2.3 洛伦兹曲线与基尼系数实例

构建数字经济综合评价指标体系时,根据该指标体系将数字经济进一步细化为 5 种类型,即基础型、资源型、技术型、融合型和服务型,并分别建立相应的指数。对全国 31 个省(区、市)进行统计得到的这 5 个指标的标准指数值如表 4-6 所示。

表 4-6 全国 31 个省(区、市)的五个指标的标准指数值

地区	指标				
	基础型	资源型	技术型	融合型	服务型
安徽	0.520 3	0.719 9	0.984 8	0.833 8	0.724 7
北京	2.469 1	2.135 1	1.444 0	1.964 1	2.248 8
福建	0.675 6	1.531 6	1.604 4	0.871 6	0.601 3
甘肃	0.153 4	0.330 3	0.228 6	0.821 6	0.742 2
广东	0.302 8	0.797 3	2.434 6	0.909 4	1.137 0
广西	0.239 1	0.826 9	0.196 7	0.883 1	0.682 3
贵州	0.346 7	0.636 4	0.312 0	0.789 0	0.817 6
海南	1.875 7	1.919 5	0.126 6	0.837 9	1.373 2
河北	0.302 9	0.715 5	0.625 7	0.862 7	0.711 2
河南	0.276 9	0.533 0	0.768 9	0.909 8	0.476 9
黑龙江	0.152 6	1.095 4	0.377 4	0.890 3	1.030 2
湖北	0.327 0	0.415 8	0.949 4	1.111 8	0.798 1
湖南	0.329 8	0.931 0	0.816 7	0.896 5	0.680 2
吉林	0.213 1	2.395 0	0.460 8	1.125 9	0.900 8
江苏	0.995 5	1.250 8	3.372 8	1.128 5	0.731 8
江西	0.504 2	0.728 2	0.579 9	0.991 7	0.574 5
辽宁	0.465 7	0.210 4	0.673 1	1.059 5	1.082 6
内蒙古	0.083 2	1.233 6	0.546 5	0.729 7	0.937 6
宁夏	1.107 2	1.748 6	0.557 3	0.844 2	1.003 3
青海	0.123 3	2.441 6	0.178 9	0.515 5	1.006 7
山东	0.336 9	0.521 7	1.421 2	0.933 5	0.671 4
山西	0.467 6	0.124 5	0.510 0	0.889 8	0.719 3
陕西	0.347 6	0.963 9	0.692 6	1.327 5	0.984 7
上海	9.597 8	0.839 0	2.187 7	1.296 3	1.788 1
四川	0.157 1	0.567 4	0.515 4	0.866 3	0.776 5
天津	2.937 1	2.210 1	2.210 3	1.509 0	1.221 2
西藏	0.098 8	0.439 7	0.035 6	0.621 9	1.233 3
新疆	0.054 9	1.035 4	0.150 6	0.690 4	0.863 7
云南	0.145 3	0.465 6	0.265 0	0.740 8	0.956 0
浙江	1.217 3	0.978 7	3.506 8	0.869 0	0.748 1
重庆	0.920 5	0.567 6	1.090 8	1.142 9	0.703 3

将全国 31 个省(区、市)的数字经济各个子类指数分别从低到高排列,并计算各省(区、

市)的累积百分比：

$$y_k = \frac{z_1 + z_2 + \cdots + z_k}{z_1 + z_2 + \cdots + z_n}$$

得到的序列如表 4-7 所示。

表 4-7 按升序排列调查的累加值序列

基础型	资源型	技术型	融合型	服务型
0.002 0	0.001 2	0.004 0	0.017 3	0.001 4
0.005 0	0.005 4	0.010 7	0.038 1	0.001 0
0.008 5	0.010 5	0.021 2	0.061 2	0.003 0
0.013 0	0.016 5	0.034 5	0.085 6	0.006 2
0.018 2	0.023 1	0.048 6	0.110 4	0.010 8
0.023 7	0.030 7	0.063 4	0.136 9	0.016 7
0.029 3	0.039 6	0.080 1	0.164 4	0.024 2
0.034 9	0.050 1	0.097 1	0.192 3	0.033 3
0.042 6	0.062 7	0.115 3	0.220 3	0.044 1
0.051 2	0.078 2	0.133 4	0.248 6	0.056 6
0.061 2	0.095 3	0.153 7	0.277 5	0.071 0
0.072 1	0.112 6	0.176 6	0.306 5	0.087 5
0.083 0	0.130 9	0.199 6	0.335 6	0.106 2
0.094 8	0.149 6	0.222 8	0.364 8	0.127 0
0.106 7	0.169 0	0.248 3	0.394 4	0.150 3
0.118 8	0.190 0	0.274 7	0.424 2	0.176 0
0.131 3	0.212 6	0.301 5	0.454 0	0.204 2
0.143 9	0.235 8	0.331 2	0.484 0	0.235 2
0.160 7	0.261 6	0.362 0	0.514 5	0.269 1
0.177 5	0.289 0	0.393 3	0.544 9	0.306 0
0.195 7	0.320 8	0.426 3	0.576 2	0.345 9
0.214 4	0.353 8	0.461 3	0.609 4	0.389 1
0.238 8	0.390 4	0.500 7	0.644 9	0.435 9
0.272 0	0.438 0	0.540 7	0.682 1	0.486 6
0.307 8	0.486 5	0.589 6	0.719 8	0.541 8
0.347 7	0.540 2	0.645 4	0.757 6	0.602 2
0.391 6	0.613 6	0.706 7	0.795 8	0.668 3
0.459 2	0.687 7	0.774 9	0.839 3	0.740 9
0.548 2	0.769 3	0.845 5	0.883 7	0.820 1
0.654 1	0.882 4	0.922 0	0.934 2	0.906 4
1.000 0	1.000 0	1.000 0	1.000 0	1.000 0

将这些序列以 $x_k=k/n$ 为横坐标值进行描点,得到洛伦兹曲线如图 4-3 所示。

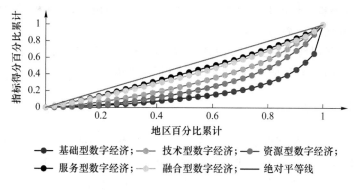

- ● 基础型数字经济; ● 技术型数字经济; ● 资源型数字经济;
- ● 服务型数字经济; ● 融合型数字经济; — 绝对平等线

图 4-3 洛伦兹曲线

可以得出如下结论:基础型数字经济距离绝对平等线最远,说明全国各地在此方面不平等程度最大;服务型数字经济距离绝对平等线最近,说明全国各地在此方面发展较为均衡。

4.3 灰色预测

客观世界的很多实际问题,其内部的结构、参数以及特征并未全部被人们了解,人们不可能像研究白箱问题那样将其内部的机理研究清楚,只能依据某种思维逻辑与推断来构造模型。这类部分信息已知而部分信息未知的系统,称为灰色系统。作为实际问题,灰色系统是大量存在的,而绝对的白色或黑色系统是很少的。1982 年,我国学者邓聚龙教授首次提出灰色系统理论。灰色系统是用来解决信息不完备系统的数学方法,它将控制论的观点和方法延伸到复杂的大系统中,将自动控制与运筹学中的数学方法相结合,用独树一帜的方法和手段,研究了广泛存在于客观世界中的具有灰色特征的问题。在短时间内,灰色系统理论就有了飞速的发展,它的应用已经渗透到自然科学和社会经济等诸多领域,具有广阔的发展前景。本节从灰色系统理论出发,研究在信息大量缺乏或紊乱的情况下,对实际问题进行分析和解决的方法。

4.3.1 灰色系统理论

既含有已知信息又含有未知信息的系统称为灰色系统。灰色系统理论是研究灰色系统分析、建模、预测、决策和控制的理论,它以灰色系统为研究对象,以灰色系统的白化、淡化、量化、模型化、最优化为核心,以对各种灰色系统发展的预测和控制为目的。它的主要研究内容有:灰色系统的建模理论、灰色因素的关联分析理论、灰色预测理论和决策理论、灰色系统分析和控制理论、灰色系统的优化理论等。

4.3.2 灰色预测法

灰色预测法是一种对含有不确定因素的系统进行预测的方法。灰度预测是对既含有已知信息又含有不确定信息的系统进行的预测,是对在一定范围内变化的、与时间有关的灰色过程进行的预测。

灰色预测通过鉴别系统因素之间发展趋势的相异程度进行关联分析,并对原始数据进行处理,生成有较强规律性的数据序列,以寻找系统变动的规律,建立相应的微分方程模型,从而预测事物未来发展趋势的状况。

灰色预测法用等时距观测到的反映预测对象特征的一系列数量值构造灰色预测模型,从而预测未来某一时刻的特征量,或达到某一特征量的时间。

4.3.3 灰色生成数列

灰色系统理论认为,尽管客观表象复杂,但总是有整体功能的,因此必然蕴含某种内在规律,关键在于如何选择适当的方式去挖掘和利用它。灰色系统是通过对原始数据的处理来寻求其变化规律的,即通过灰色序列的生成来发现数据变化的规律。一切灰色序列都能通过某种生成弱化其随机性,显示其规律性。通过对灰色序列中的数据进行处理,产生新的序列,从而挖掘和寻找数据规律性的方法,叫作数据的生成。数据生成的常用方式有累加生成、累减生成和加权邻值生成等。

1. 累加生成

把数列各项数据依次累加的过程称为累加生成过程(AGO),由累加生成过程得到的数列为累加生成数列。设原始数列为 $x^{(0)}=(x^{(0)}(1),x^{(0)}(2),\cdots,x^{(0)}(n))$,令

$$x^{(1)}(k)=\sum_{i=1}^{k}x^{(0)}(i), \quad k=1,2,\cdots,n$$

由此得到新数列 $x^{(1)}=(x^{(1)}(1),x^{(1)}(2),\cdots,x^{(1)}(n))$,称为 $x^{(0)}$ 的一次累加生成数列,类似的有

$$x^{(r)}(k)=\sum_{i=1}^{k}x^{(r-1)}(i), \quad k=1,2,\cdots,n, r \geqslant 1$$

可得到 $x^{(r)}=\{x^{(r)}(1),x^{(r)}(2),\cdots,x^{(r)}(n)\}$,称为 $x^{(0)}$ 的 r 次累加生成数列。

2. 累减生成

对原始数列依次做前后两个相邻数据相减运算的过程称为累减生成过程(IAGO)。如果原始数据数列为

$$x^{(1)}=(x^{(1)}(1),x^{(1)}(2),\cdots,x^{(1)}(n))$$

令

$$x^{(0)}(k)=x^{(1)}(k)-x^{(1)}(k-1), \quad k=2,3,\cdots,n$$

得到

$$x^{(0)}=(x^{(0)}(1),x^{(0)}(2),\cdots,x^{(0)}(n))$$

称得到的新数列 $x^{(0)}$ 为 $x^{(1)}$ 的一次累减生成数列。从这里的记号也可以看出,从原始数列 $x^{(0)}$ 得到新数列 $x^{(1)}$,再通过累减生成过程可以还原数列。

3. 加权邻值生成

设原始数列为

$$x^{(0)}=(x^{(0)}(1),x^{(0)}(2),\cdots,x^{(0)}(n))$$

称 $x^{(0)}(k-1)$ 和 $x^{(0)}(k)$ 互为邻值,$x^{(0)}(k-1)$ 为后邻值,$x^{(0)}(k)$ 为前邻值。对于常数 $a \in [0,1]$,令 $z^{(0)}(k)=ax^{(0)}(k)+(1-a)x^{(0)}(k-1), k=2,3,\cdots,n$,由此得到的数列 $z^{(0)}$ 称为数列 $x^{(0)}$ 在权 a 下的邻值生成数,权 a 称为生成系数。特别地,当系数 $a=0.5$ 时,称 $z^{(0)}(k)=$

$0.5x^{(0)}(k)+0.5x^{(0)}(k-1), k=2,3,\cdots,n$ 为均值生成数或等权邻值生成数。

4.3.4 灰度模型

灰色系统理论是基于关联空间、光滑离散函数等概念定义灰导数与灰微分方程,进而用离散数列建立微分方程形式的动态模型,即灰色模型是利用离散随机数生成的随机性被显著削弱且较有规律的生成数,建立的微分方程形式的模型,从而便于对其变化过程进行研究和描述。GM(1,1)模型是灰色系统理论中应用最广泛的一种灰色动态预测模型(简称灰度模型),其中 G 表示 grey,M 表示 model,(1,1)表示用一阶微分方程对 1 个变量建立模型。

定义 $x^{(1)}$ 的灰导数为

$$d(k)=x^{(0)}(k)=x^{(1)}(k)-x^{(1)}(k-1)$$

设 $z^{(1)}(k)$ 为数列 $x^{(1)}$ 的邻值生成数列,$z^{(1)}(k)=ax^{(1)}(k)+(1-a)x^{(1)}(k-1)$,于是 GM(1,1)模型中的灰微分方程被定义为

$$d(k)+az^{(1)}(k)=b$$

或

$$x^{(0)}(k)+az^{(1)}(k)=b$$

其中,$x^{(0)}(k)$ 称为灰导数,a 称为发展系数,$z^{(1)}(k)$ 称为白化背景板,b 称为灰作用量。

将时刻 $k=2,3,\cdots,n$ 代入上式,有

$$\begin{cases} x^{(0)}(2)+az^{(1)}(2)=b \\ x^{(0)}(3)+az^{(1)}(3)=b \\ \vdots \\ x^{(0)}(n)+az^{(1)}(n)=b \end{cases}$$

灰度模型及其预测步骤

$$\boldsymbol{u}=\begin{pmatrix}a\\b\end{pmatrix},\quad \boldsymbol{Y}=\begin{pmatrix}x^{(0)}(2)\\x^{(0)}(3)\\\vdots\\x^{(0)}(n)\end{pmatrix},\quad \boldsymbol{B}=\begin{pmatrix}-z^{(1)}(2)&1\\-z^{(1)}(3)&1\\\vdots&\vdots\\-z^{(1)}(n)&1\end{pmatrix}$$

于是,GM(1,1)模型可表示为 $\boldsymbol{Y}=\boldsymbol{Bu}$,那么现在的问题就是求 a 和 b 的值。可以用一元线性回归,也就是最小二乘法求 a、b 的估计值:

$$\boldsymbol{u}=\begin{pmatrix}a\\b\end{pmatrix}=(\boldsymbol{B}^{\mathrm{T}}\boldsymbol{B})^{-1}\boldsymbol{B}^{\mathrm{T}}\boldsymbol{Y}$$

4.3.5 灰色预测的步骤

1. 数据的检验与处理

为了保证 GM(1,1)建模方法的可行性,需要对已知数据做必要的检验处理。设原始数据为 $x^{(0)}=(x^0(1),x^0(2),\cdots,x^0(n))$,计算数列的级比:

$$\lambda(k)=\frac{x^{(0)}(k-1)}{x^{(0)}(k)}$$

如果所有数列的级比都落在可容覆盖的区间 $X=(\mathrm{e}^{\frac{-2}{n+1}},\mathrm{e}^{\frac{2}{n+1}})$ 内,则数列 $x^{(0)}$ 可以建立

GM(1,1)模型且可以进行灰色预测。否则,需要对数列做适当的变换处理,如平移变换: $y^{(0)}(k)=x^{(0)}(k)+c, k=1,2,\cdots,n$,取 c 使得数列的级比都落在可容覆盖的区间内。

2. 建立 GM(1,1) 模型

不妨设 $x^{(0)}=(x^{0}(1),x^{0}(2),\cdots,x^{0}(n))$ 满足上面的要求,以它为数列建立 GM(1,1) 模型:

$$x^{(0)}(k)+az^{(1)}(k)=b$$

用回归分析求得 a 和 b 的估计值。于是,相应的白化模型为

$$\frac{\mathrm{d}x^{(1)}(t)}{\mathrm{d}t}+ax^{(1)}(t)=b$$

解为

$$x^{(1)}(t)=\left(x^{(0)}(1)-\frac{b}{a}\right)\mathrm{e}^{-a(t-1)}+\frac{b}{a}$$

于是,得到预测值:

$$\hat{x}^{(1)}(k+1)=\left(x^{(0)}(1)-\frac{b}{a}\right)\mathrm{e}^{-ak}+\frac{b}{a}, \quad k=1,2,\cdots,n-1$$

从而得到相应的预测值:

$$\hat{x}^{(0)}(k+1)=\hat{x}^{(1)}(k+1)-\hat{x}^{(1)}(k), \quad k=1,2,\cdots,n-1$$

3. 对预测值进行检验

(1) 残差检验

计算相对残差:

$$\varepsilon(k)=\frac{x^{(0)}(k)-\hat{x}^{(0)}(k)}{x^{(0)}(k)}, \quad k=1,2,\cdots,n$$

如果所有 $\varepsilon(k)$ 都满足 $|\varepsilon(k)|<0.1$,则认为达到较高要求;若所有 $|\varepsilon(k)|$ 都小于 0.2,则认为达到一般要求。

(2) 级比偏差值检验

$$\rho(k)=1-\frac{1-0.5a}{1+0.5a}\lambda(k)$$

如果所有 $\rho(K)$ 都满足 $|\rho(k)|<0.1$,则认为达到较高要求;若所有 $|\rho(K)|$ 都小于 0.2,则认为达到一般要求。

4.3.6 灰色预测实例

某城市 2010—2016 年数字经济指数如表 4-8 所示,请建立该城市数字经济指数 GM(1,1) 模型并对其进行验证。

表 4-8 某城市 2010—2016 年数字经济指数

序号	1	2	3	4	5	6	7
年份	2010	2011	2012	2013	2014	2015	2016
数字经济指数	71.1	72.4	72.4	72.1	71.4	72.0	71.6

1. 级比检验

建立数字经济指数的时间序列如下：

$$x^{(0)}=(x^{(0)}(1),x^{(0)}(2),\cdots,x^{(0)}(7))=(71.1,72.4,72.4,72.1,71.4,72.0,71.6)$$

计算级比：

$$\lambda(k)=\frac{x^{(0)}(k-1)}{x^{(0)}(k)}$$

得到

$$\lambda=(\lambda(2),\lambda(3),\cdots,\lambda(7))=(0.982\,1,1.004\,2,1.009\,8,0.991\,7,1.005\,6)$$

由于 $\forall \lambda(k) \in [0.982,1.009\,8]$，$k=2,3,\cdots,7$，所有的级比都落在可容覆盖区间 $X=(\mathrm{e}^{\frac{-2}{n+1}},\mathrm{e}^{\frac{2}{n+1}})$ 内，因此该数列可以建立 GM(1,1) 模型。

2. GM(1,1)建模

(1) 对原始数据 $x^{(0)}$ 进行一次累加，得到

$$x^{(0)}=(71.1,143.5,215.9,288,359.4,431.4,503)$$

(2) 构造数据矩阵 $\boldsymbol{B}$ 及数据向量 $\boldsymbol{Y}$ 如下：

$$\boldsymbol{B}=\begin{pmatrix}-\frac{1}{2}(x^{(1)}(1)+x^{(1)}(2)) & 1 \\ -\frac{1}{2}(x^{(1)}(2)+x^{(1)}(3)) & 1 \\ \vdots & \vdots \\ -\frac{1}{2}(x^{(1)}(6)+x^{(1)}(7)) & 1\end{pmatrix},\quad \boldsymbol{Y}=\begin{pmatrix}x^{(0)}(2)\\ x^{(0)}(3)\\ \vdots \\ x^{(0)}(7)\end{pmatrix}$$

(3) 计算 $\boldsymbol{u}$：

$$\boldsymbol{u}=\begin{pmatrix}a\\b\end{pmatrix}^{\mathrm{T}}=(\boldsymbol{B}^{\mathrm{T}}\cdot\boldsymbol{B})^{-1}\boldsymbol{B}^{\mathrm{T}}\boldsymbol{Y}=\begin{pmatrix}0.002\,3\\72.657\,3\end{pmatrix}$$

得到 $a=0.002\,3$，$b=72.657\,3$。

(4) 建立模型：

$$\frac{\mathrm{d}x^{(1)}}{\mathrm{d}t}+0.002\,3x^{(1)}=72.657\,3$$

求解得到时间响应函数：

$$x^{(1)}(k+1)=\left(x^{(0)}(1)-\frac{b}{a}\right)\mathrm{e}^{-ak}+\frac{b}{a}=-30\,929\,\mathrm{e}^{-0.002\,3k}+31\,000$$

(5) 求生成数列值 $\hat{x}^{(1)}(k+1)$ 以及模型还原值 $\hat{x}^{(0)}(k+1)$：

令 $k=1,2,3,4,5,6$，由时间响应函数可算得 $\hat{x}^{(1)}$，取 $\hat{x}^{(1)}(1)=\hat{x}^{(0)}(1)=x^{(0)}(1)=71.1$；由 $\hat{x}^{(0)}(k)=\hat{x}^{(1)}(k)-\hat{x}^{(1)}(k-1)$，$k=2,3,4,\cdots,7$，得

$$\hat{x}^{(0)}=(\hat{x}^{(0)}(1),\hat{x}^{(0)}(2),\cdots,\hat{x}^{(0)}(7))=(71.1,72.4,72.2,72.1,71.9,71.7,71.6)$$

3. 模型检验

模型的各种检验指标值的计算结果如表 4-9 所示。

表 4-9 模型的各种检验指标值的计算结果

序号	年份	原始值	模型值	残差	相对误差	级比偏差
1	2010	71.1	71.1	0	0	
2	2011	72.4	72.4	−0.005 7	0.01%	0.002 3
3	2012	72.4	72.2	0.163 8	0.23%	0.020 3
4	2013	72.1	72.1	0.032 9	0.05%	−0.001 8
5	2014	71.4	71.9	−0.498 4	0.7%	−0.007 4
6	2015	72.0	71.7	0.269 9	0.37%	0.010 7
7	2016	71.6	71.6	0.037 8	0.05%	−0.003 2

经验证,该模型的精度较高,可进行预测和预报。

4.4 时间序列预测法

数字经济是目前世界各国都在重点发展的经济形式,在当今和可见的未来都会在各国平稳发展,也就是说,各国数字经济发展水平在时间上大体都会呈现一条向上的曲线,尽管它们的具体形状各异。因此,从时间的维度进行预测分析,是数字经济评价分析的重要一环。

4.4.1 时间序列预测法概述

时间序列预测法是一种回归预测方法,属于定量预测,其基本原理是:一方面,承认事物发展的延续性,运用过去的时间序列数据进行统计分析,推测出事物的发展趋势;另一方面,充分考虑由于偶然因素影响而产生的随机性,为了消除随机波动产生的影响,利用历史数据进行统计分析,并对数据进行适当处理,从而进行趋势预测。该方法首先将某种统计指标的数值按时间先后顺序形成数列,然后根据时间序列反映出来的方向、趋势和发展过程,进行类推或延伸,借以预测下一段时间或若干年内可能达到的水平。时间序列可以反映社会经济现象(包括数字经济)的发展变化过程,描述现象发展的状态、结果、趋势和速度,探索现象发展的规律并进行预测。一般情况下,时间序列分析法对于短、近期预测比较准确。不过,当外界发生较大变化,如国家政策发生变化时,根据过去的数据进行预测,往往会有较大的偏差。

时间序列数据的变动存在着规律性与不规律性,时间序列中每个观察值的大小,是影响变化的各种不同因素在同一时刻发生作用的综合结果。从这些影响因素发生作用的大小和变化方向的时间特性来看,这些因素造成的时间序列数据的变动包括 4 种类型。

① 趋势性:某个变量随着时间进展或自变量变化,呈现出一种比较缓慢而长期的持续上升、下降、停留的同性质变动趋势,但变动幅度可能不相等。

② 周期性:某因素由于外部影响随着自然季节的交替出现高峰与低谷的规律。

③ 随机性:个别为随机变动,整体呈统计规律。

④ 综合性:实际变化情况是几种变动的叠加或组合。预测时设法过滤掉不规则变动,突出趋势性。

4.4.2 时间序列类型

时间序列是由同一现象在不同时间上的相继观察值排列而成的序列。根据观察时间的不同,时间序列中的时间可以是年份、季度、月份或其他任何时间形式的分解。时间序列根据所研究的依据不同,可有不同的分类。按研究的对象的多少,可将时间序列分为一元时间序列和多元时间序列。按时间的连续性,可将时间序列分为离散时间序列和连续时间序列。按序列的统计特性,可将时间序列分为平稳序列和非平稳序列。

1. 平稳序列

平稳序列(stationary series)是基本上不存在趋势的序列,序列中的各观察值在某个固定的水平上波动,在不同时间段的波动程度不同,且不存在某种规律。如果一个时间序列的概率分布与时间 t 无关,则称该序列为严格的(或狭义的)平稳时间序列。

2. 非平稳序列

非平稳序列(non-stationary series)是包含趋势性、季节性或周期性的序列,可能只含有其中一种成分,也可能是几种成分的组合。非平稳序列可分为有趋势性序列、有趋势性和季节性序列、几种成分混合而成的复合型序列等类型。

(1) 趋势性

时间序列在长期内呈现出来的某种持续上升或持续下降的变动,也称长期趋势性(trend)。时间序列的变动趋势可以是线性的,也可以是非线性的,其数字经济指数地发展往往呈现为有趋势性序列。

(2) 季节性

季节性(seasonality)变动是时间序列在一年内重复出现的周期波动。例如,销售旺季和销售淡季、旅游旺季和旅游淡季,时间序列因季节不同而发生变化。季节性变动,不仅指一年中的四季变化,还指任何一种周期性的变化。含有季节成分的序列可能含有趋势性,也可能不含有趋势性。

(3) 周期性

循环波动是时间序列中呈现出的一种围绕长期趋势性的波浪形或振荡式波动。周期性(cyclicity)变动是由商业和经济活动引起的,不同于趋势性变动,它不是朝着单一方向的持续运动,而是涨落相间的交替波动;也不同于季节变动,季节变动有比较固定的规律,且变动周期大多为一年,而循环波动无固定规律,变动周期多在一年以上,且周期长短不一。时间序列的周期性变动通常是由经济环境的变化引起的。

除此之外,偶然性因素也会对时间序列产生影响,致使时间序列呈现出某种随机波动。时间序列中非趋势性、周期性和季节性的波动称为偶然性波动,具有随机性,也称不规则波动。

4.4.3 时间序列预测法的步骤

分析时间序列的主要目的之一是根据已有的历史数据对未来进行预测。时间序列含有不同的成分,如趋势性、季节性、周期性和随机性。对于一个具体的时间序列,它可能含有一种成分,也可能同时含有几种成分,含有不同成分的时间序列所用的预测方法是不同的。预测步骤如下：

① 确定时间序列所包含的成分，确定时间序列的类型；
② 找出适合此类时间序列的预测方法；
③ 对可能的预测方法进行评估，以确定最佳预测方案；
④ 利用最佳预测方案进行预测。

1. 确定时间序列所包含的成分

在实际操作中，一般重点关注时间序列是否含有趋势成分或季节成分。

（1）确定趋势成分

确定趋势成分是否存在时，可绘制时间序列的线图，看时间序列是否存在趋势，以及存在的趋势是线性还是非线性。利用回归分析拟合一条趋势线，对回归系数进行显著性检验。若回归系数显著，则可得出线性趋势显著的结论。

（2）确定季节成分

确定季节成分是否存在时，至少需要两年数据，且数据需要按季度、月份、周或天来记录。绘制年度折叠时间序列图时，将每年的数据分别画在图上，横轴显示的时间长度单位为年，纵轴表示每年的数据。如果时间序列只存在季节成分，则年度折叠时间序列图中的折线将会有交叉；如果时间序列既含有季节成分又含有趋势成分，则年度折叠时间序列图中的折线将不会有交叉，若趋势上升，则后面年度的折线将会高于前面年度的折线，若趋势下降，则后面年度的折线将会低于前面年度的折线。

2. 选择预测方法和预测方法的评估

确定时间序列类型后，选择适当的预测方法。传统方法由简单平均法、移动平均法、指数平滑法等。

1）简单平均法

设时间序列已有的 t 期观察值分别为 $Y_1, Y_2, \cdots, Y_t$，则 $t+1$ 期的预测值为

$$F_{t+1} = \frac{1}{t}(Y_1 + Y_2 + \cdots + Y_t) = \frac{1}{t}\sum_{i=1}^{t} Y_i$$

到 $t+1$ 期时，有了 $t+1$ 期的实际值，$t+1$ 期的预测误差为

$$e_{t+1} = Y_{t+1} - F_{t+1}$$

$t+2$ 期的预测值为

$$F_{t+2} = \frac{1}{t+1}(Y_1 + Y_2 + \cdots + Y_t + Y_{t+1}) = \frac{1}{t+1}\sum_{i=1}^{t+1} Y_i$$

简单平均法适合对较为平稳的时间序列进行预测，即当时间序列没有趋势成分时，用该方法比较好。但如果时间序列有趋势成分或季节成分，该方法的预测结果则不够准确。简单平均法认为远期的数据和近期的数据对未来同等重要。从预测角度来看，近期的数据比远期的数据对未来有更大的作用，因此简单平均法的预测结果不够准确。

2）移动平均法

移动平均法分为简单移动平均法和加权移动平均法，其基本思想是借助移动平均来消除或减少时间序列数据受偶然性因素干扰而产生的随机变动影响，适用于短期预测。

简单移动平均法将最近 k 期的数据加以平均，作为下一期的预测值。设移动平均间隔为 $k(1<k<t)$，则 t 期的移动平均值为

$$\overline{Y}_t = \frac{1}{k}(Y_{t-k+1} + Y_{t-k+2} + \cdots + Y_{t-1} + Y_t)$$

加权移动平均法则认为历史各期的数据对预测未来的影响力是不一样的,距离预测目标期越近的数据影响力越高,因此给予其更高的权数,而距离预测目标期远的数据则被给予较低的权数。加权平均法的公式如下:

$$\overline{Y}_t = w_{t-k+1}Y_{t-k+1} + w_{t-k+2}Y_{t-k+2} + \cdots + w_{t-1}Y_{t-1} + w_tY_t$$

其中

$$w_{t-k+1} + w_{t-k+2} + \cdots + w_{t-1} + w_t = 1$$

移动平均法只使用最近 k 期的数据,每次计算移动平均值时,移动的间隔都为 k,适合对较为平稳的时间序列进行预测。该方法的应用关键是确定合理的移动平均间隔 k。对于同一个时间序列,采用不同移动间隔,预测的准确性是不同的。可通过试验的方法,选择一个能使均方误差达到最小的移动间隔。移动间隔小,能快速反映变化,但不能反映变化趋势;移动间隔大,能反映变化趋势,但预测值带有明显的滞后偏差。

使用移动平均法进行预测能过滤掉偶然性波动对预测结果的影响。但移动平均法在运用时也存在着如下问题:加大移动平均法的期数(即加大 n 值)会使平滑波动效果更好,但会使预测值对数据的实际变动更不敏感;移动平均值并不总能很好地反映出趋势,由于预测的依据是过去一段时间的平均值,因此无法预测出将来过高或过低的波动值,预测值总是停留在过去水平上;移动平均法需要大量的过去数据,通过引进愈来愈近的新数据,不断修改平均值,并以之作为预测值。

例 4-1 华北地区在 2021 年 1—11 月份的数字经济指数如表 4-10 所示。请用加权移动平均法预测 2021 年 12 月的数字经济指数。

表 4-10 华北地区 2021 年 1—11 月的数字经济指数表

时间	t-时序	数字经济指数
2021.01	1	53
2021.02	2	46
2021.03	3	28
2021.04	4	35
2021.05	5	48
2021.06	6	50
2021.07	7	38
2021.08	8	34
2021.09	9	58
2021.10	10	64
2021.11	11	45
2021.12	12	

令移动时间长度为 3 个月,权数分别为 1、2、3,用加权移动平均法预测 2021 年 12 月的销量,其具体数值如表 4-11 所示。

$$\hat{x}_4 = \bar{x}_3^{(1)} = \frac{53\times1+46\times2+28\times3}{1+2+3} \approx 38.17$$

$$\vdots$$

$$\hat{x}_{12} = \bar{x}_{11}^{(1)} = \frac{58\times1+64\times2+45\times3}{1+2+3} = 53.50$$

表 4-11 加权移动平均法计算结果统计

时间	t-时序	实际销售量/万台	3 个月移动平均预测/万台
2021.01	1	53	
2021.02	2	46	
2021.03	3	28	
2021.04	4	35	38.17
2021.05	5	48	34.50
2021.06	6	50	40.33
2021.07	7	38	46.83
2021.08	8	34	43.67
2021.09	9	58	38.00
2021.10	10	64	46.67
2021.11	11	45	57.00
2021.12	12		53.50

3) 指数平滑法

指数平滑法是一种以历史数据为基础的加权移动平均法。简单平均法对时间数列过去的数据一个不漏地全部加以同等利用；移动平均法不考虑较远期的数据，并在加权移动平均法中给予近期数据更大的权数；而指数平滑法兼具简单平均法和移动平均法的优点，不舍弃过去的数据，但是给予其逐渐减弱的影响程度，即随着数据的远离，赋予逐渐收敛为零的权数。一次指数平滑法假设数据的变化是平稳的，二次指数平滑法则假设数据变化是有趋势的。

(1) 一次指数平滑法

当数列无明显趋势时，可以使用一次指数平滑法进行预测。将当前的预测值表示为过去预测需求值和最近需求观测值的加权平均：

$$S_t^{(1)} = \alpha Y_t + (1-\alpha) S_{t-1}^{(1)}$$

其中，$\alpha(0 \leqslant \alpha \leqslant 1)$ 为平滑因子，Y_t 表示本期观测值，$S_{t-1}^{(1)}$ 是上一期预测值。显然，α 越接近于 1，远期实际值对本期平滑值的影响程度下降得越迅速；α 越接近于 0，远期实际值对本期平滑值的影响程度下降得越缓慢。

例 4-2 已知某地区最近 15 个月的 ICT 指数如表 4-12 所示。用一次指数平滑值预测下个月的销量 y_{16}。

表 4-12 某地区最近 15 个月的 ICT 指数

时间序列号 t	1	2	3	4	5	6	7	8	9	10	11	12	13	14	15
ICT 指数 y_t	10	15	8	20	10	16	18	20	22	24	20	26	27	29	29

为了分析加权系数 α 的不同取值的特点，分别取 $\alpha=0.1$、$\alpha=0.3$、$\alpha=0.5$ 计算一次指数平滑值，并设初始值为最早的 3 个数据的平均值。以 $\alpha=0.5$ 的一次指数平滑值计算为例，相关数据如表 4-13 所示。

$$s_0^{(1)}=\frac{y_1+y_2+y_3}{3}=11.0$$

$$s_1^{(1)}=\alpha y_1+(1-\alpha)s_0^{(1)}=0.5\times 10+0.5\times 11.0=10.5$$

$$s_2^{(1)}=\alpha y_2+(1-\alpha)s_1^{(1)}=0.5\times 15+0.5\times 10.5=12.75$$

$$\vdots$$

表 4-13　3 个不同 α 取值的一次指数平滑法计算结果(结果保留一位小数)

时间序列号 t	销售量 y_t	$s_t^{(1)}(\alpha=0.1)$	$s_t^{(1)}(\alpha=0.3)$	$s_t^{(1)}(\alpha=0.5)$
1	10	10.9	10.7	10.5
2	15	11.3	12.0	12.8
3	8	11.0	10.8	10.4
4	20	11.0	13.6	15.2
5	10	11.7	12.5	12.6
6	16	12.1	13.6	14.3
7	18	12.7	14.3	16.2
8	20	13.4	16.0	18.1
9	22	14.3	17.8	20.1
10	24	15.3	19.7	22.0
11	20	15.8	19.8	21.0
12	26	16.8	21.7	23.5
13	27	17.8	23.3	25.3
14	29	18.9	25.0	27.2
15	29	19.0	26.2	28.1

当 $\alpha=0.5$ 时，利用第 15 个月对应的 28.1，可以分别根据预测公式来预测第 16 个月的销售量：

$$y_{16}=0.5\times 29+(1-0.5)\times 28.1=28.55$$

由例 4-2 可得以下结论。

① 指数平滑法对实际序列有平滑作用，权系数(平滑系数)α 越小，平滑作用越强，但对实际数据的变动反应较迟缓。

② 在实际序列的线性变动部分，指数平滑值序列出现一定程度的滞后偏差，该程度随着平滑系数 α 的增大而减小。但当时间序列的变动呈现直线趋势时，用一次指数平滑法进行预测仍存在着明显的滞后偏差。因此，需要对预测结果进行修正。修正的方法是在一次指数平滑的基础上再进行二次指数平滑，利用滞后偏差的规律找出曲线的发展方向和发展趋势，然后建立直线趋势预测模型，故称二次指数平滑法。

（2）二次指数平滑法

二次指数平滑法是对一次指数平滑法进行再一次指数平滑的方法。二次指数平滑法的本质是将历史数据进行加权平均并作为未来时刻的预测结果。

二次指数平滑法可以预测具有线性趋势的需求。线性二次指数平滑法的公式为

$$S_t^{(2)} = \alpha S_t^{(1)} + (1-\alpha) S_{t-1}^{(2)}$$

其中,α 是平滑因子,$S_t^{(2)}$ 和 $S_{t-1}^{(2)}$ 分别为 t 期和 $t-1$ 期的二次指数平滑值。当 $S_t^{(1)}$ 和 $S_t^{(2)}$ 均已知时,二次指数平滑法的预测模型为

$$\hat{Y}_{t+T} = a_t + b_t T$$

其中,$a_t = 2S_t^{(1)} - S_t^{(2)}$,$b_t = \dfrac{\alpha}{1-\alpha}(S_t^{(1)} - S_t^{(2)})$。

例 4-3 某地区 2011 年至 2021 年数字经济支出如表 4-14 所示。用指数平滑法求解趋势直线方程,并预测 2022 年的财政收入。

表 4-14 某地区 2011 年至 2021 年数字经济支出表

年份	t	数字经济支出/亿元
2011	1	29
2012	2	36
2013	3	40
2014	4	48
2015	5	54
2016	6	62
2017	7	70
2018	8	76
2019	9	85
2020	10	94
2021	11	103

表 4-15 用指数平滑法求解趋势直线方程的计算结果

t	$S_t^{(1)}\,(\alpha=0.9, S_0^{(1)}=23)$	$S_t^{(2)}\,(\alpha=0.9, S_0^{(2)}=28.4)$
1	28.40	28.40
2	35.24	34.56
3	39.52	39.03
4	47.15	46.34
5	53.32	52.62
6	61.13	60.28
7	69.11	68.23
8	75.31	74.60
9	84.03	83.09
10	93.00	92.01
11	102.00	101.00

由表 4-15 可知：
$$S_0^{(1)}=23, S_{11}^{(1)}=102, S_0^{(2)}=28.4, S_{11}^{(2)}=101, \alpha=0.9$$

由 $a_t = 2S_t^{(1)} - 2S_t^{(2)}$ 得
$$a_{11} = 2S_{11}^{(1)} - S_{11}^{(2)} = 103$$

由 $b_t = \dfrac{\alpha}{1-\alpha}(S_t^{(1)} - S_t^{(2)})$ 得
$$b_{11} = \dfrac{0.9}{1-0.9}(102 - 101) = 9$$
$$Y_{11+T} = 103 + 9T$$

2022 年该地区数字经济支出预测值为
$$Y_{11+1} = 103 + 9 \times 1 = 112(亿元)$$

在选择某种特定的方法进行预测后，需要评价该方法的预测效果或准确性。评价方法是找出预测值与实际值的差距，即预测误差。最优的预测方法就是预测误差达到最小的方法。预测误差计算方法有平均误差(ME)法、平均绝对误差(MAD)法、均方误差(MSE)法、平均百分比误差(MPE)法、平均绝对百分比误差(MAPE)法。

① 平均误差

$$\mathrm{ME} = \dfrac{\sum\limits_{i=1}^{n}(Y_i - F_i)}{n}$$

其中，Y 表示观测值，F 表示预测值，n 表示预测值个数，下同。

② 平均绝对误差

将预测误差取绝对值后计算的平均误差是平均绝对误差。

$$\mathrm{MAD} = \dfrac{\sum\limits_{i=1}^{n}|Y_i - F_i|}{n}$$

③ 均方误差

通过平方消去误差的正负号后计算的平均误差是均方误差。

$$\mathrm{MSE} = \dfrac{\sum\limits_{i=1}^{n}(Y_i - F_i)^2}{n}$$

④ 平均百分比误差和平均绝对百分比误差

ME、MAD、MSE 的大小受时间序列数据的水平和计量单位的影响，有时并不能真正反映预测模型的好坏，只有在比较不同模型对同一数据的预测时才有意义。MPE 和 MAPE 则不同，它们消除了时间序列数据的水平和计量单位的影响，是反映误差大小的相对值。

$$\mathrm{MPE} = \dfrac{\sum\limits_{i=1}^{n}\left(\dfrac{Y_i - E_i}{Y_i} \times 100\right)}{n}$$

$$\mathrm{MAPE} = \dfrac{\sum\limits_{i=1}^{n}\left(\dfrac{|Y_i - E_i|}{Y_i} \times 100\right)}{n}$$

4.5 相关分析

探究影响数字经济发展的因素时,如探究国家数字经济发展水平是否与其 GDP 相关;又如在得出数字经济指数后,探究国家的竞争力水平是否与其数字经济发展水平相关。这种相关性是否存在或其相关性强弱的探究,就是相关分析。

4.5.1 相关分析概述

相关关系是一种与函数关系相区别的非确定性关系,这种非确定的关系就好像身高与体重的关系一样,它们之间不能用一个确切的、固定的函数关系来表示。而相关分析就是研究这种随机变量间相关关系的统计方法。相关分析的方法很多,初级的方法可以快速发现数据之间的关系,如正相关、负相关或不相关。中级的方法可以对数据间关系的强弱进行度量,如完全相关和不完全相关等。高级的方法可以将数据间的关系转化为模型,并通过模型对未来的发展趋势进行预测。

相关分析通过对具有不同特征的变量或数据间的关系进行分析,发现经济发展中的关键影响及驱动因素,借此对经济的发展进行预测。值得注意的是,相关关系不等同于因果关系。因果关系必定是相关关系,但是相关关系不一定是因果关系。相关关系可以同时存在于两者或以上之间,其中每一个自变量的改变都可能影响对应的唯一的函数;而因果关系只存在于两者之间,一为因一为果。相关关系可以提供可能性并用于推测因果关系,但不能证明。

4.5.2 相关分析方法

1. 图表相关分析

第一种相关分析方法是将数据进行可视化处理,简单来说就是绘制图表(折线图及散点图)。单纯从数据的角度很难发现其中的趋势和联系,而将数据点绘制成图表后趋势和联系就会变得清晰起来。例如,对于有明显时间维度的数据,可以选用折线图。

这种方法的优点是对相关关系展现清晰;缺点是无法对相关关系进行准确的度量,缺乏说服力,并且当数据超过两组时,无法完成各组数据间的相关分析。

2. 协方差及协方差矩阵

第二种相关分析方法是通过计算协方差计算相关性。协方差用来衡量两个变量的总体误差,如果两个变量的变化趋势一致,协方差就是正值,说明两个变量正相关。如果两个变量的变化趋势相反,协方差就是负值,说明两个变量负相关。如果两个变量相互独立,那么协方差就是 0,说明两个变量不相关。

协方差计算公式:

$$\text{cov}(X,Y) = \frac{\sum_{i=1}^{n}(X_i - \bar{X})(Y_i - \bar{Y})}{n-1}$$

协方差只能对两组数据进行相关性分析,当有两组以上数据时就需要使用协方差矩阵。

下面是3组数据 x、y、z 的协方差矩阵计算公式：

$$C=\begin{bmatrix} \text{cov}(x,x) & \text{cov}(x,y) & \text{cov}(x,z) \\ \text{cov}(y,x) & \text{cov}(y,y) & \text{cov}(y,z) \\ \text{cov}(z,x) & \text{cov}(z,y) & \text{cov}(z,z) \end{bmatrix}$$

协方差可以通过数字来衡量变量间的相关性，正值表示正相关，负值表示负相关。但无法对相关的密切程度进行度量，即无法通过协方差来说明多个变量情况下哪两组数据的相关性最高。

3. 相关系数

相关系数是反应变量之间关系密切程度的统计指标，相关系数的取值区间在1到－1之间。相关系数等于1表示两个变量完全线性相关，等于－1表示两个变量完全负相关，等于0表示两个变量不相关。数据越趋近于0表示相关关系越弱。以下是相关系数的计算公式：

$$r_{xy}=\frac{S_{xy}}{S_x S_y}$$

其中，r_{xy} 表示样本相关系数，S_{xy} 表示样本协方差，S_x 表示 x 的样本标准差，S_y 表示 y 的样本标准差。下面分别是 S_{xy}、S_x 和 S_y 的计算公式。

S_{xy} 的计算公式：

$$S_{xy}=\frac{\sum_{i=1}^{n}(X_i-\bar{X})(Y_i-\bar{Y})}{n-1}$$

S_x 的计算公式：

$$S_x=\sqrt{\frac{\sum_{i=1}^{n}(X_i-\bar{X})^2}{n-1}}$$

S_y 的计算公式：

$$S_y=\sqrt{\frac{\sum_{i=1}^{n}(Y_i-\bar{Y})^2}{n-1}}$$

相关系数的优点是，可以通过数字对变量的关系进行度量，并且带有方向性，1表示正相关，－1表示负相关，可以对变量关系的强弱进行度量，越靠近0相关性越弱；缺点是无法利用这种关系对数据进行预测，简单地说就是没有对变量间的关系进行提炼和固化，形成模型。

4. 一元回归及多元回归

狭义地说，尽管都是研究变量之间的关系，但回归分析并不属于相关分析。其主要区别在于，回归分析更加注重的是一个随机变量 Y 对另一个（或一组）随机变量 X 的依赖关系的函数形式；而在相关分析中，所讨论的变量的地位一样，分析侧重于随机变量之间的种种相关特征。

回归分析是确定两组或两组以上变量间关系的统计方法。回归分析按照变量的数量分为一元回归和多元回归，两个变量使用一元回归，两个以上变量使用多元回归。按照因变量的多少，可分为简单回归分析和多重回归分析；按照自变量和因变量之间的关系类型，可分为线性回归分析和非线性回归分析。进行回归分析之前有两个准备工作，一是确定变量的数量，二是确定自变量和因变量。

一元线性回归计算方程：

$$y = b_0 + b_1 x$$

$$b_1 = \frac{\sum_{i=1}^{n}(x_i - \bar{x})(y_i - \bar{y})}{\sum_{i=1}^{n}(x_i - \bar{x})^2}$$

$$b_0 = \bar{y} - b_1 \bar{x}$$

回归分析可以表明自变量和因变量之间的显著关系,还可以表明多个自变量对一个因变量的影响强度。

4.5.3 相关分析实例

5个国家的高新技术投入水平和数字经济综合评价得分如表4-16所示。试探究高新技术投入水平和数字经济综合评价得分之间的相关关系。

表4-16　5个国家的高新技术投入水平和数字经济综合评价得分

国家编号	高新技术投入水平 x	数字经济综合评价得分 y
1	4	40
2	6	60
3	7	50
4	10	70
5	13	90

首先,计算出高新技术投入水平与数字经济综合评价得分之间的相关关系,根据相关关系计算公式,有

$$r_{xy} = \frac{S_{xy}}{S_x S_y} = \frac{\sum_{i=1}^{n}(x_i - \bar{x})(y_i - \bar{y})}{\sqrt{\sum_{i=1}^{n}(x_i - \bar{x})^2} \sqrt{\sum_{i=1}^{n}(y_i - \bar{y})^2}} = \frac{260}{\sqrt{50 \times 1480}} \approx 0.9558$$

计算结果表明,高新技术投入水平和数字经济综合评价得分高度正相关。

然后,做出判断认为数字经济发展在一定程度上依赖于对高新技术的投入,可以建立直线回归方程:

$$b_1 = \frac{\sum_{i=1}^{n}(x_i - \bar{x})(y_i - \bar{y})}{\sum_{i=1}^{n}(x_i - \bar{x})^2} = \frac{260}{50} = 5.2$$

$$b_0 = \bar{y} - b_1 \bar{x} = 62 - 5.2 \times 8 = 20.4$$

$$y = b_0 + b_1 x = 20.4 + 5.2x$$

思　考　题

1. 某市有8个行政区,某年度对其6类数字经济产出进行测度,结果如表4-17所示。试用聚类分析方法根据数字经济产出对8个行政区进行分类。

第4章 数字经济评价分析方法

表4-17 某市各行政区某年度各类数字经济产出统计表

	第一类	第二类	第三类	第四类	第五类	第六类
1	5.6	8.4	3.1	3.8	0.81	2.2
2	4.9	5.5	11	11	2.2	0.73
3	3.8	13	17	17	5.8	4.3
4	3.4	9.5	16	16	20	2.9
5	8.4	6.6	32	32	1.2	4.1
6	6.4	7.2	21	21	2.8	138
7	4.8	8.9	26	26	3.8	3.6
8	6.9	8.7	5	5	8.9	2.1

2. 某地区数字经济年增加值(亿元)序列为
$x=\{x(1),x(2),\cdots,x(17)\}=\{390.6,412.0,320.0,559.2,380.8,542.4,553.0,$
$310.0,561.0,300.0,632.0,540.0,406.2,313.8,576.0,587.6,318.5\}$
其中 $x(1),x(2),\cdots,x(17)$ 分别为2000,2011,…,2016年的数据,请预测2017年和2018年的数字经济年增加值。

3. 某国2014—2021年的数字产业化年增加值如表4-18所示。

表4-18 2014—2021年的数字产业化年增加值

年份	2014	2015	2016	2017	2018	2019	2020	2021
年增加值/亿元	80.8	94.0	88.4	101.5	110.3	121.5	134.7	142.7

(1) 试用移动平均法(取 $N=3$)建立数字产业化年增加值预测模型;

(2) 分别取 $\alpha=0.4,\alpha=0.8,S_1=S_2=\dfrac{y_1+y_2+y_3}{3}=87.7$,建立数字产业化年增加值的直线指数平滑预测模型;

(3) 计算模型拟合误差,比较第(1)题、第(2)题中得到的3个模型的优劣。

(4) 利用最优的模型预测2022年和2023年的增加值。

4. 某地连续21年测量了其数字经济指数(DEI)以及新兴产业投入(IN)和产出(OUT)的数据,见表4-19。试研究数字经济指数与新兴产业投入和新兴产业产出之间的关系,建立并检验回归模型,判断是否有异常点。

表4-19 数字经济指数(DEI)与新兴产业投入(IN)、新兴产业产出(OUT)

序号	1	2	3	4	5	6	7	8	9	10	11
DEI	35	63	66	17	94	79	93	66	94	82	78
OUT	1.5	4.5	5.0	2.0	8.5	6.0	13.5	8.0	12.5	7.5	6.5
IN	1	2	2	0	3	3	1	1	1	2	3
序号	12	13	14	15	16	17	18	19	20	21	
DEI	65	77	75	62	85	43	57	33	65	33	
OUT	8.0	7.5	8.0	7.5	12.0	6.0	2.5	5.0	7.5	6.0	
IN	1	2	2	1	1	0	3	0	1	0	

本章参考文献

[1] 孙吉贵,刘杰,赵连宇.聚类算法研究[J].软件学报,2008(01):48-61.
[2] SAMBASIVAM S, Theodosopoulos N. Advanced data clustering methods of mining Web documents[J]. Issues in Informing Science and Information Technology, 2006(3):563-579.
[3] 王骏,王士同,邓赵红.聚类分析研究中的若干问题[J].控制与决策.2012,27(03):321-328.
[4] 吴丹.管理决策方法——理论、模型与应用[M].南京:河海大学出版社,2014.
[5] PETER B. Fourier Analysis of Time Series: An Introduction[M]. New York: John Wiley & Sons. 1976.

第5章 数字经济管理基础

数字经济的发展已经渗透到人民生活的方方面面,正日益深刻地改变着原有的生产生活与经济运行方式,成为未来重塑世界发展格局的关键力量。本章首先对数字经济管理的基础性内容进行深入剖析,指出数字经济管理对于数字产业发展、数字资源利用、数字素养提升以及数字经济合作等方面的重要意义,然后比较数字经济与传统经济在管理方式上的不同,分析数字经济管理在不同发展阶段的演进历程与未来发展趋势,为下一阶段更好地制定数字经济管理措施提供理论基础。

5.1 数字经济管理的概述

5.1.1 数字经济管理的概念与对象

1. 概念

数字经济管理是在对数字经济所面临的外部环境与内部条件等进行评估后,针对数字经济中的生产要素、风险、生态及未来战略等方面进行的管理。数字经济管理要基于历史经验的总结、发展现状的调研以及未来趋势的预测,为谋求国民经济发展而做出具有长远性、全局性、动态性的战略决策,有助于推动新技术、新模式、新经济、新业态的综合发展。

2. 对象

数字经济管理的对象通常分为3类:传统转型企业、互联网企业、国民服务新基建。

传统转型企业主要是指工业电商与传统企业数字化转型相融合的企业。传统企业通过数字化转型,实现生产链、供应链与价值链的融合重塑;而工业电商是基于消费互联网和工业互联网协同发展而产生的模式,通过电商平台打通与消费者之间的信息屏障,努力消除"数字和信息孤岛",融入消费者的参与信息,从而实现个性化定制生产,满足不同结构层次的消费需求。

互联网企业广义上是指以计算机网络技术为基础,利用网络平台提供服务并因此获得收入的企业,可分为基础层互联网企业、服务层互联网企业、终端层互联网企业。其中,基础层互联网企业以提供网络设备、通信环境、接入服务等网络运营所必需的基础设施为主,提供了网络运营的大环境;服务层互联网企业主要从事网络应用设施的生产和开发,提供技术服务、技术咨询、技术创新等服务,其产品是网站、网络软件等;终端层互联网企业主要是基于互联网平台,提供相关的免费及增值信息服务的公司,其主要的经营模式是通过建立网站,提供网络接入、搜索引擎、门户站点、电子商务等众多业务,以吸引海量用户(访问者),并从中获取商机。2021年4月13日,市场监管总局会同中央网信办、税务总局召开互联网平台企业行政指导会。会议贯彻落实中央经济工作会议和中央财经委员会第九次会议部署,肯定了平台经济的积极作用,分析了存在的突出问题,明确提出了互联网平台企业要知敬畏守规矩、限期全面整改问题,建立了平台经济新秩序。

国民服务新基建主要包括5G基站建设、特高压、城际高速铁路和城市轨道交通、新能源汽车充电桩、大数据中心、人工智能、工业互联网七大领域,涉及诸多产业链,是以新发展为理念,以技术创新为驱动,以信息网络为基础,面向高质量发展需要,提供数字转型、智能升级、融合创新等服务的基础设施体系。基本建设是指国民经济各部门为发展生产而进行的固定资产的扩大再生产,即国民经济各部门为增加固定资产而进行的建筑、购置和安装工作的总称。新基建是智慧经济时代贯彻新发展理念,吸收新科技革命成果,实现国家生态化、数字化、智能化、高速化、新旧动能转换与经济结构对称态,建立现代化经济体系的国家基本建设与基础设施建设。2020年4月20日,国家发改委表示,新型基础设施主要包括三方面内容:一是信息基础设施,主要指基于新一代信息技术演化生成的基础设施,比如,以5G、物联网、工业互联网、卫星互联网为代表的通信网络基础设施,以人工智能、云计算、区块链等为代表的新技术基础设施,以数据中心、智能计算中心为代表的算力基础设施等;二是融合基础设施,主要指深度应用互联网、大数据、人工智能等技术,支撑传统基础设施转型升级,进而形成的融合基础设施,如智能交通基础设施、智慧能源基础设施等;三是创新基础设施,主要指支撑科学研究、技术开发、产品研制的具有公益属性的基础设施,如重大科技基础设施、科教基础设施、产业技术创新基础设施等。

5.1.2 数字经济管理的特点

1. 全局性

所谓全局性,就是宏观数字经济管理从国民经济全局利益出发,使各个局部利益(各经济单位和各地区的利益)服从全局利益。随着数字经济的蓬勃发展,数字经济已经成为国民经济不可或缺的重要组成部分。数字经济管理不是强调某一个职能部门的重要性,而是通过制定数字经济的战略来协调各组成部分,最终实现对数字经济的管理。

2. 长远性

对国家来说,数字经济的发展是长期统筹规划中不可缺少的一部分。从这一角度来说,数字经济管理是面向未来的管理,在迅速发展和存在全球竞争的环境中,实现对数字经济的高质量管理需对未来的变化趋势进行合理预测,即需要考虑长期性的战略计划。

3. 动态性

随着数字经济发展的广度不断扩大,在数字经济管理的过程中,对于数字经济概念本身的拓展研究、数字经济发展战略的更新、数字经济依托信息技术的创新开发等都会引起相应管理方式的变化。数字经济管理需要首先确定数字经济的目标,然后根据数字经济所面对的外部环境及内部经营要素进行动态性的措施调整,进而保证目标的正确落实。

5.2 数字经济管理的意义

数字经济管理的意义

1. 助力产业数字化转型

在新冠肺炎疫情的冲击之下,许多企业的运营管理受到制约,从生产端到供应链,都面临着急速转型、迅速适应的难题。从线上办公、远程协同,到人、财、物的全方位数字化,能否快速实现转型、适应环境攸关企业存亡。在疫后经济复苏进程中,数字化工具被寄予厚望。2020年3月19日,工信部发布《中小企业数字化赋能专项行动方案》,计划集聚一批面向中小企业的数字化服务商,培育推广一批符合中小企业需求的数字化平台、系统解决方案、产品和服务,助推中小企业复工复产。随着大数据、人工智能、物联网、云计算等各项技术的成熟,以及工业机器人在生产制造、物流运输领域的广泛应用,产业前端的数字化转型,已实现成熟应用。2020年5月22日,国务院政府工作报告提出,要重点支持"两新一重"建设,开启以新型基础设施建设、新型城镇化建设,交通、水利等重大工程建设为代表的新一轮发展。新基建带来新机遇的同时更需要新思路,"新联接""新计算"为所有企业的转型提供了基石,让企业站在了同一条新起跑线上。而作为未来企业竞争力的决胜场,优化数字经济管理将成为企业数字化转型的关键,同时也从技术方面指引了企业业务模式的价值重构。

2. 提升数字素养,消除数字鸿沟

国民数字素养的提升既是数字经济发展的重要基础,也是数字经济管理的效果体现。对数字经济进行合理合法地管理,从而尽力实现信息服务全覆盖,有利于提高全民的数字技能。数字鸿沟又称为"信息鸿沟",即"信息富有者和信息贫困者之间的鸿沟"。数字技术的发展伴随着大量新技术的涌现,人们能否察觉到技术变革,把握新技术带来的发展机遇,提升自身的信息素养和数字技能,将直接关系到"智能数字鸿沟"的弥合或扩张,也意味着思维、观念的改变,在一定程度上有助于个体利用数字技术变革创造新的机会来快速适应数字时代。未来,数字时代的数字经济管理将有助于消除"数字鸿沟",提高民众信息素养与数字技能水平,进而提升国民幸福指数。

3. 完善数据隐私保护的法律法规

数字经济时代下,现代信息通信技术的发展是一把"双刃剑",其在给人们带来巨大技术红利的同时,也为各种非法活动提供了技术可行性。一些不法分子利用搜索引擎、网络爬虫、算法工具等现代信息通信技术非法窃取他人信息,进行地下倒卖、信息欺诈、骗取钱财等活动。数字经济管理是一个系统工程,制度建设是该系统工程的"地基"。《中华人民共和国个人信息保护法》已由中华人民共和国第十三届全国人民代表大会常务委员会第三十次会议于2021年8月20日表决通过,自2021年11月1日起施行。数字经济管理通过基础性的制度规范进行刚性约束,推进公民个人信息、隐私和名誉权保护的法制体系建设,有利于进一步规范个人信息的使用,保护用户的合法权益。

4. 实现数字经济在监管规范下的健康发展

伴随着我国数字产业的不断壮大,数字经济发展过程中的乱象日渐成为社会各界广泛关注的焦点问题。而由于数字经济对我国产业升级、经济增长的强大驱动力,数字经济治理政策的制定应秉持"监管规范与促进发展并重"的基本理念,制定管放有度的治理政策,既要有效规范数字经济发展的方向与质量,又要切实保护数字经济发展的前景与活力。对数经济进行管理,有助于明晰当前制约我国数字经济发展的关键性问题,构建一套立足于我国本土政策实践、助力数字经济快速发展的治理体系,走出一条具有中国特色的数字经济治理道路,实现我国数字经济发展方向、速率与质效的有机统一,为维护我国社会主义数字经济市场的公平竞争秩序提供有力保障,为推进我国数字经济高质量发展提供理论借鉴与实践参考。

5. 促进政府治理模式的转变

在当下的数字经济时代,世界各国都在加速"数字蝶变",大力推进政府数字化转型和数字政府建设,并将政府的数字化转型与国家的发展战略融为一体。大数据、云计算、物联网、人工智能等新技术应用层出不穷,使得政府治理参与手段多样化,初步形成覆盖全社会的立体治理网络。数字经济的发展有利于政府在治理手段上逐步向多元手段综合运用转变,从依赖传统工具转向借助新兴技术。数字经济管理能够真正实现政府治理模式的历史性变革,推动数字政府治理模式不断创新、提升政府履职能力和服务水平。

6. 推进全球数字经济合作

数字经济是全球未来的发展方向,数字经济的发展重塑了世界经济发展格局,对国际政治经济体系产生了重要影响,引发了技术、贸易、金融和安全等多个方面的深刻变革。习近平总书记在亚太经合组织领导人非正式会议上发表重要讲话时指出:"数字经济是世界经济发展的重要方向。全球数字经济是开放和紧密相连的整体,合作共赢是唯一正道,封闭排他、对立分裂只会走进死胡同。"中国主张全面平衡落实亚太经合组织互联网和数字经济路线图,加强数字基础设施建设,促进新技术传播和运用,努力构建开放、公平、非歧视的数字营商环境。在传统的全球经济治理面临新变化的情况下,我国亟须利用自身在数字经济领域的先行优势,在新一轮的全球数字经济治理中掌握博弈主动权、谈判话语权和规则制定权,推动全球数字经济治理。面对风云变幻的国际经济形势,数字经济具备高增长、高价值、可持续性强的特性,数字经济治理是调整国际产业链、供应链,促进世界经济复苏,在数字经济合作中实现互利共赢,提升国际经济治理效率的关键推手。

5.3 数字经济管理的发展和演进

5.3.1 数字经济管理与传统经济管理的区别

数字经济管理与传统经济管理的区别

数字经济与传统经济之间存在着千丝万缕的联系,同时也存在着一些差别。与传统经济强调的"打通产业链上下游"的"链控制"模式不同,数字经济发展更需要"圈合作"的生态战略思维,其发展离不开聚合各类数据要素、人才要素、数字技术、平台企业的生态圈。因此,数字经济管理与传统经济管理之间存在如下区别。

1. 数字经济管理以知识为基础

在数字经济中,知识已经成为最为重要的资源,因此数字经济管理是以知识为重要基础的。这与传统经济管理的观念有所不同。在数字经济时代,信息技术改变了企业的生产要素,不仅体现在设备生产、原材料购买等物料方面,更体现在人力资源方面。数字经济管理比传统经济管理对人才的要求更高。

2. 数字经济管理更注重信息技术的发展

数字经济具有更快的创新速度。相比传统经济,数字经济的信息技术含量更高,而信息技术的一大特点就是迭代更新速度很快。数字经济既包含传统经济依托信息技术进行的数字化存量转移,也包含技术升级,如5G支撑下的互联网技术升级(人工智能等)衍生新经济模式。技术革命带来商业模式创新,推动经济运行模式快速变化。因此,数字经济管理相对于传统经济管理来说,对信息技术的发展更加重视。

3. 数字经济管理促进模式转变

传统的经济管理主要以实际生产为基础,具有鲜明的针对性和可控性。但是数字经济与传统经济相比,经济管理发生了巨大的转变。以知识为基础,注重信息技术发展,是数字经济管理模式转变、创新与改革的出发点。数字经济管理模式下,用户价值主导和替代式竞争作为驱动企业管理变革的两个根本力量,不仅推动着企业目标的转变和治理结构的创新,而且推动着企业内部管理模式的一系列变革,包括组织结构趋于网络化、扁平化,营销模式趋于精准化、精细化,生产模式趋于模块化、柔性化,产品设计趋于版本化、迭代化,研发模式趋于开放化、开源化,用工模式趋于多元化、弹性化。

4. 数字经济管理以学习为目的

传统的经济管理更加侧重于组织内管理体制和管理技术的提升与完善,强调组织内正式或非正式团体的建设,目的在于提高组织的效率。而数字经济的管理目的是实行更加开放的管理,其模式逐步向学习型转化。

5.3.2 数字经济管理的发展

数字经济渗入农业、工业、服务业,是一种新的经济形态。数字化转型正在驱动生产方式、生活方式和治理方式发生深刻变革,对世界经济、政治和科技格局产生深远影响。为了衡量数字经济发展水平,国家统计局公布了《数字经济及其核心产业统计分类(2021)》,首次确定了数字经济的基本范围,主要包含"数字产业化"和"产业数字化"两个方面。这意味着数字经济管理将紧紧围绕这一基本范围展开。对数字经济进行管理有助于打造数字经济新优势,充分发挥海量数据和丰富应用场景优势,促进数字技术与实体经济深度融合,赋能传统产业转型升级,催生新产业、新业态、新模式,不断壮大发展新引擎。数字经济管理的发展围绕云计算、物联网、大数据、人工智能、工业互联网等数字经济发展需求的"新基建"概念,从关键数字技术创新应用到推动数字产业化,再到推进产业数字化转型,体现了数字经济已经并将进一步与国民经济的各个行业产生深度渗透与广泛融合。数字经济管理的发展具体包括以下4个方面。

1. 关键数字技术创新应用

我国数字经济管理的发展从关注数字技术创新开始,聚焦高端芯片、操作系统、人工智能关键算法、传感器等关键领域,不断加速推进基础理论、基础算法、装备材料等研发突破与迭代应用,致力于加强通用处理器、云计算系统和软件核心技术一体化研发,同时加快布局量子计算、量子通信、神经芯片、DNA存储等前沿技术,加强信息科学与生命科学、材料等基础学科的交叉创新,支持数字技术开源社区等创新联合体发展,完善开源知识产权和法律体系,鼓励企业开放软件源代码、硬件设计和应用服务。

2. 推动数字产业化

数字经济管理加快了数字产业化的进程。各大企业与国家部门不断培育壮大人工智能、大数据、区块链、云计算、网络安全等新兴数字产业,提升通信设备、核心电子元器件、关键软件等产业水平。构建了基于5G的应用场景和产业生态,并在智能交通、智慧物流、智慧能源、智慧医疗等重点领域开展试点示范。国家还鼓励企业开放搜索、电商、社交等数据,发展第三方大数据服务产业,以促进共享经济、平台经济健康发展。

3. 推进产业数字化转型

在重点行业和区域建设若干国际水准的工业互联网平台和数字化转型促进中心,深化研发设计、生产制造、经营管理、市场服务等环节的数字化应用,培育和发展了个性定制、柔性制造等新模式,加快了产业园区数字化改造的进程。数字经济管理深入推进服务业数字化转型,培育众包设计、智慧物流、新零售等新增长点,并在加快发展智慧农业,推进农业生产经营和管理服务数字化改造等方面起到了关键的催化作用。

4. 提高数据治理能力

在数字经济时代,数据要素是一种资源。数据治理是一种数据管理概念,涉及使组织能够确保在数据的整个生命周期中都有高数据质量的能力。数据治理对于确保数据的准确、适度分享和保护是至关重要的。有效的数据治理计划能够通过改进决策、缩减成本、降低风险和提高安全"合规"等方式,将价值回馈于业务,并最终体现为增加收入和利润。数据治理不仅仅是对数据的治理,还是对能够为企业带来商业利益的数据资产的治理。数据治理可以节省资金,这是企业最乐见其成的。而糟糕的数据治理是危险的,错误的数据和结构错误的数据将会给企业带来安全风险。

如今,数据的价值不断被发掘。要最大程度地发挥数据的价值,根本在于促进其流动。无论各种主体以何种方式开展数据治理,其核心都是推动数据自由、安全地流动,以便最大程度地挖掘和释放数据的价值。随着数字经济时代的到来,数据企业的数量和规模与日俱增,形成数据产业;数据治理的含义更加广泛,重要性愈加突出。数据治理包括数据开放、数据产权明晰、数据交易、跨境数据流动、数据隐私保护、数据安全保障、数据人才培养和数据产业创新发展等一系列重要事项。

5.3.3 数字经济管理的演进

数字经济从积累数据的信息化时代发展到当下的数字化时代,在计算机网络、大数据、物联网和人工智能等技术的支持下,数字经济从技术、终端、服务等层面,利用新技术、新媒体等构建了独特的优势,打破了数据孤岛,并推

数字经济
管理的演进

动了万物互联的数字化生存方式的快速发展,渗透到了人们的工作、生活的方方面面,能动地满足人的各方面需求。如今,智能设备的研发与应用为数字经济的发展打开了新的大门,数字经济正在向智能化阶段探索前进。相应地,数字经济管理也有着与之对应的演进过程,具体体现在如下几个方面。

1. 管理流程数字化

数字经济管理把传统经济管理方法中的定性描述发展为管理的定量计算,大数据的发展使得管理科学真正从定性阶段进入可量化的科学发展阶段,也推动社会责任管理在"目标-措施-结果"全流程上趋向数字化。实践证明,定性分析和定量分析是不可偏废的两个侧

面。离开定性分析,定量分析将迷失方向;而任何质量又表现为一定的数量,没有准确的数据作为依据就不能做出真正正确的判断。数字经济管理借助数字化工具,用数字化的方式明确管理的各个环节,形成"目标制定-管理实践-目标优化"的良性循环,有助于促进可持续发展。

2. 管理主体平台化

数字经济背景下,企业之间的竞争重心正从技术竞争、产品竞争、供应链竞争逐步演进为平台化的生态圈竞争,而数字经济平台的大量涌现也推动着企业逐步突破为平台化管理。平台化趋势主要体现在平台型企业积极履责,显著增强对生态圈关联企业的示范效应和带动效应,居于数字生态圈核心的平台型企业本身因具备资源、技术、信息、用户等先天优势而获得高创新壁垒和强议价能力。平台型企业在成为生态圈最大受益主体的同时也应成为最大责任主体,对关联企业发挥责任示范作用。尤其在我国大量中小企业面临数字化转型能力不足的现实困境下,平台型企业更应承担起集群式数字平台的重要责任,以数字技术和数据能量构建起新的商业生态,利用新技术、新应用对传统产业进行全方位、全角度、全链条的改造,助力中小企业适应数字化转型浪潮。

3. 管理节点可控化

数字经济背景下,信息的不对称现象进一步被打破,企业实施社会责任管理的过程黑箱逐渐被打开,企业履责、失责行为变得有迹可循,关键的管理节点也趋于可控化。在数字经济背景下,不止是企业,任何其他相关部门的社会行为都会产生相应的可视、可循、可追溯的数字痕迹。这既有利于强化企业履责、提升效率,也使得管理有据可依,能够做出实时、精准的预警,推动社会发展。

4. 管理应用包容化

数字包容常常用来描述消除数字鸿沟的动态过程,通常是指尽力缩减数字鸿沟的努力。数字鸿沟则是用于描述在全球数字化进程中,不同国家、地区、行业、企业、社区之间,由于在信息、网络技术的拥有程度、应用程度以及创新能力方面的差别而造成的信息落差及贫富进一步两极分化的概念。数字包容的影响因素包括 ICT 获取与使用因素、ICT 素养因素、人口统计因素、经济因素、家庭因素、文化因素、社会因素和心理因素等。随着大数据和人工智能等新兴技术地不断涌现,新的社会和经济问题将拓展数字包容的新内涵,即从原来的 ICT 接入、使用和主体素养扩展到更多数字技术的接入和使用、更多智能信息服务的普及和推广,消除更多阻碍数字包容的个体层面复杂因素,让大众享有更多社会公平和权利。

思 考 题

1. "数字经济管理的本质是对数据进行管理。"这种说法正确吗?
2. 我国在数字经济管理推动经济转型升级方面的成功案例有哪些?
3. 简要分析数字经济与实体经济融合发展需要在管理的哪些方面进行平衡?

本章参考文献

[1] 罗宇.数字经济时代实体经济面临的发展机遇与挑战[J].中国管理信息化,2021,

24(24):102-103.

[2] 冯国凯.数字经济背景下个人信息保护的重要性及实践路径[J].长江师范学院学报,2021,37(06):102-107.

[3] 刘惠和.数字经济背景下产业经济发展研究[J].经济管理文摘,2021(13):191-192.

[4] 刘芸.基于经济视角的国际数字鸿沟研究[D].厦门:厦门大学,2006.

[5] 石先梅.数字经济时代背景下中国数字经济发展研究[J].改革与战略,2021,37(06):18-25.

[6] 任本燕.基于创新驱动背景下的数字经济发展路径研究[J].经营与管理,2020(04):6-9.

[7] 何苗,樊子立,张如.数字经济下企业风险的性质转变与管理策略[J].财会月刊,2021(15):117-123.

[8] 邵康,刘子婕,张雨涵,等.区块链技术在数字知识资产管理中的应用[J].网络安全技术与应用,2021(02):29-30.

[9] 陆岷峰,王婷婷.数字化管理与要素市场化:数字资产基本理论与创新研究[J].南方金融,2020(08):3-12.

[10] 马超群,孔晓琳,林子君,等.区块链技术背景下的金融创新和风险管理[J].中国科学基金,2020,34(01):38-45.

[11] 潘晓明,郑冰.全球数字经济发展背景下的国际治理机制构建[J].国际展望,2021,13(05):109-129+157-158.

[12] 中国信息通信研究院.全球数字经济白皮书——疫情冲击下的复苏新曙光[R/OL].(2021-08-09)[2022-06-24].http://www.caict.ac.cn/kxyj/qwfb/bps/202108/t20210802_381484.htm.

第6章 数字经济战略管理

数字经济所带来的发展机遇已经成为驱动全球经济发展的新引擎,世界各国纷纷制定相应的发展战略以实现数字经济的高质量发展,增总量、优结构、提速度成为各国奋力抢占数字经济发展制高点的战略共识。本章首先系统阐述数字经济战略管理的内涵以及战略制定的目标与原则,接着厘清数字经济战略发展规律和现阶段发展数字经济所面临的挑战,最后结合世界主要发达国家和地区的数字经济战略制定经验,阐述实现未来数字经济战略制定的关键要点。

6.1 数字经济战略管理概述

6.1.1 数字经济战略管理的内涵

战略管理指对一定时期内的全局性、长远性发展方向、目标、任务、政策以及资源调配所做出的管理决策。而对数字经济而言,战略管理是数字经济最高决策层次的一种管理,指通过确定数字经济的战略性目标,以及制定、发展并执行数字经济的战略性计划来达成数字经济高质量发展目标的过程,主要包括数字经济战略制定的目标与原则、数字经济战略的演进规律与发展挑战、国际数字经济战略管理经验与未来制定要点等三部分。

数字经济的高质量发展离不开科学、合理的战略指引,明晰制定目标与原则有助于数字经济战略顶层架构的设计,正确引导战略制定的方向。同时,精准掌握数字经济战略在不同阶段的演进规律以及未来将面对的挑战,有助于实现数字经济战略体系框架的合理搭建与战略方案的优化选择。此外,世界各国均重视数字经济对本国经济增长所带来的强大推动作用,美国、欧盟等发达国家和地区在数字经济战略制定方面的成熟经验值得我国借鉴,因此在此基础上探索出未来数字经济战略制定的关键要点,有助于实现做强、做优、做大我国数字经济的远景目标。

6.1.2 数字经济战略制定的目标

数字经济以数据资源为关键要素,实现数字产业化与产业数字化的创新融合发展,对优化我国产业经济结构、拉动我国整体经济增长具有重要作用。因此,数字经济战略的制定要紧紧围绕充分释放数据资源潜力、促进经济增长和社会发展、实现产业结构升级等根本目标,使得战略制定符合数字经济发展现状、遵循数字经济发展规律,进而推进数字经济平稳健康发展,提升国家竞争力。数字经济战略制定的具体目标包括以下几个方面。

1. 挖掘数据信息内在价值,提高管理效率

数字经济相较于其他经济模式的最大特征在于,将数据作为最重要的生产要素,并利用大数据、人工智能、物联网、云计算等信息技术,实现对数据潜在价值的深度挖掘。一是通过大数据、物联网等技术对个人、企业在市场经济活动中的数据进行搜集和汇总,形成庞大的社会、经济以及文化等方面的数据资源池;二是利用云计算技术强大的运行能力实现对数据资源的整合计算与价值关联,并通过人工智能实现精准的数据分配推送,满足企业对生产流程进行更高水平的掌握与优化,同时实现生产端与需求端的高效业务对接,进而提高管理效率与服务质量。因此,数字经济战略的制定需要重视数字经济所具有的独特优势,充分利用数据要素在全要素生产中的优势,发挥数字技术在服务产业发展中的关键作用,最终为社会经济发展及提升人类生活品质做出贡献。

2. 创造经济增长新动能,建立国际优势

数字经济成为国民经济发展的新动能,在我国经济由高速增长转向高质量发展的过程中起到关键作用:第一,数字经济能够充分释放数据要素价值,促进数据生产、分配、流通和消费各环节的创新发展,有力推动符合我国国情的新数字商业模式、产业生态的建设;第二,数字经济发展加快了数字技术在传统产业中的广泛应用,能够有效实现传统产业的全链条改造升级,推动传统产业迈向高端化与智能化,持续增强我国在国际市场格局中的竞争优势;第三,数字经济发展能够充分释放行业大数据的价值潜力,实现社会资源的精准化分配,并结合产业数字化和数字产业化融合发展,实现降本增效的绿色低碳发展。数字经济提高了资源配置效率和价值创造数量,有利于我国供给侧结构性改革的扎实推进,同时数字产业的发展、数字技术的研发与数字消费市场的培育,能够帮助我国在国际数字经济发展环境中实现赶超或占领发展先机,充分利用我国超大规模市场优势,以高质量需求激励高质量产出,在全球数字经济发展格局中形成"中国方案"与"中国标准",获取制定全球数字经济发展规则的权利以及交易市场的主动权。因此,数字经济战略的制定需要关注数字经济对于拉动经济增长的强大动力,畅通国际、国内双循环的新发展格局,助力我国经济行稳致远,构筑我国经济在国际竞争市场中的新优势。

3. 支撑供给侧结构性改革,优化产业结构

以互联网新型技术与创新制造技术相融合为特点的数字经济,正引发新一轮的制造业变革,传统工业的数字化、虚拟化和智能化成为发展主流。数字经济通过互联网技术实现了市场供需的有效对接,通过创新要素的汇聚及资源优化配置等方式,解决当前我国供给侧结构性改革的核心问题。具体而言,数字经济提升了社会有效供给能力,减少了市场中不必要的低端供给,并且其淘汰过剩产能的效果显著。同时,数字经济的创新能力实现了传统产业与互联网技术及现代生产技术的融合,新的商业模式、智慧发展模式不断产生,大幅度提升了我国传统产业的组织能力和生产效率,加速了传统产业的变革与转型。因此,数字经济战略的制定需要明确数字经济对我国各类产业创新发展的推动作用,借助新兴信息技术与传统产业的融合发展,实现产业结构的优化升级,为我国实现社会主义现代化强国的建设目标奠定扎实的基础。

6.1.3 数字经济战略制定的原则

当前,数字经济已广泛渗透到经济社会各业务领域中,并受到资源利用、技术创新、产业结构等诸多因素的影响。数字经济战略的制定不仅要有助于我国经济的快速增长,更要实现健康、有序增长。因此,通过科学、合理的战略制定,实现数字经济发展目标与发展现状相协调、与发展态势相适应、与各方利益相统一,形成统筹协调、分类施策的动态性战略调整过程。数字经济战略制定的具体原则包括以下几个方面。

1. 环境适应原则

数字经济发展涉及社会发展的方方面面,对产业结构、劳动力市场、技术应用等具有强大的创新和改造能力,因此数字经济战略的制定需要注意数字经济发展与外部环境的互动性。其中,外部环境包括经济环境、技术环境与政策环境等,在很大程度上影响着数字经济的发展进程与方向。因此,数字经济战略的制定需要首先对环境因素进行充分调研,进而提出与之相适宜的战略方向。

2. 整体最优原则

在数字环境中,各产业与各部门之间的联系纵横交错,越来越紧密。大数据、云计算、物联网等新兴信息技术的应用使得产业结构突破了传统分散的网络节点模式,呈现出整合化的发展倾向。在这样的数字经济发展环境中,数字产业将越来越呈现出生态化的发展趋势,由传统的线性连接向网络形式连接转化。因此数字经济战略的制定需要从整体化、生态化的发展趋势出发,制定出符合市场发展需要的战略构想。

3. 全员参与原则

数字经济发展已经跃升至全面渗透、跨界融合的新阶段,政府、企业、公众与行业非官方组织等在数字经济发展中扮演着不同的角色:政府需要从宏观层面进行发展战略的顶层设计,企业需要针对市场实际情况推动数字经济产业发展,公众通过消费服务产生大量的数据资源对数字经济发展提供动力,行业非官方组织则依托自身的公益属性调和各方之间的利益冲突。因此,数字经济战略的制定需要充分考虑社会各方需求,并通过各方功能的优势互补实现数字经济高质量发展的战略目标。

4. 反馈修正原则

新兴信息技术的迭代创新催生出不同的新业态、新模式,并使得数字经济在不同的发展阶段被赋予不同的内在要求。同时,针对我国不同时期的宏观发展战略部署,数字经济战略的制定也应充分体现其在指引国民经济发展、优化产业结构方面的先进性,需要通过不断的总结以往发展经验,将实际发展与理论创新有机结合,实现战略制定的迭代创新与反馈修正。

6.2 数字经济战略的演进规律与发展挑战

数字经济战略的制定是一个系统的动态性调整过程,受经济、技术、政策等因素的影响,数字经济战略在不同历史时期所包含的内涵特征与发展侧重点也有所不同。数字经济战略所包含的内涵特征与发展侧重点也有所不同。总的来看,数字经济战略的制定需要在总结前期历史经验的基础上进行,并结合本阶段发展过程中出现的新形势、新要求进行完善,要保障战略制定有助于在宏观稳定下实现创新发展,保持连续性、系统性与稳定性,不断壮大数字经济的发展。

为实现数字经济发展战略的精准制定,需要明晰不同时期数字经济战略制定的内涵与要求,找出其与所对应发展阶段之间的内在联系,分析数字经济战略的演进规律。同时,结合现阶段数字经济发展实际,围绕数字经济战略的目标找出发展面临的关键挑战,为完善未来数字经济战略指明方向。

6.2.1 不同发展阶段数字经济战略内涵的变化

伴随着大数据、人工智能、物联网、云计算等新兴信息技术的高速发展,数字经济也步入了发展的"快车道"。为适应新的发展形势,数字经济战略需要根据不同时期的发展情况不断调整,为数字经济提供良好的发展指引。我国高度重视数字经济的发展问题,不断赋予数字经济战略新的内涵。我国数字经济战略内涵的发展脉络如图6-1所示。

我国数字经济战略内涵的发展

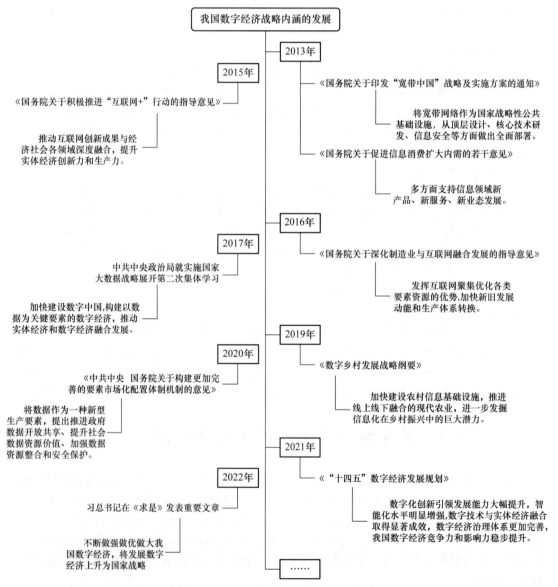

图6-1 我国数字经济战略内涵的发展脉络

由图 6-1 可以看出,我国数字经济战略的内涵与要求在不断变化。2013—2016 年为第一阶段,此阶段的数字经济战略着重强调信息化发展与互联网应用在拉动经济增长方面的关键作用,侧重于对网络基础设施的全面覆盖,以及将互联网创新成果与传统经济发展相融合,将网络发展看作一种新型的关键支柱;2017—2020 年为第二阶段,此阶段的数字经济战略逐渐关注数据资源以及数字化发展的重要性,伴随着社会各界对数字经济认识的不断深入,数字经济对社会发展起到的强大推动作用使人们意识到已经不能仅将其看作助力工具,此时的数字经济已发展为新时期一种充满活力的经济形态,能够借助数据要素释放实现网络与实体业务的融合发展;2021 年至今为第三阶段,此阶段的数字经济战略内涵再次深化,且由于其在新冠肺炎疫情影响的新形势下爆发出的巨大活力,实现数字经济的高质量发展已经上升至国家战略层面,数字产业化、产业数字化和数字经济治理已成为发展数字经济的关键方面,数字化和智能化发展的重要性逐渐凸显。

总体而言,数字经济发展战略经历了从重点推进信息通信领域的快速发展和迭代向实现数字经济与经济社会各领域深度融合发展的演进。同时,随着早期网络基础设施的全面普及,战略制定越来越偏向于产业的发展与应用,数字经济在经济社会各领域的全面渗透以及数字治理体系的完善发展成为未来战略制定的重点方向。

6.2.2 数字经济战略制定需解决的主要问题

现阶段数字经济的快速发展使得新产业、新业态、新模式不断涌现,也给数字经济战略制定提出了新的要求。面对当前数字经济发展所呈现的全面渗透、融合发展新趋势,数字经济战略制定者需要充分认识以往数字经济发展过程中暴露出的短板与问题,明确数字经济发展的关键影响因素,进而精准识别发展中存在的主要问题,以利于提高战略指导的针对性。考虑到数字经济发展的依托基础、动力来源、环境保障等方面,数字经济战略制定过程中需要重点关注的问题包括以下几个方面。

1. 数字鸿沟影响数字经济的均衡发展与应用

数字经济的高质量发展有赖于我国信息化的全面均衡发展。当前时期,受基础设施、人才引进、产业结构发展等方面的影响,我国东北、西北等地区的信息化发展水平仍与中东部地区存在较大差距,严重影响了数字经济在全国范围内的发展与应用。同时,借助于新兴信息技术在经济结构转型中的巨大作用,产业数字化转型是实现数字经济与传统经济融合创新的关键路径,是优化我国产业结构的重要步骤,而中小企业由于其在数字经济技术研发与创新应用等方面的劣势,较难实现自身业务的数字化转型升级,对我国数字经济的全面发展造成不利影响。

2. 核心技术基础薄弱导致新兴技术创新能力不强

数字经济发展需要强大的信息技术作为支撑,而我国数字经济产业发展过程中的核心技术基础较为薄弱,使得数字经济的发展受到严重制约。例如,美国以负面清单、芯片断供、人才打压等手段对中国高科技产业进行封锁和遏制,限制了中国战略性新兴产业的发展,威胁了相关产业链的安全,使关键核心技术的"卡脖子"问题成为中国数字经济实现高质量发展、获取国际数字经济竞争优势的主要障碍。同时,我国现阶段数字经济技术自主创新能力不强,对未来新兴信息技术的应用和创新能力不足,使得数字经济发展难以突破现有圈层,技术发展与产业需求存在较大偏差,不利于我国数字产业的优化升级。

3. 数字人才短缺为数字化转型带来巨大挑战

随着数字经济和实体经济的深度融合,行业对拥有专业技能和数字素养的跨界复合型数字人才的需求呈现出急剧增长的趋势,数字人才日益成为中国数字经济发展和产业数字化转型升级的核心驱动力。中国数字人才面临着三大困境。一是数字人才的供给难以满足数字经济快速发展的需要。产业数字化转型产生的巨大智能化需求驱动数字技术加快更新迭代速度,不仅急需具备专业背景的技能型数字人才,而且急需对复杂学科融会贯通的学习型数字人才。二是对数字人才的教育和培养满足不了不断涌现的新业态、新职业、新个体的需求。随着产业数字化的不断推进,行业细分领域在数字化转型升级过程中不断涌现出新的业态和商业模式,同时也涌现出新的职业类型,但目前数字人才结构和学科培养体系的更新迭代速度严重滞后于新兴职业的涌现速度,在一定程度上制约了数字经济发挥其作用。三是严重缺乏具备专业技能和数字素养的跨界复合型数字人才。数字人才的培养周期和难度远超一般技能人才,短时间的技能培训只能满足低技能的数字人才需求,而在未来的数字经济时代,人工智能等信息技术的发展需要同时具备专业技能和语言、心理、法律、哲学、行为、教育、经济等多学科融合数字素养的跨界复合型数字人才,这样的人才需要长时间培养,因此目前仍面临着严重短缺的问题。

4. 数据开放共享严重不足导致数据有效开发利用水平不高

由于数据标准不统一、权责关系不明晰、共享机制不明确、法律保障不健全等原因,政府部门和企业沉淀的海量数据资源如何开放共享和有效利用一直存在较大困扰。从政府部门看,由于多头管理、跨部门协同障碍以及对数据安全的担忧,导致各行政部门之间、政府与企业之间数据共享渠道不畅通,制约了政府应对突发事件的服务效率、协同管理能力和应急响应能力。从企业方面看,由于数据的所有权、使用权、管理权、交易权等没有明确的法律保障,已经对企业经营和消费者权益造成较大影响。因此,如何推动企业在法律法规框架下实现数据互联互通、开放共享已经成为亟待解决的问题。

5. 缺乏监管创新而无法满足数字经济快速发展的要求

伴随着数字经济的快速发展,行业垄断、数据滥用等问题逐渐暴露出来。数字经济所具有的跨界融合性、跨地域性和全球可达性等特点使得新业态、新模式层出不穷,而由于当前尚未形成适应数字经济发展规律的监管理念和制度措施,依靠传统监管体系和治理手段极易产生监管真空与监管重叠等问题,对数字经济发展造成不利影响。同时,由于数字技术的创新发展与快速迭代,企业可利用大数据分析、算法操纵等高技术手段实施垄断和不正当竞争,其违规操作更为隐蔽复杂,严重阻碍了数字经济市场的健康发展,对数字经济监管体系的构建也提出了更高的要求。

6.3 数字经济战略制定的国际经验借鉴

数字经济因其对经济增长的强大推动作用而受到国际社会的广泛关注,全球各主要国家和地区均积极制定了与自身发展需求相适应的数字经济发展战略,以期在国际数字经济格局中占据优势地位。而由于信息化发展与技术创新等方面的原因,以美国和欧盟为代表的发达国家和地区的数字经济发展处于世界领先水平,并在数字经济战略制定方面形成了较为成熟的先进经验,值得世界各国参考借鉴以完善未来数字经济的战略制定。

6.3.1 发达国家和地区数字经济战略侧重点

1. 美国

美国数字经济战略侧重点

作为信息技术和数字经济的重要创新者和引领者,美国政府从克林顿时期即开始实施以"国家信息高速公路"为代表的一系列数字经济重大战略,对支持和促进数字技术和数字经济发展发挥了重要作用。近几年,美国针对数字经济发展的战略侧重点主要包括以下几个方面。

1) 加快通信基础设施建设,消减数字鸿沟

数字经济的快速发展需要依托完善的通信基础设施,同时可靠、负担得起的高速互联网是保障居民平等享有数字权利的基础。美国政府高度关注各州互联网接入进程,采取多项措施促进全国范围内的数字公平。2018年9月,美国政府颁布的《国家网络战略》中便提出要积极推进电信和信息通信基础设施建设。2019年4月,美国参议院出台《数字公平法案》,提供总计2.5亿美元年度资助计划,以扩大宽带覆盖范围,帮助美国50个州制定和实施数字公平计划,启动数字融合项目。2021年11月,美国总统拜登签署《基础设施投资和就业法案》加大对包括宽带在内的基础设施建设投资,用于消减各州之间的数字鸿沟。2022年3月,美国国会在《综合拨款法案》中再次提出资助宽带基础设施建设的计划,特别是对偏远农村地区的宽带基础设施予以重点部署。2022年5月13日,美国商务部宣布启动拜登政府的"全民互联网"(Internet for All)计划,通过投资450亿美元(作为可申请资金),为美国所有人提供负担得起的、可靠性高的高速互联网。

2) 提高关键信息技术优势,助力创新发展

技术进步是推动数字经济发展的根本动力。从计算机、互联网到大数据、云计算、物联网,美国始终保持对技术变革的高度关注,推动新技术发展是其数字战略的重点之一。2019年2月,美国政府签署《维护美国人工智能领导地位的行政命令》,大幅度提高在人工智能和量子信息科学领域的研发支出,以提高在关键数字技术领域的国际竞争优势。2020年10月,美国商务部发布的《关键与新兴技术国家战略》强调,美国要成为包括通信网络技术、区块链技术在内的新兴技术领导者。2021年4月和6月美国先后颁布了《2021年战略竞争法案》与《2021年美国创新与竞争法案》,通过制定相关政策确保美国在人工智能、5G、自动驾驶等数字技术领域的领先地位。同时,美国政府还积极组织学术界、产业界、非营利组织和民间专家参与到数字技术的研发管理过程中,并于2022年5月成立国家人工智能咨询委员会(NAIAC)以向美国政府提供与人工智能发展相关问题的建议。

3) 强化数字经济发展国际化合作

数字经济发展是全球性的经济活动,尤其是数据作为数字经济最重要的基础性战略资源,其所带来的数据流动、数据泄露等新型治理问题更需要在国际范围内开展广泛合作。2020年4月,美国国际开发署发布美国史上第一份数字合作政策文件《数字战略2020—2024》,提出未来美国在全球数字领域的战略目标和具体行动。2021年6月,美国与欧盟针对数字经济发展合作问题发布了《美国-欧盟峰会声明》,宣布建立美欧贸易和技术委员会(U.S.-EU Trade & Technology Council,TTC),旨在促进数字治理民主模式的建立,并阐述了在数字技术、国际标准与监管政策等领域的合作目标;次年5月15—16日,在法国巴黎召开第二次部长级会议,共同推进了在新兴技术标准、关键技术和产品出口管制等领域的

合作。

2. 欧盟

欧盟成员国信息化起步较早,数字经济总体发展水平处于全球第一梯队,但数字经济发展不均衡、整体活力不足是欧盟数字经济的显著特征,且其在数字创新浪潮中的表现并不突出,在全球发达经济体中处于相对劣势的地位。近几年,欧盟多管齐下助力数字经济全面发展,其战略侧重点主要包括以下几个方面。

1)促进数字技术研发与应用

欧盟在大数据、人工智能与物联网等高新信息技术上的创新与应用不足是造成其数字经济全球竞争力表现欠佳的主要原因之一。近几年,欧盟开始着力促进数字技术进步与应用,相继发布了一系列战略规划和政策法案。2020年3月,欧盟委员会发布《欧洲新工业战略》,强调要加大在人工智能、5G与大数据等领域的资金投入,并尽快开展6G网络的研发工作;同年12月,为引领下一代网络技术和服务的开发与部署,欧盟推出Hexa-X项目,着力打造智能互联、多网聚合的6G网络,抢占下一代互联网发展先机。2021年3月,欧盟推出"地平线欧洲"计划,在物联网、云计算与人工智能等核心数字技术研发领域加大资金投入力度,以减少对外国技术的依赖,确保欧洲科技创新的领先地位。为将欧洲打造成值得全球信赖的人工智能中心,欧盟委员会于2021年4月通过了《人工智能法》提案,建立关于人工智能技术的统一规则,加强欧盟范围内对于人工智能的使用、投资和创新支持。

2)提升劳动者数字技术技能

欧盟在发展数字经济过程中面临数字技术人才短缺以及民众数字技能水平偏低的障碍,为培养具有数字化技能的劳动者,欧盟推出一系列发展数字教育的支持政策,并将其列为基本策略之一。2020年9月,欧盟委员会发布《数字教育行动计划(2021—2027)》,以保障欧盟各成员国数字教育行动计划的顺利推进。2021年2月,欧洲议会批准了复苏与恢复基金(RRF),用于开发和更新中小学数字技术课程,并增加人工智能、量子计算等先进技术的大学课程;同年3月,欧盟委员会推出"2030数字罗盘"计划,强调要为更广泛的人群和专业人士提供数字技能,确保欧洲的所有公民和企业都可以利用数字化转型来改善生活,并建设拥有大量能熟练使用数字技术的公民和高度专业的数字人才队伍。

3)制定针对性数字经济法案

作为数字技术与服务的重要消费方,欧盟在规范监管数字经济方面始终走在世界前列,并将推出完善、系统的监管法案作为实现制度革新,进而推动欧洲数字经济健康可持续发展的着力点。2018年5月,欧盟颁布的《通用数据保护条例》几乎成为全球通行标准,通过强化数据主体权利,增设遗忘权、限制处理权、持续控制权和拒绝权等一系列权利,增强了数据控制者和处理者的数据保护责任。2019年3月26日,欧盟议会发布《单一数字市场版权指令》,该指令重视人工智能伦理规则和监管路径,率先提出数字税以平衡欧美科技企业的实力差距,并通过修改反垄断规则来鼓励欧洲企业兼并、重组,以培育欧洲企业。2020年2月,欧盟委员会发布了包括《欧洲数据战略》在内的一系列关于"塑造欧洲数字化未来"的战略规划,涵盖了数据利用、人工智能、平台治理等领域的发展和立法框架;同年6月,欧洲数据保护监管局发布《欧洲数据保护监管局战略计划(2020—2024)——塑造更安全的数字未来》,以促进欧盟数字团结,重建数字社会信任,塑造更安全、更公平的数字欧洲。此外,欧洲议会分别在2021年12月、2022年4月颁布《数字市场法》与《数字服务法》,将加强监管与促进产业发展相结合,革新了数字经济领域的规则体系,对全球数字经济和科技产业发展具有重大影响。

3. 世界其他主要国家的数字经济战略

数字经济是实现全球经济可持续增长的引擎,除美国和欧盟外,其他国家也积极部署数字经济发展战略,主要集中在技术创新、人才培养等多个方面。

在技术创新方面,英国政府于2021年9月发布《国家人工智能战略》,强调人工智能技术对于推动经济大幅增长和改变人民生活具有巨大潜力;同年12月,英国政府发布《2022年国家网络战略》,将网络关键技术作为提升英国全球影响力的关键手段。此外,日本于2021年3月发布《第6期科学与技术基本计划》作为指导2021—2025年科学技术与创新发展的纲领性规划,提出未来5年将在人工智能与量子技术等重点领域投入30万亿日元。2021年5月,澳大利亚政府发布《2022年数字经济战略更新》,将技术研发、量子商业化、5G创新等作为重点投资领域。

在人才培养方面,日本于2020年7月发布"创建最尖端数字化国家宣言·官民数据活用推进基本计划",提出完善基础设施建设、加强数字技术应用、加强数字人才培养等诸多目标。在2021年3月发布的《第6期科学与技术基本计划》中也指出要提升基础研究能力和培养数字人才队伍。2021年7月,英国商业、能源和产业战略部发布《英国创新战略:创造未来,引领未来》,提出要激发科技创新,为研究、开发和创新机构提供充足资源,将英国建设成为最吸引创新人才的国家;同年12月,英国内阁办公室发布的《2022年国家网络战略》提出,将投资数字人才、提升数字技能、深化产学研间的伙伴关系作为英国未来5年的优先行动之一。

此外,在数据资源利用与基础设施建设方面,也有部分国家发布了相关支撑战略。如2020年9月,英国数字、文化、媒体和体育部(DCMS)发布了《国家数据战略》,旨在推动数据在政府、企业、社会中的使用,释放数据在经济领域的价值,并通过数据的使用推动创新,提高生产力,创造新的创业和就业机会,改善公共服务,帮助英国经济尽快从新冠肺炎疫情中复苏。2020年12月,加拿大行业战略委员会发布《重启、复苏和重新构想加拿大人的繁荣:构建数字化、可持续和创新性经济的宏伟增长计划》,将投资数字基础设施作为战略重点,实现数字和数据驱动的经济增长方式。

6.3.2 国际经验借鉴

1. 持续加强数字基础设施的全面建设与服务应用

数字鸿沟是阻碍数字经济发展的重要障碍,主要表现为"接入鸿沟""使用鸿沟""能力鸿沟"3个方面。因此,为弥合"接入鸿沟",应以硬件设施升级为重点,扩大数字基础设施覆盖范围,持续加大落后地区固定宽带网络和移动通信基站建设投入,同时提高互联网接入质量和传输能力,为网络服务应用提供关键支撑;为弥合"使用鸿沟",应以软件服务优化为抓手,优化数字资源公共品供给,使大众享受到数字经济发展带来的红利,同时助推传统企业数字化转型升级,为企业运用工业互联网平台、建设智能工厂、打造智慧供应链提供专业技术指导;为弥合"能力鸿沟",应以数字素养培育为特色,制定培育目标,构建集数字知识利用和交流能力、数字内容创造和输出能力为一体的多元化培育框架,同时将数字素养培育融入家庭教育、学校教育和社会教育之中,打造全方位的数字素养培育模式。

2. 强化基础研究对科技自立自强的支撑作用

基础研究决定一个国家在数字经济发展中的地位,基础研究具有高投入、长周期、风险大等特征,导致大量的资金更多地聚集在满足市场需求的低投入、短周期的应用型研究领域。因此,为破解"卡脖子"难题和摆脱对国外技术的依赖,要强化基础研究对科技自立自强的支撑作用,政府不仅要加大对基础研究的投入力度,还要通过相关制度和机制的设计充分调动社会力量参与的积极性。第一,应在政策制度、资源投入、战略发展等方面把基础研究放在更加突出的位置,加大对战略性、前瞻性、颠覆性且能引领未来发展的基础研究领域的资金投入力度,从源头上提高国家的原始创新和基础研究能力。第二,积极构建多元化、多渠道的基础研究融资机制,引导更多的企业和社会资本支持基础研究;政府应该通过税收优惠、政策扶持、人才政策等措施,积极鼓励企业、社会基金、个人在内的社会资本力量参与到关键核心技术研发和基础研究领域。第三,应充分发挥企业在基础研究和技术创新中的主体作用,鼓励具有较强技术创新能力的企业参与重大科技攻关项目和国家自然科学基金项目,设立专项资金,加快推动具有应用场景的基础研究成果的转化应用。

3. 聚焦数字人才,为数字经济发展提供源动力

如果说技术进步是数字经济发展的生产力,数字人才就是推动数字经济发展的原动力,第四次工业革命中数字经济的竞争最终将是数字人才的竞争。第一,要加大人工智能、大数据、物联网、计算机视觉等数字人才的培养规模,扩大数字人才的储备,充分发挥数字人才对数字经济高质量发展的基础支撑作用。第二,高校和科研院所应积极推进数字经济学科体系建设,构建以社会需求为导向的多层次数字人才培养体系,围绕人工智能、基础研究和颠覆性技术等领域设置相关学科和专业,奖学金政策和科研项目优先向人工智能学科倾斜,使数字经济学科建设与数字经济发展的实际需求相匹配,并且能够根据数字经济实践的深入和应用场景的扩大进行动态调整,加快培养一批既熟悉专业技能、又具备数字化素养的跨界复合型人才。第三,政府应加大对数字人才的财政投入力度,通过实施各种人才计划和保障措施,营造良好的工作环境,积极出台面向社会需求的数字人才专项补贴政策,尤其是高层次人才和紧缺人才专项计划,加大对基础研究和人工智能等领域高层次团队的引进支持。

4. 加大数据安全和个人隐私安全的立法和保护

数据成为资产的前提是对其进行确权,明晰数据权利有利于规范数据交易市场,保障数据要素的流通安全。第一,政府应充分考虑现阶段我国经济发展的特定国情和数字经济发展的不同阶段特征,在制度设计上加快推进数据确权工作,明确关键领域数据、个人隐私数据的范围以及数据交易流通规则,充分体现数据作为数字经济关键生产要素的最大价值。第二,政府应根据人工智能技术发展以及网络安全形势变化,及时对数据安全和个人隐私信息保护方面现有的法律法规进行更新和完善。第三,加快制定相关实施细则,进一步加大对技术专利、数据专利、知识内容和个人隐私的保护力度,同时加大对违法采集和盗取、滥用公民个人数据和隐私数据行为的执法力度。

6.3.3 未来数字经济战略制定的关键要点

新时期数字经济的发展必将面临更加多变的复杂形势,新兴信息技术的不断发展迭代、数据资源在经济市场中的广泛流通、数字经济与传统业务领域的全面渗透都对数字经济战略的制定提出了更高的要求,优化制定数字经济发展的宏观指引框架、妥善解决数字经济发

展的严峻挑战,是不断做强、做优、做大数字经济所要面对的重要问题。立足数字经济发展挑战,结合国外发达国家和地区先进经验,未来数字经济战略制定的关键要点包括以下几个方面。

1. 推进数字经济均衡发展,缩小数字鸿沟

1)推进通信网络基础设施的全面建设

作为数字经济发展的基础,推进通信网络基础设施全面建设应成为今后实现数字经济均衡发展的工作重点,尤其对于欠发达地区,要持续增大高质量通信光纤的铺设长度,实现通信基础设施更大范围的覆盖,不漏任何通信死角、消除网络盲区,保障通信服务在全民范围内自由、平等的使用,使得数字经济发展成果真正实现人民共享。同时,为更高质量地提升区域数字经济发展水平,还应做好通信宽带网络的服务质量提升工作,鼓励 5G 网络的创新、研发、应用与商用全面推广,加速实现信息高速公路的全面建设与稳步应用,为传统产业经济发展与新兴网络技术创新的融合打好基础。

2)加紧数字经济的产业发展与内容应用

各地区应加紧制定与本地区发展情况相适宜的产业扶持战略规划,包括相关配套设施的建设、人才引进制度政策的完善和产业的多元化推广等方面,加大力度进行数字经济相关产业的投资建设,努力建设更高质量的数字信息产业发展结构。同时,当前数字产业发展正处于机遇期,新产业、新业态层出不穷,各地区应当积极出台产业发展扶持政策,鼓励地区内各级企业的互联网业务发展,为数字产业化发展的顺利进行提供动力。此外,信息技术的充分利用对于地区经济产业结构的优化具有提升作用,应大力支持企业进行线下业务的升级与线上业务的发展,持续推进产业数字化进程。

3)促进居民数字素养的全面提升

数字经济的发展离不开居民的广泛支持,居民数字素养的全面提升不仅有助于数字经济创新成果的广泛推广,还能够从消费端为数字经济的发展提供有效指引。教育是提升居民数字素养的关键环节,因此政府应着力推进教育资源在各地区之间的平衡投入,对欠发达地区的教育经费投入和师资力量配备制定扶持性政策,并充分利用网络教育资源,进而缩小地区之间的教育水平差距。同时,各地区应立足产业结构优化与信息产业发展的长远规划,制定可持续的信息技术人才培养与信息产业就业优先发展战略,逐步向高学历人才的培养目标倾斜,实现数字素质教育的高质量发展。

2. 以突破关键技术瓶颈为重点,提升技术创新能力

1)发挥体制优势,加强关键核心技术攻关

第一,要发挥国家科研机构、高校在基础研究中的作用,提高原始创新能力,勇闯"无人区",实现"从 0 到 1"的突破。第二,要发挥数字经济龙头企业的引领作用,加强基础研究,注重关键核心技术研发,系统布局前沿共性技术攻关,突破芯片、底层架构等关键核心技术瓶颈,夯实底层技术根基,打造以"5G+人工智能+云计算"为基础的研发应用平台,为企业开展产业链协同创新提供良好环境。第三,要夯实产学研用相结合的技术创新体系,加快政府管理职能转变,在技术创新的制度供给方面积极探索,要更加注重市场机制作用和创新要素的市场化配置,注重发挥各类企业的主体作用。

2)实施数字人才引进计划

第一,要大力吸引海外创新型领军人才,吸引留学人员、海外华人华侨回国创新创业,吸引各国高精尖人才来华工作;通过实施人才计划,加大科研经费补贴、工资薪酬、个税减让、股票期权激励等的力度,并在住房安置、子女上学、户籍、出入境管理等方面加大政策支持。第二,要积极增加高等院校、职业学院等的专业学科设置,扩大招生规模,并要发挥社会培训机构、龙头企业的力量,大力开展职业培训、岗位培训,加快改变新一代信息技术人才短缺的困境。第三,要加强开放创新合作,构建有活力、有创新力的开放创新制度环境,强化国际技术交流与研发合作。积极探索与发达经济体的技术合作新机制,以产业链、供应链为依托布局创新链,构建互利共赢的开放创新合作体系。从"引进—模仿—学习"的单向传统模式,向"共创—共享—共赢"的双向交互创新模式转变。

3. 发挥我国大市场优势,扩大数字技术应用场景

1) 加快推动数字产业化进程

重点培育、壮大人工智能、大数据、区块链、云计算、网络安全等新兴数字产业,提升通信设备、核心电子元器件、关键软件等产业的水平。构建基于 5G 的应用场景和产业生态,在智能交通、智慧物流、智慧能源、智慧医疗等重点领域开展试点示范。鼓励企业开放搜索、电商、社交等数据,发展第三方大数据服务业。促进平台经济的健康发展。

2) 继续拓展数字技术在消费领域的应用场景

由于新冠肺炎疫情的暴发,消费者日益习惯在数字空间进行消费、娱乐和社交,为不断拓展多元、新型的数字消费场景奠定了基础。因此,应支持消费领域平台企业挖掘市场潜力,增加优质产品和服务供给,为消费者实现数字化生活方式提供高效连接,创造和普及消费新场景,培育消费新行为和新需求。同时,加快发展线下向"上"融合和线上向"下"拓展的双向消费形态,多层次释放我国大市场的消费潜力。

3) 通过推动传统产业数字化转型,扩大产业互联网应用场景

第一,政府应加速构建线上、线下跨界融合的新产业生态体系,发挥超大规模平台的优势,利用大数据搭建数字企业与传统企业精准对接的平台,构建平台数据开放共享的有效机制,为促进传统企业技术创新提供支撑。第二,加快政府产业数据开放,使数字企业精准了解产业发展的痛点,为产业数字化转型提供招商、资金的精准对接。第三,鼓励重点行业和区域建设工业互联网平台和数字化转型促进中心,深化研发设计、生产制造、经营管理、市场服务等环节的数字化应用,培育发展个性定制、柔性制造等新模式,加快产业园区数字化改造。

4. 全面统筹数字经济开放发展与安全保护

1) 数据资源的有效利用与科学治理

随着全球数字技术和数字经济加速发展,数据成为核心要素,维护数据主权、数据安全和国家发展利益,已经成为各国数字经济发展面临的共同问题。因此,需要统筹数据开发利用、隐私保护和公共安全,加快建立数据资源产权、交易流通、跨境传输和安全保护等基础制度和标准规范;加大涉及国家利益、商业秘密、个人隐私的数据保护力度,加快推进数据安全、个人信息保护等领域的立法,完善数据分类分级保护制度,加强数据安全评估,推动数据跨境安全有序流动。

2) 监管规范与促进发展并重政策的深入贯彻

数字经济繁荣发展需坚持监管规范与促进发展两方面的相互统一,要以开放包容的态度对待数字经济发展中出现的业态创新与产业优化。数字经济市场监管应本着保护和鼓

励的原则对新技术、新业态、新模式进行监管。特别是针对平台创新所形成的业态多元化，政府更应持审慎保护的监管态度。同时，随着新一代数字技术的快速发展，数字经济新业态、新模式层出不穷，具有丰富性、多元性等特征，应探索针对不同类型的数字行业施行不同的监管制度体系。

5. 探索与数字经济发展相适应的促进政策和监管方式

1）为数字企业创造公平竞争环境和产业发展环境

第一，探索数字经济负面清单管理模式，破除行业和地域准入壁垒，使各类市场主体依法平等进入；清理和调整不适应数字经济发展的行政许可、商事登记等事项及相关制度，建立容错机制，促进新业态、新模式的成长。第二，建设试点示范区，不断形成可复制推广的创新模式和发展路径，加快企业数字化转型的公共服务平台建设，鼓励行业主管部门牵头建立工业互联网应用实验平台，探索不同应用场景的实现方案，将有市场前景的成功模式向行业推广。第三，健全数据产权交易机制，搭建规范的数据交易平台，保护市场主体权益，优化数据资产评估、登记结算、交易撮合、争议仲裁等市场运营体系。

2）加强完善数字经济监管体系

第一，加快完善数字经济发展相关的法律法规，强化数字化转型企业数据安全责任，维护好用户数据权益及隐私权；实现事前、事中、事后全链条监管，加强反垄断监管，将互联网金融活动全部纳入金融监管，及时弥补规则空白和漏洞。第二，加强各市场主体权益保护，督促企业承担商品质量、食品安全保障等责任。第三，创新监管方式，尤其要运用大数据、云计算、区块链等技术手段，建立以信用为核心的市场监管机制，提升政府监管效能。

3）加强数字经济治理国际合作

当前，数字经济治理合作已经成为全球数字经济合作的重要议题。我国应积极参与全球数字治理和WTO、G20、APEC等框架下有关数字经济议题的谈判与协商，形成系统的中国主张。同时，对接高水平国际经贸规则，在跨境数据流动、平台治理、隐私保护、知识产权保护及数字税、数字货币等国际规则和数字技术标准制定等方面加强双边、区域、多边合作，力争与主要贸易伙伴达成共识，加强与相关国家在数字监管和数据安全保障方面的合作，推进网络空间治理的国际交流合作。

思 考 题

1. 谈谈各国数字经济战略的相关政策及其原因。
2. 我国的数字经济在发展过程中遇到哪些机遇与挑战？
3. 我国数字经济现在和未来的战略分别是什么？

本章参考文献

[1] 李川川，刘刚.发达经济体数字经济发展战略及对中国的启示[J].当代经济管理.2022，44(04):9-15.

[2] 蒋向利.做强做优做大我国数字经济 为经济社会发展提供强大动力——国务院印发

《"十四五"数字经济发展规划》[J].中国科技产业,2022(02):14-19.

[3] 王晓红,谢兰兰.新发展格局下数字经济发展战略研究[J].开放导报,2021(04):80-91.

[4] 戚聿东,褚席.数字经济学学科体系的构建[J].改革,2021(02):41-53.

[5] 陈劲,阳镇,朱子钦."十四五"时期"卡脖子"技术的破解:识别框架、战略转向与突破路径[J].改革,2020(12):5-15.

[6] 戚聿东,肖旭.数字经济时代的企业管理变革[J].管理世界,2020,36(06):135-152+250.

[7] 孙利君.我国数字经济发展战略与对策研究[J].管理现代化,2020,40(03):74-76.

[8] 周蓉蓉.我国数字经济发展战略与路径研究——基于国际经验的考察[J].西南金融,2020(04):90-96.

[9] 李晓华.数字经济新特征与数字经济新动能的形成机制[J].改革,2019(11):40-51.

[10] 杨炎.国际对比视角下我国数字经济发展战略探索[J].科技管理研究,2019,39(19):33-42.

[11] 刘淑春.中国数字经济高质量发展的靶向路径与政策供给[J].经济学家,2019(06):52-61.

[12] 张晓,鲍静.数字政府即平台:英国政府数字化转型战略研究及其启示[J].中国行政管理,2018(03):27-32.

[13] 郑雪平.欧盟数字经济发展政策取向及成效[EB/OL].(2021-04-12)[2022-06-09].https://share.gmw.cn/www/xueshu/2021/04/12/content_34757905.htm.

[14] 安全内参.美国白宫发布《量子信息科学国家战略概述》[EB/OL].(2018-09-26)[2022-06-09].https://www.secrss.com/articles/5340.

[15] 蔡翠红,张若扬."技术主权"和"数字主权"话语下的欧盟数字化转型战略[J].国际政治研究,2022,43(01):9-36+5.

[16] GOV.UK. Digital Regulation: Driving growth and unlocking innovation [N/OL]. (2022-06-13) [2022-06-19]. https://www.gov.uk/government/publications/digital-regulation-driving-growth-and-unlocking-innovation/digital-regulation-driving-growth-and-unlocking-innovation.

[17] 安全内参.美国政府发布《2022年国家网络战略》概述[EB/OL].(2022-01-07)[2022-06-09].https://www.secrss.com/articles/38041.

[18] GOV.UK. National Cyber Strategy 2022 [N/OL]. (2021-12-15) [2022-06-09]. https://www.gov.uk/government/publications/national-cyber-strategy-2022.

[19] 三个皮匠报告文库.美国数字化发展战略,世界各国数字化发展战略一览[EB/OL].(2022-08-19)[2022-08-20].https://www.sgpjbg.com/info/25788.html.

[20] 安全内参.德国出台《联邦数据战略》,增强数字主权[EB/OL].(2021-07-16)[2022-06-09].https://www.secrss.com/articles/32713.

[21] 安全内参.英国和新加坡签署《数字经济协议(DEA)》[EB/OL].(2022-03-07)[2022-06-09].https://www.secrss.com/articles/40002.

[22] U.S. Department of Commerce. Biden-Harris Administration Launches $45 Billion "Internet for All" Initiative to Bring Affordable, Reliable High-Speed Internet to

Everyone in America [N/OL]. (2022-05-13)[2022-06-09]. https://www. commerce. gov/news/press-releases/2022/05/biden-harris-administration-launches-45-billion-internet-all-initiative.

[23] Department of the Prime Minister and Cabinet. Digital Economy Strategy 2022 Update Released [EB/OL]. (2022-03-30)[2022-06-09]. https://www. pmc. gov. au/news-centre/domestic-policy/digital-economy-strategy-2022-update-released.

[24] 李成波,闫涵. 美国弥合老年人数字鸿沟的策略及启示[J]. 青年记者,2020(06):82-83.

第7章 数字经济技术管理

以大数据、人工智能、物联网、云计算与区块链等为代表的数字信息技术是助推数字经济发展的重要工具。数字经济在发展过程中通过数字技术获得大量数据后,再利用数字技术释放数据价值,实现数据价值的叠加和倍增。本章从介绍数字经济发展所涉及的大数据、人工智能、物联网、云计算以及区块链等核心技术概念出发,并以智慧医疗为案例探讨数字信息技术在社会经济运行中的应用;然后,通过梳理国内外针对数字信息技术发展问题的重要战略政策,以及数字信息技术发展带来的问题,进而阐述未来数字经济技术管理的优化措施。

7.1 数字信息技术与应用

7.1.1 数字经济发展的核心技术

数字经济的建设需要以数字化技术为支撑,数字经济发展过程中的核心技术涉及数据、算法与算力等各个方面,大数据、人工智能、物联网、云计算与区块链等前沿技术在社会和经济等领域的融合应用不仅给人们的生产生活带来巨大变化,也使得国家社会和经济的发展水平显著提高。

1. 大数据

大数据的出现开启了大规模生产、分享和应用数据的时代,对大数据进行检索、分析、挖掘、研判,可以使决策更精准,释放出数据背后隐藏的价值。大数据正在改变人们对生产、生活甚至整个世界的认知,更新人们对产品与服务的见解,最终推进重大的时代转型。

当前,业界公认的大数据具有"4V"特征,即:数据体量大(Volume)、数据种类多(Variety)、处理速度快(Velocity)和价值密度低(Value)。其涵义具体表现如下。

(1) 数据体量大

大数据,顾名思义,"大"是其主要特征,也叫大量化、规模性。大数据时代需要采集、处理、传输的数据量大,处理 PB 级的数据是比较常见的情况。数据量的大小决定了数据的价值和潜在的信息丰富度。

(2) 数据种类多

大数据与传统数据相比,数据来源广、维度多、类型杂。不仅各种机器仪表在自动产生数据,人自身的生活行为也在不断创造数据;不仅有企业组织内部的业务数据,还有海量的相关外部数据。大数据有不同的格式,有结构化的关系型数据,有半结构化的网页数据,还有非结构化的视频、音频等数据。非结构化数据广泛存在于社交网络、物联网、电子商务之中,其体量增长速度比结构化数据快得多。多类型的数据对数据的处理能力提出了更高的要求。

(3) 处理速度快

随着现代感应技术、互联网技术、计算机技术的发展,数据生成、储存、分析、处理的速度远远超出人们的想象,这是大数据区别于传统数据或小数据的显著特征。例如,由国家超级计算无锡中心研制的"神威·太湖之光"超级计算机,其峰值性能达12.5亿亿次/秒,其1分钟的计算能力,相当于全球80亿人同时用计算器不间断计算32年。

(4) 价值密度低

大数据有巨大的潜在价值,但同其呈几何指数爆发式的增长相比,某一对象或模块数据的价值密度较低,这无疑给人们开发海量数据增加了难度和成本。比如,一天24小时的监控录像,可用的关键数据也许仅为1~2秒。每天数十亿次的搜索申请中,只有少数固定词条的搜索量会对某些分析研究有用。显然,对于数据价值密度较低的海量信息,需要通过强大的机器算法来发掘数据价值。

同时,大数据的处理流程可以定义为在适合工具的辅助下,对不同结构的数据源进行抽取和集成,并按照一定的标准统一存储,而后利用合适的数据分析技术对存储数据进行分析,从中提取有益的知识并利用恰当的方式将结果展示给终端用户。具体流程如图7-1所示。

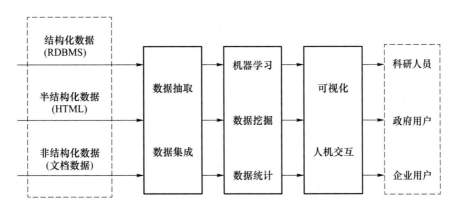

图7-1 大数据处理的基本流程

数据抽取与数据集成是数据准备阶段,包括3个部分:数据集成、数据选择和预处理。由于大数据处理的数据来源广泛、类型多样,因此需找出其中的关系和实体,经过关联、聚合等操作,再按照统一的格式对数据进行存储。大数据预处理主要涉及对已接收数据的抽取、清洗等操作。在海量数据中,数据并不全是有价值的,有些数据与所需内容无关,有些数据则是完全错误的干扰项,因此要对数据进行清洗,从而提取有效数据。

大数据分析是指对规模巨大的数据进行分析,是大数据处理流程的核心步骤。通过抽取、集成和预处理环节,从不同结构的数据源中获得可用于大数据处理的原始数据,用户根据需求对数据进行分析处理,如数据挖掘、机器学习、数据统计等。数据分析可以用于决策支持、商业智能、推荐系统、预测系统等。

2. 人工智能

1956年,达特茅斯会议正式提出人工智能(Artificial Intelligence,AI)的概念。美国斯坦福大学著名人工智能研究中心的尼尔逊(Nilsson)教授对人工智能的定义是"关于知识的学科——怎样表示知识及怎样获得知识并使用知识的科学"。简单来讲,人工智能是研究人类智能活动的规律,用智能机器模拟人类的智能进行判断、推理、学习、解决问题等相关活动的科学。人工智能的长期目标是实现人类水平的机器智能。

人工智能研究内容涉及"智能",因此人工智能不局限于计算机、信息和自动化等学科,还涉及智能科学、认知科学、心理科学、脑及神经科学、生命科学、语言学、逻辑学、行为科学、教育科学、系统科学、数理科学、控制论、哲学以及经济学等众多学科领域。所以,人工智能实际上是一门综合性很强的交叉学科和边缘学科。现阶段,人工智能所涉及的内容主要包括知识表示、推理、搜索与规划和机器学习等。

"知识表示"是对知识的一种描述或一组约定,是机器可以接受的用于描述知识的数据结构。知识表示是研究机器表示知识的可行的、有效的、通用的原则和方法。目前,常用的知识表示方法有谓词逻辑、产生式规则、框架、语义网络、状态空间、面向对象、连接主义等。

"推理"是指按照某种策略,从已知事实出发,利用知识推出所需结论的过程。根据所用知识的确定性,机器推理可以分为确定性推理和不确定性推理。确定性推理是指推理所使用的知识和推出的结论都是可以精确表示的,其值要么为真,要么为假。不确定性推理是指推理所使用的知识和推出的结论可以是不确定的。不确定性是对非精确性、模糊性和非完备性的统称。

"搜索与规划"是指为了达到某个目标,不断寻找推理路线,以引导和控制推理,使问题得以解决的过程。根据问题的表示方式,搜索可以分为状态空间搜索、与/或树搜索。其中,状态空间搜索是一种用状态空间法求解问题的搜索方法;与/或树搜索是一种用问题规约法求解问题的搜索方法。规划是一种重要的问题求解技术,是对从某个特定问题状态出发,寻找并建立一个操作序列,直到求得目标状态为止的行动过程的描述。与一般问题求解技术相比,规划更侧重于问题求解过程,并且要解决的问题一般是真实世界的实际问题,而不是抽象的数学模型问题。

"机器学习"(Machine Learning,ML)是机器获取知识的根本途径,也是机器智能的重要标志。有人认为,一个计算机系统如果不具备学习功能,就不能称为智能系统。机器学习是当前人工智能理论研究和实际应用得非常活跃的研究领域,其发展的必要条件是互联网的出现、爆发以及由此产生的大量数据。人工智能的机器学习的方法体系大致可分为监督学习、半监督学习、无监督学习、强化学习和其他学习,而所有的机器学习算法都包含表示、评估、优化3个组成部分,如图7-2所示。

3. 物联网

物联网(the internet of things)一般指物与物相连的互联网,现已发展到第二代,也称人、机、物的全球互联互通,国际上采用"IOT"表述物联网。其主要指通过射频识别(RFID)、红外感应器、全球定位系统、激光扫描器等信息传感设备,按约定的协议把任何物品与互联网相连接,进行信息交换和通信,以实现智能化识别、定位、跟踪、监控和管理的一种网络。物联网涉及感知、传输及支撑等多方面技术:感知技术是指能够用于物联网底层感知信息的技术,包括射频识别(RFID)技术、传感器技术、GPS定位技术、多媒体信息采集与处理技术,以及二维码技术等;传输技术是指能汇聚感知数据,并实现物联网数据传输的技术,包括移动通信网、互联网、无线网络、卫星通信、短距离无线通信等;支撑技术是指用于物联网数据处理和利用的技术,包括嵌入式计算技术、云计算技术、分布式并行计算技术、人工智能技术、数据库与数据挖掘技术、多媒体与虚拟现实技术等。

表示	评估	优化
实例	准确度/错误率	组合优化
k近邻	精确度和召回率	贪婪搜索
支持向量机	平方误差	梁搜索
超平面	可能性	科定界
朴素贝叶斯	后验概率	连续优化
逻辑回归	信息收益	无约束
决策树	K-L分歧	梯度下降
规则集	成本/效用	共轭梯度
命题规则	边际	准牛顿法
逻辑程序		约束
神经网络		线性规划
图形模型		二次编程
贝叶斯网络		
有条件的随机场		

大数据与云计算技术

图 7-2 机器学习算法的 3 个组成部分

同时,物联网是在互联网的基础上延伸和扩展的网络,包括以下 3 个方面的特征。

① 物联网是各种感知技术的广泛应用。物联网上部署了多种类型传感器,每个传感器都是一个信息源,不同类别的传感器所捕获的信息内容和格式不同。传感器获得的数据具有实时性,按一定的频率周期性地采集环境信息,不断更新数据。

② 物联网是一种建立在互联网上的泛在网络。物联网技术的重要基础和核心仍旧是互联网,通过各种有线和无线网络与互联网融合,将物体的信息实时准确地传递出去。物联网上的传感器定时采集的信息需要通过网络传输,由于数据极其庞大,为保障数据在传输过程中的正确性和及时性,物联网必须适应各种异构网络和协议。

③ 物联网不仅仅提供了传感器的连接,其本身也具有智能处理的能力,能够对物体实施智能控制。物联网将传感器和智能处理相结合,利用云计算、模式识别等各种智能技术,扩充其应用领域。从传感器获得的海量信息中分析、加工和处理出有意义的数据,以适应不同用户的需求,发现新的应用领域和应用模式。

4. 云计算

从技术上看,大数据与云计算(cloud computing)密不可分。一方面,大数据的主要任务是对海量数据进行分析,需要通过云计算的分布式处理、分布式数据库、云存储和虚拟化技术来实现;另一方面,云计算为大数据提供了弹性可拓展的基础设施,是产生大数据的平台之一。到目前为止,云计算还没有一个统一的定义。云计算领先者如 Google、Microsoft 等 IT 厂商,依据各自的利益从不同的研究视角分别给出了对云计算的定义和理解。下面列出两个经典的云计算的定义。

① 维基百科指出云计算是一种动态扩展的计算模式,通过网络将虚拟化的资源作为服务提供给用户;云计算通常包含基础设施即服务(Infrastructure as a Service,IaaS)、平台即服务(Platform as a Service,PaaS)、软件即服务(Software as a Service,SaaS)3个层次的服务。

② 美国国家标准与技术研究院(National Institute of Standards and Technology,NIST):云计算是一种无处不在、便捷、通过互联网访问的可定制的 IT 资源(包括网络、服务器、存储、应用软件和服务)共享池,是一种按使用量付费的模式。云计算能够通过最少量的管理或与服务供应商的互动实现计算资源的迅速供给和释放。这是现阶段被学者广为接受的云计算定义。

根据美国国家标准与技术研究院的权威定义,云计算有 3 种服务模式:基础设施即服务、平台即服务和软件即服务。这 3 个服务模式同样存在于维基百科的定义中,这是目前被业界最广泛认同的划分。

位于云计算最底层的是基础设施即服务,有时候也叫硬件即服务(Hardware as a Service)。例如,使用 IaaS 后,用户可以购买服务器基础服务。这个服务器可能只是虚拟的,是一个庞大服务器集群的一部分,但对用户而言,它就像真正的服务器一样,可以自由安装和定制任意操作系统。

位于云计算第二层的是平台即服务。这一层向用户提供基础软件,如分布式操作系统、分布式数据库等基础服务。公司所有的软件开发都可以在这一层进行,节省时间和资源。

位于云计算第三层的是软件即服务。这一层是人们每天都要接触的,大多通过浏览器实现。任何一个远程服务器上的应用都可以通过网络运行。用户的线上消费服务几乎完全是从桌面系统或智能手机中获取的,如微信、微博、云存储、在线视频等。尽管这些网页服务是用作商务或娱乐或两者都有的,但这也算是云技术的一部分。

5. 区块链

区块链技术的产生与发展向世人展示了一种新型网络运行模式——基于区块链的网络信息存储、传递和交换。最初,使区块链技术名声大振的是比特币的产生及发展:2008 年比特币的横空出世以及 2014 年后以太坊、超级账本的兴盛发展让业界多次欢呼、振奋。而后,各类"虚拟货币"的推波助澜使区块链技术的名声达到前所未有的高度。

狭义来讲,区块链是一种按照时间顺序将数据区块以顺序相连的方式组合成的链式数据结构,是以密码学方式保证的不可篡改和不可伪造的分布式账本。广义来讲,区块链技术是利用块链式数据结构来验证与存储数据,利用分布式节点共识算法来生成和更新数据,利用密码学的方式保证数据传输和访问的安全,利用由自动化脚本代码组成的智能合约来编程和操作数据的一种全新的分布式基础架构与计算范式。经过近几年的发展,区块链的相关概念不断丰富,目前主要包括共识机制、时间戳、智能合约等。时间戳(Timestamp)通常是一个字符序列,用于唯一地标识某一刻的时间。具体而言,时间戳是一个能表示一份数据在某个特定时间之前已经存在的、完整的和可验证的"标记"。区块链中的时间戳是将某一时间内发生的所有事件在区块链数据库中进行唯一的、不可更改的记录。根据区块链定义,可以进一步根据区块链共识建立的范围的不同,如根据公共账本公开对象的不同,可以将区块链应用网络划分为私有链、联盟链与公有链等 3 种不同类型,如表 7-1 所示。

表 7-1 区块链类型的比较

类型	比较项目		
	P2P 共识节点	账本公开范围	应用范围
私有链	单一主体控制	不公开	内部/公众
联盟链	授权主体(联盟成员)	联盟范围内	联盟范围内/公众
公有链	开放/自由加入	公众	公众

私有链即区块链共识建立的范围及公共账本的公开对象为单一主体,单一主体对区块链的网络运行及数据处理、交换与存储具有全部权利。联盟链即区块链共识建立的范围及公共账本的公开对象为有限主体,如同业联盟成员之间,联盟成员平等参与区块链的 P2P 网络构建、公共账本创建与维护。公有链即区块链共识建立的范围是全社会,公共账本及软件代码完全公开,任何个体与组织均可在认同公有链相关共识机制的条件下,自由参与公有链 P2P 网络的建设与运营,参与区块数据的产生、传播与维护,以及各类区块链应用的开发、部署与服务运营。

区块链构建信任的核心是块链式结构的公共账本,公共账本的产生方式及公开范围决定了区块链的属性。根据区块链的交易数据是否列入区块链的公共账本,把由相应交易数据构成的区块数据链称为主链或侧链。主链是由公共账本构成的数据链。任何区块链均有唯一和统一的公共账本,即主链。列入主链的数据,可以被所有区块链用户同步或访问。由于主链数据需要达成全网共识,并实现全网同步和验证,因此列入主链的数据的产生、传输与存储成本都相对较高,如区块链中的核心数据和高价值数据。侧链与主链在某些区块发生关联,但其主体数据并未列入公共账本,而是作为独立数据链由区块链中部分节点或用户创建、同步与存储。侧链可以缓解主链网络资源、数据存储资源有限,以及处理与存储成本较高的问题,可作为一种提升区块链并发处理能力的有效手段,用于有限范围节点或用户之间进行的区块链应用及数据的处理与存储。主链与侧链之间可通过一定技术机制实现信息、数据及其代表价值的相互转换和传递,如图 7-3 所示。

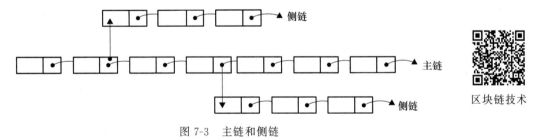

图 7-3 主链和侧链

区块链技术

7.1.2 数字信息技术应用

近年来,大数据、云计算、人工智能、区块链等技术加速创新,日益融入经济社会发展的各个领域。数字经济发展速度之快、辐射范围之广、影响程度之深前所未有,正在成为重组全球要素资源、重塑全球经济结构、改变全球竞争格局的关键力量。

在数字技术应用过程中,人们生活的方方面面均得到了改善,个人、企业、组织、机构、政府等都已离不开数字技术的应用。例如,在个人层面有电子商务、在线教育、共享经济等方面的应用,在企业层面有数字化转型方面的应用,在政府层面有电子政务、政府数据公开等方面的应用。毫无疑问,未来数字经济建设的重大的方向就是数字化转型,即利用数字技术促进数字化多场景、多维度应用。本节将以医疗行业数字化应用为例,分析其所应用的数字技术如何提高经济效率。

1. 医疗行业现状

医疗行业主要涉及药品、医疗器械、保健用品、保健食品、健身产品等支撑产业,覆盖面广,产业链长。我国从20世纪80年代开始实行医疗保障制度改革,逐步建立了包括社会医疗保险、公费医疗、城市医疗救助等多种形式并存的城市医疗保障体制。近年来,在政府的大力扶持和推动下,我国医疗卫生行业在不断发展的同时进行了资源整合。随着医疗卫生领域的不断进步与完善,有必要将其与互联网技术、人工智能技术结合,在我国大力推进智慧医疗的建设。

智慧医疗是医疗与人工智能技术融合发展的产物,此外还融合了物联网技术、计算机信息处理技术、网络通信技术等,通过打造智能化医疗信息平台和医疗档案存储平台,实现患者、医务人员、医疗机构、医疗设备之间的互联互动,逐步实现医疗信息化。智慧医疗在目前医疗行业的应用,主要是通过人工智能技术打造智能导诊机器人,建立电子病历,并进行医学影像分析等,目的在于改善就医环境,减轻医生压力,提升看病就医过程中的工作效率和医疗诊断准确率。人工智能辅助诊疗系统可在医生看病、治病过程中提供推荐性建议和辅助分析,综合提升医生的诊断服务能力,特别是在人口高龄化、医疗人员短缺、医疗费用较高的就医背景下,具有非常重要的应用价值。

我国还没有建立较成熟的医嘱录入系统(CPOE),主要原因在于临床有效数据的缺失,各大医院与地域的医疗数据标准不统一,以及医疗行业的特殊性导致物联网在医疗行业中的应用推进较缓慢。在远程智慧医疗方面,我国发展较快,实现了对病人基本信息、病历信息的实时录入与追踪,打通了医院内部及各大医院之间的数据通路,为远程医疗、重大疾病会诊提供了数据信息及操作平台。移动物联网的发展也为智慧医疗提供了更加个性灵活的应用条件,移动终端整合医疗设备及药品资源、实时病房监控及医疗数据采集等应用具有发展前景。

智慧医疗是"人工智能+"时代受到广泛关注的领域之一。虽然目前智慧医疗依然属于辅助医疗的范畴,但各大人工智能公司仍在不断开发智慧医疗的应用领域。例如,微软亚洲研究院以人工智能和大数据作为支撑技术开发了智慧医疗项目,其研究领域包括基础的医学自然语言理解,基于计算机视觉与机器学习技术的数字医学影像识别,以及利用语音识别和自然语言理解技术所进行的医疗文字处理等;科大讯飞与安徽省立医院成立了人工智能辅助诊疗中心,科大讯飞开发的AI系统学习了近百万张医学影像资料、53本专业医学教材、200万份去标识化的真实电子病历、40万份医疗文献及病历报告,目前已正式投入应用,为41家县级医院提供人工智能远程辅助诊疗。值得说明的是,人工智能与医疗的结合不仅仅是一次技术与医学的结合,更是未来缓解医患关系的重要保障,让技术辅助医疗,能够最大程度降低误诊、漏诊等现象,是建立医者与患者信任的基础。

2. 医疗行业的痛点

目前,我国医疗行业存在医疗人员无证上岗、专业水平参差不齐、部分医护人员态度恶劣等问题,导致医患关系恶化。现阶段,我国医疗资源分配亟待完善,需解决大城市看病贵、小城市看病难等问题。在监督管理层面,政府对各大医院的监管力度以及医院对医护人员的监管力度都有待加强。在医疗档案管理方面,医院未做到统筹管理和数据交互,造成较大的资源浪费。在技术层面,各大医院缺乏实用性强的医疗设备,而各地区医疗设备分配不合理现象较多。在药品监督管理层面,由于个别地方及研究机构监管不到位,导致造假、贩假现象严重。在智慧医疗方面,目前我国缺乏长期稳定的运作模式以及核心运营平台的集成管理服务。

医疗本质上是实践科学,所有医生都要通过无数次的实践和总结才能达到有效治病救人的目的。当可以依靠大数据、机器学习等先进的计算机技术对临床经验进行总结时,人们利用大数据辅助分析病情的能力也将与日俱增。在大数据背景下,医疗信息有着数量大、价值参差不齐、流转迅速等特点,如何在海量的数据中搜索出最具价值且有针对性的信息,已成为获取医疗服务信息的关键步骤。只有获得高质量的医疗信息,才能实现科学有效的健康管理。

虽然智慧医疗已经在多个城市落地,并融入了人们的生活,但医疗水平的不均衡也限制了智慧医疗的推广和普及。智慧医疗仍然是新兴产业,缺乏宏观和微观层面的具体化规范与指导。此外,在大数据背景下,众多新科技不断兴起,在便利了数据处理与储存的同时,也带来了许多安全隐患,智慧医疗系统的安全及隐私安全问题也日益突出。对于一些新兴的信息技术,在推出相关的法律、规章制度规范其使用之前,个人的健康信息难免遭遇泄露,从而带来严重问题。

3. 应用方向——智慧医疗

1)电子病历智能共享

智慧医疗可以通过区块链技术搭建个人电子病历的共享平台。如果把病历想象成一个账本,那么区块链可以将原本保存在各个医院中的病历共享出来,患者可以通过共享平台获得自己的医疗记录了解历史情况,医生可以通过共享平台查看患者的详尽病史记录。共享平台为患者建立了个人医疗的历史数据,无论是就医治疗还是对个人的健康规划,都可以通过共享病历平台获得信息,做到将病历数据真正掌握在患者自己手中,而不是只被某个医院或第三方机构掌握。利用区块链技术的加密机制还能够保证共享平台兼顾患者的隐私和病历数据安全性,使患者能够控制自己的病历向任何一方开放,同样也能控制病历的流动方向。电子病历的共享流程如图7-4所示。

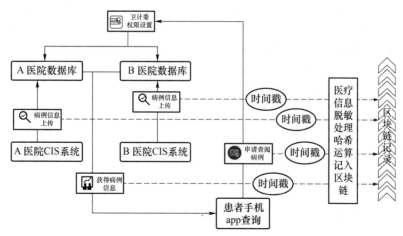

图7-4 电子病历的共享流程

2)智能处方共享

智能处方共享是指医生在医治患者的过程中可以通过智能处方共享平台查看相似病情

的处方信息,从而达到处方共享的目的。目前,在开具医疗处方方面存在诸多问题,例如:患者修改处方或者医生滥开处方;药店和医院分离致使处方分发流程不透明;医疗条件的极度不均衡导致相对落后地区的医疗人员开具处方经验不足,造成患者病情被延误等。基于区块链技术的智能处方共享平台可以追溯处方来源,同时确保患者不会篡改处方。将药店纳入区块链平台网络中,可以有效确保药品分发透明公开。更为重要的是,共享平台有利于提高医疗条件欠发达地区(尤其是我国中西部偏远地区)的医疗水平,使患者可以通过处方共享平台获得各大医院对其不同病情开具的处方。

智能处方共享平台框架如图 7-5 所示,利用区块链技术实现医院与合作药店之间的连接,建立准实时处方分发机制,确保医院与药房处方的一致性和完整性。每份处方都具有处方标签,平台对处方重复使用进行严格控制,出现相同处方标签时应全网通知核验,以杜绝处方重复使用的现象。

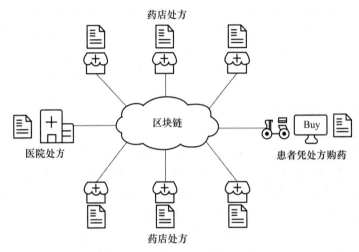

图 7-5 智能处方共享平台框架

区块链技术与物联网技术融合,能够实现对药品生命周期的追溯。在药品原料采购方面,采用物联网技术,在药品原料采购、运输过程中进行数据采集和监控,并录入区块链的分布式数据库进行跟踪。在药品生产制造过程中,通过构建生产制造执行系统(MES)、企业管理系统(ERP)与区块链溯源系统的数据通路,实现生产、销售数据的实时监测和评估;药品溯源系统设有监管节点,生产的所有药品需持有监管节点的数字证书签名才能进入市场。在应用端,可以提供用户 App、二维码、微信小程序等追溯媒介,使用户能够灵活、便捷地获得药品的全流程数据信息。

7.2 数字信息技术发展的助力政策与问题挑战

7.2.1 国内外数字信息技术发展政策梳理

在数字经济发展战略的推动下,大数据、人工智能、云计算和物联网等新兴数字技术开始成为实体经济变革的关键驱动力,催生出更多的新技术、新产品、新业态、新产业,成为促进数字经济发展的新动能。近几年,国内外加快推进新兴数字技术立法进程,以降低新技术创新发展过程中显现的不确定性和风险性,保障数字经济发展、强化国际竞争优势。

1. 国内主要数字经济技术管理政策立法动态

1) 大数据

党中央、国务院高度重视大数据在推进经济社会发展中的地位和作用。2014年,大数据首次被写入政府工作报告,此后大数据逐渐成为各级政府关注的热点。2015年9月,国务院发布《促进大数据发展的行动纲要》,大数据正式上升至国家战略层面。十九大报告提出要推动大数据与实体经济的深度融合。2020年4月,工信部发布《关于工业大数据发展的指导意见》,推动工业数据全面采集,加快工业设备互联互通,推动工业数据高质量汇聚,统筹建设国家工业大数据平台,推动工业数据开放共享,激发工业数据市场活力,深化数据应用,完善数据治理。在2021年3月发布的"十四五"规划中,大数据标准体系的完善成为发展重点。2021年7月,工信部发布《新型数据中心发展三年行动计划(2021—2023年)》,提出到2023年底,全国数据中心机架规模年均增速保持在20%左右,平均利用率力争提升到60%以上,总算力超过200 EFLOPS,高性能算力占比达到10%。

2) 人工智能

自2015年7月国务院印发的《关于积极推进"互联网+"行动的指导意见》将"互联网+人工智能"列入十一项重点行动之一以来,我国出台了一系列重要政策,以把握人工智能发展新阶段国际竞争的战略主动权,促进人工智能行业发展壮大。相关产业政策涉及产业目标、技术创新、行业应用、标准体系、人才培养等诸多方面,为人工智能行业技术研发、市场开拓、人才引进等经营发展的各个环节提供了重要政策支持。2017年7月,国务院发布的《新一代人工智能发展规划》明确指出:到2025年人工智能产业进入全球价值链高端,人工智能核心产业规模超过4 000亿元,带动相关产业规模超过5万亿元;到2030年人工智能产业竞争力达到国际领先水平,人工智能核心产业规模超过1万亿元,带动相关产业规模超过10万亿元。2019年3月,中央全面深化改革委员会发布《关于促进人工智能和实体经济深度融合的指导意见》,旨在把握新一代人工智能发展的特点,构建数据驱动、人机协同、跨界融合、共创分享的智能经济形态。2020年7月,中央网信办联合多部门发布《国家新一代人工智能标准体系建设指南》,指出到2023年初步建立人工智能标准体系,建设人工智能标准实验验证平台,提供公共服务能力。

3) 物联网

2011年11月28日,工信部发布《物联网"十二五"发展规划》,分析了物联网发展的国内外现状与发展趋势,梳理了物联网产业链,并提出了未来发展的目标与路径,提出了多项措施来扶持和推动产业发展。这是国家首次出台如此详细的物联网规划,体现出对物联网产业的高度重视,有利于产业走上良性发展的正轨。2013年2月,国务院出台《关于推进物联网有序健康发展的指导意见》,明确要实现物联网在经济社会各领域的广泛应用,使之成为推动经济社会智能化和可持续发展的重要力量。2017年6月,工信部发布《关于全面推进移动物联网(NB-IoT)建设发展的通知》,强调要加强移动物联网标准与技术研究,打造完整产业体系,创造良好可持续的发展条件。随后,我国陆续出台了《关于印发物联网基础安全标准体系建设指南(2021版)的通知》《关于开展营商环境创新试点工作的意见》《关于印发"十四五"冷链物流发展规划的通知》等多项政策,鼓励物联网行业的发展与创新,为物联网行业的发展提供了明确、广阔的市场前景,为企业提供了良好的生产经营环境。

4）云计算

近年来，国务院、工信部等部门发布了一系列云计算相关法规标准，一方面用于指导云计算系统的设计、开发和部署；另一方面用于规范和引导云计算基础设施建设，提升云计算服务能力水平（尤其是云计算安全方面），以及规范市场秩序等。2012年6月，国务院印发《关于大力推进信息化发展和切实保障信息安全的若干意见》，提出全面提升电子政务技术服务能力，鼓励业务应用向云计算模式迁移，并在2013年2月、2015年1月相继发布《基于云计算的电子政务公共平台顶层设计指南》与《关于促进云计算创新发展培育信息产业新业态的意见》，以支持云计算技术的创新发展。2019年7月，国家网信办等四部门发布《云计算服务安全评估办法》，旨在协调处理云计算服务安全评估有关重要事项。2021年7月，工信部发布《新型数据中心发展三年行动计划（2021—2023年）》，提出要加速传统数据中心与网络、云计算的融合发展，发挥对数字经济的赋能和驱动作用。

5）区块链

我国区块链相关政策的发布可以追溯到2013年。从2013—2021年，我国对区块链行业的整体态度从2013年时的严厉监管逐步发展为2015—2017年时的积极应对，继而发展至目前的在各行业积极推动区块链的发展。2020—2021年，我国将区块链写入了"十四五"计划，旨在推动区块链与各行业的融合，加快产业数字化进程。国家助力发展区块链技术，同时强化虚拟货币的全链条监管。2016年10月，工信部发布《中国区块链技术和应用发展白皮书（2016）》，介绍了我国区块链技术发展路线图、未来发展方向和进程。2019年1月，国家网信办发布《区块链信息服务管理规定》，规范了我国区块链行业发展的备案依据，标志着我国对区块链信息服务的"监管时代"正式来临。2020年2月，央行发布《金融分布式账本技术安全规范》，规定了金融分布式账本技术的安全体系。2021年6月，工信部和网信办联合印发《关于加快推动区块链技术应用和产业发展的指导意见》，确立了应用牵引、创新驱动、生态培育、多方协同、安全有序等5项基本原则，并提出赋能实体经济、提升公共服务、夯实产业基础、打造现代产业链、促进融通发展等5项重点任务，力图到2030年，区块链产业综合实力得到持续提升，产业规模进一步壮大。

2. 国外主要数字经济技术管理发展政策动态

1）大数据

大数据与人工智能、云计算、物联网、区块链等技术日益融合，成为抢抓未来发展机遇的战略性技术，各国都将大数据产业上升至国家战略。美国率先将大数据从商业概念上升至国家战略，稳步实施"三步走"战略：第一，快速部署大数据核心技术研究，并在部分领域积极开发大数据应用；第二，调整政策框架与法律规章，积极应对大数据发展带来的隐私保护等问题；第三，强化数据驱动的体系和能力建设，为提升国家整体竞争力提供长远保障。其在大数据技术研发、商业应用以及保障国家安全等方面已全面构筑起全球领先优势。2012年3月，美国联邦政府推出"大数据研究和发展倡议"。同年，美国白宫科技政策办公室（OSTP）发布《大数据研究和发展计划》，成立"大数据高级指导小组"，旨在通过对海量和复杂的数字资料进行收集、整理，以增强联邦政府收集海量数据、分析萃取信息的能力，提升对社会经济发展的预测能力。2014年5月，美国发布《大数据：把握机遇，守护价值》白皮书，对美国大数据应用与管理的现状、政策框架和改进建议进行了集中阐述。英国在借鉴美国经验和做法的基础上，充分结合本国特点和需求，加大大数据研发投入、强化顶层设计，聚焦部分应用领域进行重点突破。英国政府于 2010 年上线政府数据网站 Data.gov.uk,侧重于大数据信息挖掘和获取能力的提升,并以此作为基础,在 2012 年发布了新的政府数字化战略,具体由英国商业创新技能部牵头,成立数据战略委员会,通过大数据开放,为政府、私人部门、非官方组织和个体提供相关服务,吸纳更多技术力量和资金支持协助拓宽数据来源,以推动就业和新兴产业发展,实现大数据驱动的社会经济增长。2013 年,英国政府加大了对大数据领域研究的资金支持,提出总额约 1.89 亿英镑的资助计划,其中包括直接投资 1000 万英镑建立"开放数据研究所"。之后,英国特别重视大数据对经济增长的拉动作用,密集发布《数字战略 2017》《工业战略:建设适应未来的英国》等,希望到 2025 年数字经济对本国经济总量的贡献值达到 2000 亿英镑,以积极应对"脱欧"带来的经济增速放缓的挑战。欧盟委员会在 2020 年 2 月发布了《欧洲数据战略》,以数字经济发展为主要视角,概述了欧盟委员会在数据方面的核心政策措施及未来 5 年的投资计划,以助力数字经济发展。

2) 人工智能

近年,欧盟先后出台《欧洲人工智能战略》(*European Strategy on AI*)、《欧洲人工智能协调计划》(*European Coordinated Plan on AI*)等重要政策文件,初步勾勒出欧盟人工智能的发展战略框架。《欧洲人工智能协调计划》首次发布于 2018 年,确定了发展人工智能的行动计划和工具措施,确保与《欧洲人工智能战略》和《欧洲绿色新约》(*European Green Deal*)步调一致。该计划提出了一个加快人工智能投资的愿景,即推动疫后复苏,刺激各国人工智能发展策略,消除碎片化,应对全球挑战。欧盟委员会于 2021 年 4 月 21 日提出了《人工智能法规》,旨在将欧洲打造成值得信赖的人工智能全球中心。这是全球范围内第一个人工智能的法律框架,其与欧盟成员国的协调计划相结合,将加强欧盟对人工智能的吸收、投资和创新。2021 年 5 月,美国大西洋理事会发布《新兴技术和数据的地缘政治影响》,该报告指出未来十年,新兴技术和数据能力将对地缘政治、全球竞争和国际合作产生重要影响,世界各国推动人工智能创新发展的动力将超出以往。以美国为代表的部分国家加强人工智能长远布局,表现出明显的国家竞争意图。美国出台多项文件,用以指导制定相关法律、法规和标准,同时不断加强对于人工智能领域的资源扶持和人才输送,从而争夺在该领域的主导地位。2021 年 6 月,美国参议院通过《2021 年美国创新与竞争法案》,提议在 5 年内向美国国家科学基金会注资 1000 亿美元,以推动新兴技术的研究和开发。与此同时,美国白宫科技政策办公室和国家科学基金会(NSF)宣布国家人工智能研究资源工作组正式成立,来自公共、商业和学术领域的 12 位成员将致力于制定国家人工智能基础设施战略,为人工智能技术的开发、治理、管理、评估等方面提供建议。2021 年 9 月,英国发布《国家人工智能战略》,旨在巩固英国在提供负责任的人工智能方面的领导地位。

3) 物联网

物联网是新一代信息技术的高度集成和综合运用,是全球科技革命与产业变革的重要驱动力,也是经济社会绿色化、智能化和可持续发展的关键基础。美、欧等发达国家和地区高度重视物联网发展,纷纷出台政策将其纳入国家经济发展的重要战略规划,力争在新一轮信息产业革命浪潮中抢占先机。美国一直将物联网作为创新战略重点发展领域之一,2016 年年底,美国国土安全部发布《保障物联网安全战略原则》,公开表示"物联网安全已演变为国土安全问题"。2017 年 8 月,美国国会议员提交了《物联网网络安全改进法案》,希望通过设定联邦政府采购物联网设备安全标准,来改善美国政府所面临的物联网安全问题。

2020年通过的《促进创新和发展物联网法案》指出,物联网对促进创新、发展新兴技术、保持美国技术领先至关重要。欧盟委员会于2008年发布了《2020年的物联网：未来路线图》,分2010年前、2010—2015年、2016—2020年、2020年后等4个阶段,制定了详尽的物联网技术突破阶段目标。2009年6月,欧盟委员会向多部门递交了《欧盟物联网行动计划》,希望欧洲在构建新型物联网管制框架的过程中,在世界范围内起主导作用。欧盟网络安全局于2020年底发布了《物联网安全准则》,涵盖整个物联网供应链,确保物联网供应链在不同阶段的安全性。

4）云计算

近年来,各国政府从国家层面重视云计算发展。美国是"云计算"概念的发源地,其产品、技术和应用规模在世界处于领先地位。美国政府于2011年2月发布了《联邦云计算战略》,借助云计算降低政府信息化开支,带动美国云计算服务业的发展。云计算也是美国政府的信息化战略之一,联邦政府提出了云计算优先的口号,将此作为建设开放政府、降低IT开支的主要手段。2018年,新一届美国联邦政府在其更新版的《联邦云计算战略》中重新制定了"云敏捷"战略,该战略让各机构采用可以简化转型并拥抱具有现代化能力的云解决方案。自2011年起,欧盟开始重视云计算发展,制定了"欧洲云计算发展"战略,将研发和推广云计算技术列入《欧洲2020战略》,并将其作为"欧洲数字化议程"的重要组成部分。2020年7月,欧洲议会发布《欧洲的数字主权》报告,阐述了欧盟提出数字主权的背景和加强欧盟在数字领域战略自主的指导方针,并明确了二十四项可能采取的具体措施,其中一项即为促进建立符合欧盟数据战略的欧盟云基础设施。欧盟的领头国家法国和德国在2021年就开始加紧本国云计算的建设。日本政府提出了"u-Japan战略",迅速而有重点地推进高度信息化社会的建设。2016年,日本政府将所有的电子政府集中到统一的云计算基础设施上。除政务云之外,日本还建设了医疗云、教育云、农业云和社区云等,成为云计算应用最好的国家之一。

5）区块链

区块链除了可以应用于比特币等加密货币外,还被认为拥有其他的应用潜力,并有助于经济高效、安全地运行。美国政府近年来一直在密切观望区块链技术的发展,并在多个政府部门开展了试点项目和概念证明。美国联邦政府和各州政府出台了区块链相关立法,美国国会、商务部国家标准与技术研究院（NIST）等部门先后发布了《2018年联合经济报告》《区块链:背景和政策问题》《区块链和在政府应用中的适用性》《区块链技术概述》等报告,初步阐明了美国政府对区块链的监管和发展思路。《2021年区块链技术协调法案》中提到,应建立一个负责协调联邦政府内部所有非国防相关区块链技术部署活动的专门办公室。美国工业互联网联盟（IIC）公布了《全球工业物联网行业标准白皮书》,为工业物联网标准的开发、采用和使用提供行业指导。21个欧盟成员国和挪威建立了欧洲区块链伙伴关系,并合作建立了欧洲区块链服务基础设施,以支持欧洲跨境数字公共服务,并发布了《分布式账本技术和区块链:构建对非中介化机制的信赖》和《区块链:前瞻性的贸易政策》两项决议。2021年,德国联邦网络局发布了关于区块链技术的使用、收益和风险的指南,并在该指南中明确了可以将区块链技术与人工智能或物联网等其他数字技术相结合使用。

7.2.2 数字信息技术发展带来的问题

数字技术以新理念、新模式全面融入人类经济、社会生活的各领域和全过程,给人民生活带来深刻影响。近年来,数字技术创新和迭代速度明显加快,其在提高社会生产力、优化资源配置的同时,也带来了一系列新的问题和挑战,主要表现为以下几个方面。

1. 数字鸿沟风险

以大数据、人工智能与区块链为代表的新一轮科技革命极大地扩大了数字技术的应用范畴,随之而来的是范围更广阔、影响更深远的新型数字鸿沟,即数字技术发展带来的红利分配在不同数字技术能力群体之间的明显差距。一方面,通信基础设施不完善的国家和地区以及自身经济基础较弱、文化程度较低的边缘群体对于数字技术的使用往往处于劣势地位,较难享受数字技术发展带来的便利性;另一方面,大数据、人工智能、云计算等数字技术的应用在较大程度上依赖于对用户数据的获取与分析,由于技术普及程度与使用者自身的差异性,具有数据产出优势的群体将成为企业、组织提供个性化产品和服务的重视群体,而边缘群体获取高质量数字服务的需求将会被忽视,同时算法的使用有可能会复制甚至放大不同群体之间的偏差,数据红利的不平等分配以及数据的排斥效应,使得数字技术的普惠性作用难以真正实现。

2. 数字伦理问题

大数据、人工智能、AI 等数字技术的广泛应用,给社会带来了新的安全和尊严损害风险,科技向善的伦理观遭受严峻挑战。一方面,数字技术的应用可能使人们对伦理界限的判断变得模糊。数字技术在商业服务与军事行动中得以应用,而数字技术判断与人类伦理认知之间的偏差可能会导致行动的执行逾越人类对于尊重自主性、预防伤害、公平性等方面的伦理准则,使得数字技术的程序公平与实质公平相背离。另一方面,数字技术的使用可能会造成对部分群体的歧视行为。数字技术在依据宗教、种族、性别以及历史行为特征进行自动判断与类别划分时,可能会造成结果的错误选择,增大个人及群体受到歧视和偏见的风险;同时,当大数据、人工智能、云计算等数字技术的应用算法借助深度学习和神经网络等不受监督的学习方法时,容易造成决策的随机性和不确定性,加剧社会偏见和歧视,同时引发"深度造假"现象,导致社会信任危机的出现,严重危害人类社会的伦理安全。

3. 数据安全威胁

数字技术加速发展并被广泛应用于社会的各个领域,带来了一系列数据安全风险问题。一方面,数字技术的应用将可能会侵入用户的隐私空间。物联网、人工智能等数字技术的应用,使得智能设备被嵌置在社会的各个场景之中,从而完成对个人行为、表征、轨迹等信息的搜集,最终原本的私密空间变为数据的收集场所,智能设备也变成强大的窥探隐私工具;同时,数字技术的应用使得数据收集由人工收集的传统模式转变为依靠智能设备自动采集、存储、分析与应用的模式,整个过程变得更加隐蔽、快速,因此用户数据隐私面临巨大的泄露风险。另一方面,数字技术的应用使得收集到的各种数据信息可以永久性的保存与使用,并可通过大数据挖掘与人工智能分析对信息片段进行交叉、重组、关联操作,将原本模糊和匿名的深层信息挖掘出来,还可通过算法对个人信息进行识别、追踪与收集,对网络用户进行用户画像和精准营销,从而成为实施"大数据杀熟"和"歧视性定价"的工具。

7.3 未来数字经济技术管理的优化措施

当前,信息化发展进入全新的时代,大数据、人工智能、物联网、云计算、区块链成为新一代信息化的技术基础。其中,人工智能是智能化的目标技术,科学技术含量比较高;大数据和云计算是信息化普及应用的主要技术手段;而物联网(包括现在快速发展的5G移动通信技术)是最具广泛性的基础应用和切入点,是"大、云、智"进一步发展的应用基础;区块链可以将云计算、大数据、物联网、人工智能等技术整合进区块链的技术架构,从而形成更加丰富的落地应用,满足更加多元的业务场景需要。在数字信息技术的作用日益被政府、企业、组织和个人群体认可的背景下,针对其发展中出现的问题,提出以下几方面的优化措施。

1. 推动均衡化的数字基础设施建设

均衡化的基础设施建设,能够帮助实现数字信息技术在全社会范畴的覆盖应用,有助于构建全面的数据集合,超越数字鸿沟导致的认知缺陷,避免数据孤岛导致的数据价值遗失、数字技术红利分配不均等问题。随着数字经济时代的到来,落后地区的数字化基础设施建设不足,使得数字信息技术的应用价值难以有效发挥,导致数字系统与社会系统错位,直接影响个体、组织、区域乃至国家的经济发展。因此,推动城乡和区域之间数字化基础设施建设的均衡发展,是推动全社会数字信息技术公平享有的基础性工程。

2. 建立顶层协调机构和鼓励创新的规制体系

为促进数字信息技术的高速发展,政府部门需要尽早建立和不断完善顶层协调与创新体系机制,组建专业的技术研究和管理机构,负责新兴数字信息技术应用领域发展的行动计划、政府投资重点等事项的协调和组织,建立顶层协调机构和鼓励创新的规制体系。另外,要根据数字信息技术特点,将相关的各部分事项明确到具体部门负责,鼓励部门之间的交流,合力推动数字信息技术发展规则的制定和完善。同时,对于数字信息技术发展领域,必须提高创新水平,积极鼓励创新,对于部门开展的技术可行性创新实践给予资金支持和持续关注。

3. 立法规范数字信息技术的发展

随着大数据和人工智能的广泛应用、机器学习能力的快速增强,数据、代码和算法愈来愈多地决定着每位公民在信息方面的可知与不可知、在资源分配中的可得与不可得、在社会活动中的可为与不可为。因此,需要引导形成数字技术的价值遵循和基本原则,划出底线和边界并严格监管。我国应加紧在数字信息技术领域建立完善的法律规范体系,做好事前防范工作。同时,为了更好地获取数字经济国际发展优势、在国际数字经济社会中形成中国话语权,数字技术的相关规范性制度要以国际通用的法律准则为标准制定,构建具有国际视野的数字经济技术监管规范体系,承担起我国对全人类数字社会构建过程中的责任。

4. 夯实数字信息技术发展的人才基础

数字信息技术应用的未来市场巨大且潜力无限,需要在现有市场被垄断之前加大基础研究的资源投入,提高我国数字信息技术的发展质量、速度和水平。我国应加强人才引进与培训,从两方面抓起专业人才队伍的建设:一是引入海外数字信息技术领域高级专家,并为引进人才创建优良的科研环境;二是加强本土数字人才培养,通过在更广范围内设立高等院校数字经济相关专业、提高数字信息技术宣传普及力度等措施,促进专业人力资源的积聚。

5. 组建数字信息技术联盟

当前,我国的数字经济产业规模和技术有了长足进步,但与数字经济发达国家相比还有较大差距,表现在核心技术和关键技术空心化、产业整体技术创新能力不强、产业链不完善等方面。为解决这些数字经济发展过程中的关键问题,提高我国数字信息技术的自主创新能力是重要路径,而由于大数据、人工智能、云计算等数字信息技术在产业发展过程中各自独立形成技术群,组建数字信息技术联盟可以较好地形成优势互补,集中力量快速有效地开展技术创新活动。

6. 提高数字伦理风险意识

首先,要加强数字信息技术主体的责任意识教育。数字信息技术的发展方向与技术应用、研发主体息息相关,应明晰技术主体的道德责任,加强其对技术开发过程中责任意识的理解,使其接受"责任伦理"的规范,并最终转化为道德自律。其次,要加大数字信息技术伦理宣传力度。大数据、人工智能、云计算等带来的技术革命快速而又神秘,而要使技术主体、社会公众了解、熟知数字信息技术风险,加强技术伦理宣传势在必行。

思 考 题

1. 请简述大数据、人工智能、物联网、云计算、区块链之间的联系。
2. 请描述除智慧医疗之外,利用数字技术促进数字化多场景、多维度的应用案例。
3. 请简述人工智能领域政策的方向。

本章参考文献

[1] 张园.物联网技术及应用基础[M].2版.北京:电子工业出版社.2020.
[2] 丁飞,张登银,程春卯.物联网概论[M].北京:人民邮电出版社.2021.
[3] 王道平,陈华.大数据导论[M].北京:北京大学出版社.2019.
[4] 周中元.大数据挖掘技术与应用[M].北京:电子工业出版社.2019.
[5] 王良明.云计算通俗讲义[M].3版.北京:电子工业出版社.2019.
[6] 武志学.云计算导论:概念 架构与应用[M].北京:人民邮电出版社.2016.
[7] 马飒飒.人工智能基础[M].北京:电子工业出版社.2020.
[8] 莫宏伟.人工智能导论[M].北京:人民邮电出版社.2020.
[9] 刘志毅.AI与区块链智能[M].北京:人民邮电出版社.2020.
[10] 赵其刚,王红军,李天瑞,等.区块链原理与技术应用[M].北京:人民邮电出版社.2020.
[11] 刘权.区块链与人工智能:构建智能化数字经济世界[M].北京:人民邮电出版社.2019.

[12] 东方财富网.重磅!2021年中国大数据行业国家层面政策汇总及解读(全)大数据安全与产业融合发展成为行业政策建设重点[EB/OL].(2021-10-24)[2022-04-24]. https://baijiahao.baidu.com/s?id=1714476123358956377&wfr=spider&for=pc.

[13] 观研报告网.2021年中国人工智能行业相关政策汇总[EB/OL].(2022-01-05)[2022-04-24]. https://www.chinabaogao.com/zhengce/202201/566448.html.

[14] 中商产业研究院.2022年中国物联网行业最新政策汇总一览[EB/OL].(2022-04-15)[2022-04-24]. https://www.askci.com/news/chanye/20220415/1531371825208.shtml.

[15] 前瞻产业研究院.重磅!2021年中国及31省市云计算行业政策汇总及解读(全)[EB/OL].(2022-01-25)[2022-04-24]. http://news.sohu.com/a/518961559_99922905.

[16] 前瞻经济学人.重磅!2022年中国及31省市区块链行业政策汇总及解读(全)推动区块链与各行业加速融合[EB/OL].(2022-01-15)[2022-04-24]. https://baijiahao.baidu.com/s?id=1722000467053715135&wfr=spider&for=pc.

[17] 贵州省大数据发展管理局.《欧洲数据战略》全译[EB/OL].(2020-03-17)[2022-04-24]. http://dsj.guizhou.gov.cn/xwzx/gnyw/202003/t20200317_55286409.html.

[18] 前瞻经济学人.2021年全球云计算行业市场现状与竞争格局分析[EB/OL].(2021-08-18)[2022-04-24]. https://baijiahao.baidu.com/s?id=1708415912669725532&wfr=spider&for=pc.

[19] 刘丽,郭苏建.大数据技术带来的社会公平困境及变革[J].探索与争鸣,2020(12):114-122+199.

[20] 姚旭东.国内外物联网技术发展的比较研究[D].成都:西南交通大学,2012.

[21] 赵楠,谭惠文.人工智能技术的发展及应用分析[J].中国电子科学研究院学报,2021,16(07):737-740.

[22] 贺倩.人工智能技术的发展与应用[J].电力信息与通信技术,2017,15(09):32-37.

[23] 谭九生,杨建武.人工智能技术的伦理风险及其协同治理[J].中国行政管理,2019(10):44-50.

[24] 李俊平.人工智能技术的伦理问题及其对策研究[D].武汉:武汉理工大学,2013.

[25] 何宇,陈珍珍,张建华.人工智能技术应用与全球价值链竞争[J].中国工业经济,2021(10):117-135.

[26] 余文科,程媛,李芳,赵琦.物联网技术发展分析与建议[J].物联网学报,2020,4(04):105-109.

[27] 李秋红.中国云计算技术开发的问题与对策研究[D].锦州:渤海大学,2012.

[28] 马述忠,房超.弥合数字鸿沟,推动数字经济发展[EB/OL].(2020-08-04)[2022-06-10]. http://theory.people.com.cn/n1/2020/0804/c40531-31809040.html.

[29] 周洋,徐颖蕾.观察·人工智能引发的隐私与数据保护风险[EB/OL].(2021-09-29)[2022-06-10]. http://www.zhonglun.com/Content/2021/09-29/0937477315.

html.

[30] 新华社. 数据安全法:护航数据安全 助力数字经济发展[EB/OL].(2021-06-10)[2022-06-10]. http://www.gov.cn/xinwen/2021-06/10/content_5616847.htm.

[31] 新浪科技. 社会需要有温度的数字技术[EB/OL].(2022-05-18)[2022-06-10]. https://finance.sina.com.cn/tech/2022-05-18/doc-imcwiwst8045965.shtml?finpagefr=p_114.

[32] 盘和林. 科技伦理要激发企业内在的科技向善活力[EB/OL].(2022-04-01)[2022-06-10]. https://www.stcn.com/xw/pl/202204/t20220401_4315660.html.

[33] 安全内参. 欧盟人工智能伦理与治理的路径启示[EB/OL].(2019-09-25)[2022-06-10]. https://www.secrss.com/articles/13965.

第8章 数字经济运行管理

数字经济运行包括大数据、人工智能、物联网、云计算、区块链等新兴信息技术在数字经济生产、交换、分配和消费环节中的融合与发展。良好、健康的数字经济运行给培育数字经济增长新动能、推动数字经济新发展、拓展数字经济新空间提供了重要驱动力。本章首先分析数字经济运行的内涵与机制,指出降低运行成本、提高运行效率、创新组织方式和形态等重要目标以指导发展实践;而后,结合我国数字产业化与产业数字化的发展战略,分别阐述实现数字产业化和产业数字化融合发展的重要政策措施,助力我国数字经济健康运行。

8.1 数字经济运行管理概述

数字技术将改变经济的运行模式,在数字经济语境下,数字经济运行管理的内涵、特征、目标的设定,直接影响了数字产业化和产业数字化融合助力数字经济健康发展的运行效率,也决定了数字经济对推动实现国民经济创新性高质量发展的重要程度。

8.1.1 数字经济运行的内涵

数字经济运行,是新科技主导厂商投资经营和政府宏观调控的一种新市场模式,这一模式的发展正在引发经济学家对经济选择行为、资源配置方式、产业组织和产业结构变动等一系列问题的思考和探索。未来,社会经济活动采取数字经济运行模式的含义,不是像定义数字经济的性质和规模那样简单,而是要结合大数据、物联网、人工智能、云计算和工业互联网等的融合程度和范围对全体企业(而不是单个企业)的投资经营过程及其机理做出分析并加以论证。数字经济运行模式改变了经济选择行为和资源配置方式,进而导致产业组织和产业结构的变革,最终会归结为产品和服务的供求关系及其结构的变革。

数字经济运行以企业数据智能化和网络协同化为基础或前提。数据智能化是指企业利用大数据、云计算和人工智能等数字技术,对关乎自己投资经营的数据进行挖掘、搜集、整合、分类、加工和处理,以指导企业对投资什么、投资多少、生产什么、生产多少和怎样生产进行规划;网络协同化是指企业与企业之间、企业与消费者之间、消费者与消费者之间直接通过互联网针对投资、经营与消费行为展开互动,其功效是逐步消除传统交易模式的中间环节,大幅度降低交易成本。社会经济呈现数字经济运行的标志是:大部分企业实现了投资经营的数据智能化和网络协同化。未来,当数字经济运行成为市场经济运行的主导模式时,企业投资经营决策行为、产品和服务的供给侧结构、产业组织结构、政府宏观调控手段等将会随之发生变化。

8.1.2 数字经济运行的机制

当前,大量传统企业通过数字化转型把生产、服务、物流等内部职能转变为平台生态,新近崛起的新兴经济通常也以平台生态系统为组织形式,平台生态系统的市场和元组织(组织的组织)特性已经充分显现。因此,以平台生态系统内外部元素及关系为例进行分析,能够简要概括数字经济的运行机制。图 8-1 所示为数字经济运行机制的示意图。

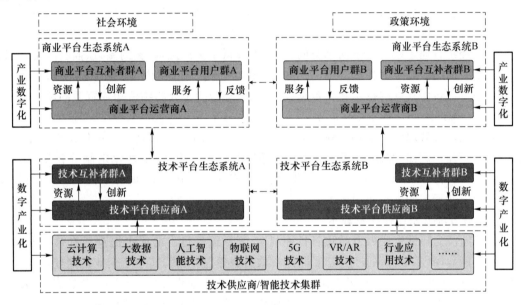

图 8-1 数字经济运行机制的示意图

平台生态系统内部通常由平台领导者、互补者和用户构成。平台领导者是平台生态的运行中枢,除少量成功创业者外,主要由传统产业中的大型企业和数字技术供应商转型而来。平台领导者为平台互补者提供创新资源,为平台用户提供产品或服务,协调和控制平台的运行。平台互补者主要由规模较小的传统企业或数字技术供应商转型而来,为平台用户提供产品、服务或技术。平台用户参与平台价值创造过程,成为"生产消费者"。

从社会功能角度来看,平台生态系统可分为技术平台生态系统与商业平台生态系统两部分。其中,技术平台生态系统一般由数字技术供应商主导,由技术互补者广泛参与,主要为商业平台生态系统提供技术支持;商业平台生态系统主要由传统产业的大型企业主导和运营,提供产品和服务的互补者广泛参与,最终为用户提供服务。

平台生态系统内部各主体之间、不同平台生态系统之间、平台生态系统与环境之间形成复杂的相互作用关系。平台领导者、互补者与用户之间在平台上形成了复杂的价值网络关系。技术平台生态系统与商业平台生态系统之间存在复杂的竞合关系。数字经济体系与政策环境、技术环境、社会环境之间存在复杂的交互关系。

8.1.3 数字经济运行的目标

数字经济的飞速发展也让其核心组成部分之一——产业数字化(转型)的重要性进一步彰显。近年来,产业数字化取得显著成效,形成了一定的生态优势。另外,5G、大数据、人工智能、工业互联网等新基建领域的快速发展,也为数字化转型打下了坚实的基础。这一系列条件都为企业提供了巨大的数字化转型机遇。具体来说,数字化转型对企业的价值主要体现在优化管理、优化效率、优化组织、优化结构等几个方面。

1. 经济运行成本大幅度降低

(1) 大幅度降低信息获取成本

数字经济改变了传统获取信息的手段和方式,大大降低了经济主体获取相关信息的费用。例如,近年来网络提速降费取得积极进展,极大地降低了信息获取成本。

(2) 大幅度降低资源配置成本

数字经济打通了线上线下两个空间,大幅度降低了资源发现、契约签订、监督实施费用,并解决了主体间信息不对称的问题。例如,贵州"货车帮"开发"中国公路物流 GPS 运力资源整合平台",运用互联网技术和大数据技术,极大地减少了公路物流运输资源的浪费。

(3) 大幅度降低资本专用性成本

数字经济有效地解决了企业固定资产或人力资本用于特定用途后不能经济性地用于其他用途的问题。例如,沈阳 i5 机床依托互联网,提供产品租赁、个性化定制等新型服务模式,使客户无需一次性拿出大笔资金购买设备,只需支付部分定金,就可以接单生产,最大程度摊薄专用性资本购买和使用成本。

(4) 有效降低制度性交易成本

数字经济为降低企业因遵循政府各种制度、规章而需付出的成本提供了有效手段和可行途径。例如,浙江省长兴县利用"互联网+政务服务"新模式,实现了企业证照登记全程电子化,使生产许可证从初审时限 5 天压缩至 3 天,内资企业设立从 20 天压缩至 3~5 天,为股份公司设立当场办结,为项目落户开辟"绿色通道",降低了企业新建门槛。

2. 经济运行效率显著提升

(1) 不断深化产业专业化分工

专业化带来的效率改进与由此引发的交易费用决定了专业化分工程度。数字经济大幅降低了交易成本,导致专业化分工日趋精细化、精准化,产业分工、产品分工、模块分工日趋深化。"众包"改变了以前只有大型物件如飞机、汽车等才能实现生产分工的情况,把过去更多由企业内部执行的工作任务,以自由自愿形式外包给非特定大众网络,让专业的人做专业的事,通过专业化分工提升运行效率。

(2) 提升企业间生产协同水平

实体经济通过利用数字经济,将分散生产的实体组织在一起,相互配合、协调一致的工作,以完成单一实体不能完成或不经济的任务,实现总体效益大于单独效益之和。例如,内蒙古"网络协同制造云平台"通过实施数控机床设备数字化改造,构建设备智能互联网络,搭建了开放共享的协同设计与制造平台,在西部地区率先开创"推倒企业围墙、打破区域界限"的现代制造新局面。

(3) 助力实现供需精准匹配

数字经济能够把市场信号更快、更准确地传递到供给侧,把优质商品信息更高效、更便捷地交换到需求端,从而通过线上方式实现供需精准匹配。例如,找塑料网的创新 OEM(代加工)模式将需求与供给精准对接,实现了按需生产、个性化定制生产;青岛红领通过互联网,让消费者只需动动鼠标,就能获得个性化正装,真正让企业在掌握需求后进行精准供给,大幅提升生产效率。

3. 经济组织方式创新不断涌现

(1)企业新型生产、管理、营销组织模式加速变革

工业革命带来的规模经济和技术进步导致组织科层化和一体化,而数字革命所带来的交易费用下降促使组织扁平化和分散化。工业经济时代纵向一体化组织开始瓦解,企业间网络、平台生态体系等柔性生产组织方式快速发展,产业组织也开始从寡头、垄断竞争向更加充分的竞争演进。

(2)新型组织形态不断产生和快速发展

数字经济在实体经济中应用日趋深化,产业界积极推动平台化、生态化发展。例如,苹果、谷歌、微软等平台企业的市值超过美孚石油、强生等老牌跨国企业;传统产业加快向平台转型,GE 打造 Predix 平台和多种工业 App,对航空、医疗、风电等智能设备进行远程监控和服务,大幅提升运行效率和价值空间;新兴产业迅速崛起,分享经济、智能制造等新业态席卷全球,95% 以上的独角兽企业属于数字经济领域,2008 年成立的 Airbnb 公司在 2020 年 12 月正式上市交易,当期估值高达 1 016 亿美元,超过了万豪国际集团、希尔顿和凯悦酒店集团的市值总和。

4. 实体经济形态加速重构

(1)智能化基础设施成为国民经济发展的重要支撑

信息网络加快向高速移动、安全泛在方向发展,新一代高速光纤网络、高速无线宽带加快普及,5G 和超宽带技术研究深入推进;物联网广泛应用,越来越多的设备、终端等接入信息网络;数字经济与传统电网、公路网、铁路网等深度融合,正在形成万物互联、泛在感知、空天一体的智能化综合信息基础设施。智能化基础设施极大地提升了经济活动的网络化、数字化、智能化水平和运行效率,成为支撑经济发展不可或缺的重要基础设施。

(2)"数字技术-经济范式"加速形成

数字经济与各行业、各领域融合渗透,有力推动传统产业技术进步,引发新工业革命,传统产业发展理念、业务形态和管理模式发生深刻变革,新的技术经济范式加速形成。以智能制造为例,数字经济融合应用带领产品、机器、人力从封闭走向开放,从客户需求实时感知能力到产业链、创新链的快速响应,从资源碎片化、在线化、再重组到新技术、新产业、新业态、新模式创新发展,数字经济正驱动新型经济范式的加速构建。

(3)数字经济成为重塑经济发展模式的主导力量

数字化的知识和信息成为驱动放大全部生产力的"乘数型"生产力,成为重塑经济结构和提升生产率的主导力量。近年来,数字经济与传统产业的融合创新推动 O2O、分享经济等新形态持续发展,智能制造、工业互联网等新业态快速兴起,精准农业、农村电商等新模式方兴未艾。

8.2 数字产业化与产业数字化内涵、特征及转型

数字经济正以前所未有的速度改变着现代社会的经济与生活方式,数字产业化和产业数字化(转型)的重要作用毋庸置疑。数字经济新优势的发挥来源于实现数字产业化和产业数字化双轮驱动的协同并行发展,以形成更广泛的以数字经济为创新驱动的经济发展新产业、新业态、新模式,实现国民经济各部门的整体协调发展。移动互联网、大数据、人工智能、工业互联网等新基建领域的快速发展,为产业数字化(转型)打下了坚实的基础,使产业数字化(转型)收获显著成效,并形成了一定的生态优势。在明确两者相互支撑关系的同时,有必要落实推动其发展的有效措施和实施路径,抓住重点,破解难题,使其成为促进社会经济发展的新引擎。

8.2.1 数字产业化与产业数字化的内涵及特征

1. 数字产业化的内涵和特征

信息通信产业是数字经济发展的基础性、先导性产业,为数字经济发展提供了技术、产品、服务和解决方案。随着数字经济概念的广泛应用,数字产业化的概念逐渐从数字经济中分化出来,被国内外研究报告和文献所使用。一些学者认为数字产业化应该包括数字技术产业、数字商务产业和数字民生产业等,并应重点发展"大智物云"等新兴产业。值得注意的是,随着现代技术的发展和创新,未来数字产业化的内容和外延也将继续拓展,需要将数字化的信息和知识转化为生产要素,加速数字技术的成果转化,使技术优势赋能产业变革,使之成为推动经济发展和社会进步的生产力,并形成数字产业链和产业集群。

数字产业化的特征包括 3 个方面,即新兴技术所具有的强渗透性、技术密集性和战略先导性,这些特征加速了数字产业化的形成,并使其持续和健康发展。

(1) 强渗透性

数字技术的强渗透性可以提升国民经济各部门的生产率。决定数字技术强渗透性的根本原因在于其自身的通用性和开放性,数字技术能够应用在各个传统产业部门,提高产业全要素生产率。以"大智物云"为代表的数字技术,不仅能够有效提升产业关联度,而且能够通过"新联接""新计算"和"新应用"等方式全面推进传统产业结构优化升级,从而体现其强渗透性,具体表现在以下两方面。

① 提升产业关联度。一方面,随着科技的进步和发展,与数字技术密切相关的软件、信息技术服务业以及数字技术产业不断拓展其产业链条,数字技术连通了前后向产业,并且催生了一大批新技术产业和基础设施建设,增强了产业关联度。另一方面,数字产业化的发展和技术渗透提高了传统产业的关联度,带动产业链升级。

② 驱动产业结构升级。一方面,以"大智物云"为核心的数字技术产业具有通用性强、生产率高和溢出效果显著等特征,代表了未来产业结构的新方向。数字化技术的创新成果转化和市场应用带来的社会福利,能够通过正向反馈机制倒逼高技术产业结构本身的调整,使之更优化、更合理、更高级。另一方面,数字产业化在渗透改造传统产业部门的同时,促进新旧产业部门间的逐步协同。尽管数字产业化对传统产业、业态、模式形成冲击,但其催生

了新产业、新业态、新模式。例如,数字时代的移动支付(支付 3.0)和刷脸支付(支付 4.0)等颠覆性数字技术不仅改造了传统产业,还和传统产业相互融合渗透,共同打造了新的产业体系。

(2) 技术密集性

工业经济时代,信息网络是单纯以数字传输为目的的网络体系。而数字经济时代,由于消费者需求的多样化、环境不确定性的增加、数据量的指数式增长和计算模型的复杂化等因素,各行业对算法、算力等数字化服务的要求不断提高,对传感器、芯片、晶体管等数字化制造的需求不断扩大,信息网络已经演变为集感知、传输、计算、交互为一体的数字化基础设施。数字经济时代的数字技术、软件和信息服务等是产业数字化的发展基础,为产业数字化提供技术支撑。以数字技术为主要内容的数字产业化能够有效搜寻、整合、匹配市场供求信息,掌握新时代消费者大规模、多元化、个性化的需求,对接市场供求关系,以实现成本最小化、效益最大化。此外,数字产业化的技术密集性引起数字经济价值的倍增效应。"大智物云"等技术被广泛应用于商业、金融、医疗、农业、交通等领域,造就了一大批"独角兽"企业,这些企业的成长价值呈指数型上升。

(3) 战略先导性

数字产业化是数字经济的基础产业,也是驱动社会生产力变革、改变社会生活方式的战略性、先导性、前瞻性产业。数字技术引发全新的产业革命,并带来新的技术——经济范式。由 5G、光纤通信、智能宽带等新一代网络技术,VR(虚拟现实)、AR(加强现实)等新一代信息技术,智能机器人、数字孪生等新一代制造技术,以及石墨烯、芯片、量子通信等新一代高尖端技术组成的通用目的技术群的产业变革正在进行。数字产业化的蓬勃发展极大地拓展了智能化生产方式的应用场景,加速了平台化产业新生态的形成,促进了数字经济的创新进程。

2. 产业数字化的内涵和特征

产业数字化是实现数字经济与实体经济深度融合的重要途径,其主要是指在新一代数字科技的支撑和引领下,以数据为关键要素,对产业链上下游进行全要素数字化升级、转型和再造的过程。产业数字化转型贯穿创新链、产业链、价值链的全过程,具体体现在要素数字化、过程数字化、产品数字化 3 个方面。

(1) 要素数字化

在数字经济时代,数据是核心生产要素,要素数字化就是以数据为核心实现企业数字化发展,推动产业要素数字化转型。要素数字化转型体现在生产设备数字化改造、数字人才培养等方面。推进产业的要素数字化,一方面需要加大生产要素的数字化改造,通过生产设备数字化,为企业与消费者之间搭建互动平台;另一方面需要加大数字人才培养,探索政校企合作新模式,吸引电子商务、计算机软件工程等专业人才进入相关产业领域,多措并举加大数字人才的培养力度,推进产业要素数字化转型。

(2) 过程数字化

数字技术赋能产业,能够实现在研发设计、生产、销售等环节的数字化升级改造。各个产业均可以在研发设计方面、产业生产方面以及产业销售方面实现数字化,以提高整个产业的数字化水平。

(3) 产品数字化

产品数字化体现在数字技术赋能产业所带来的产品智能化和服务模式创新等方面。每个产业都有自己相关的产品,在数字经济赋能下,产品均能实现智能化,并且都可以借助互联网新兴数字技术搭建平台化运营新模式,以创新服务供给方式,促进服务模式的创新发展。

8.2.2 数字产业化和产业数字化转型

1. 数字产业化和产业数字化转型的作用和意义

推动产业数字化转型的重点

2021年政府工作报告指出,要加快数字化发展,打造数字经济新优势,协同推进数字产业化和产业数字化转型。因此,要打造数字经济新优势,需要实现数字产业化和产业数字化双轮驱动的协同并行发展,这样才能赋能传统产业,特别是赋能我国制造业的转型升级,形成更广泛的以数字经济为创新驱动力和实现工具的经济发展新产业、新业态、新模式,不断壮大我国经济发展的新引擎。

第一,数字产业化是数字经济发展的根基和动力源泉。在数字产业化方面,要根据国家的"新发展格局",重点提升我国产业链、供应链的稳定性和竞争力,尤其要聚焦5G、人工智能、工业互联网、高端芯片、高端工业软件等关键领域,强化精准攻关,加快技术突破,增强自主可控能力。国家应实施"双千兆"协同发展战略,即5G网络和千兆光纤网络协同发展,这是我国所有新型基础设施承载的基础。事实上,2G到4G的演进,每一代移动通信技术从商用的元年开始一般分为4个阶段——导入期、成长期、成熟期、衰退期,5G技术的发展也不例外。未来3年,5G仍将处于"导入期",我们需保持定力,稳扎稳打,促进5G成功商用。

第二,发展数字经济必须把着力点放在实体经济上。在产业数字化方面,应当加快实体经济数字化转型,尤其是制造业的数字化转型升级,全方位推动数字技术与实体经济深度融合,积极推进传统企业的数字化和智能化改造升级,实现制造业基础高级化和产业链现代化,提高我国实体经济质量效益和核心竞争力。

2. 推动产业数字化转型的重点

我国数字经济的繁荣有两个重要的衡量指标:一是数字产业化占数字经济的比重明显下降;二是产业数字化占数字经济的比重和规模不断提升。我国数字产业化占数字经济的比重由2005年的50.9%下降至2019年的19.8%,2020年进一步下降;产业数字化则向更深层次、更广领域探索,数字技术带动传统产业产出增长、效率提升的作用进一步强化,其占数字经济的比重由2005年的49.1%提升至2019年的80.2%。产业数字化的深入推进,为数字经济发展注入了源源不断的动力。

因此,推动产业数字化转型的重点包括以下几个方面。

(1) 实施"上云用数赋智"行动,推动数据赋能全产业链协同转型

2020年4月,国家发展改革委和中央网信办联合发布《关于推进"上云用数赋智"行动 培育新经济发展实施方案》,提出服务赋能(推进数字化转型伙伴行动)、示范赋能(组织数字化转型示范工程)、业态赋能(开展数字经济新业态培育行动)、创新赋能(突破数字化转型关键核心技术)、机制赋能(强化数字化转型金融供给),并需要大力培育数字经济新业态,深入推进企业数字化转型,打造数据供应链,以数据流引领物资流、人才流、技术流、资金流,形成产业链上下游和跨行业融合的数字化生态体系。

(2) 在重点行业和区域建设若干国际水准的工业互联网平台和数字化转型促进中心

建设国际水准的工业互联网平台,一定要提升企业的数字化应用水平和能力,构建以企业为中心的数字化转型中心,重点培育数字技术中心、产业数字化创新中心和数字创新服务综合体,深化企业的研发设计、生产制造、经营管理、市场服务等环节的数字化应用。同时,要构建完善的产业数字化基础设施,推进企业级数字基础设施开放,促进产业数据中台应用,特别是向中小微企业分享中台业务资源,培育发展个性定制、柔性制造等新模式。

(3) 推进服务业数字化转型

服务业在国内生产总值中的占比已超过50%,是我国经济的第一大产业。数字技术的发展将加快服务业线下场景线上化和服务业数字化转型的进程。"十四五"时期,我国将加快构建以国内大循环为主体、国内国际双循环相互促进的新发展格局,要依托庞大的国内市场,贯通生产、分配、流通、消费各环节,形成需求牵引供给、供给创造需求的更高水平的动态平衡。数字技术与传统产业融合,尤其是与制造业、服务业的深度融合发展,将在需求牵引供给、供给创造需求的动态平衡中起到承上启下的作用。

(4) 加快产业园区的数字化改造

我国各类产业园区是产业发展的重要载体,对引导产业集聚、促进体制改革、改善投资环境有重要作用。传统产业园区普遍面临管理效率低下、产城分离、生产性服务业薄弱、运营模式落后等问题,难以有效服务现代产业的发展和形成产业集聚效应。目前,大多数产业园区面临数字化改造和升级的问题,应当在构建产业园区的数字化平台、加快推进工业互联网建设、全力打造数字供应链以及建设数字园区等几个方面加大数字化改造力度。通过数字化平台,优化产业园区的资源配置,提升全要素生产率,强化园区产业发展的协同效应。同时,在搭建工业云平台的基础上,推进制造技术软件化提升,强化技术软件化云服务,实现个性定制、联程设计、协同制造、延伸服务等,并实现以需求为导向,通过数据业务化、业务数据化,构建线上线下全流程一体化的供应链体系。此外,应建立以园区数字化管理为抓手、以数字化运营平台为基础、以产业数字化服务平台为核心、以大数据运营平台为支撑的产业数字化园区,通过整体规划设计、全面优化布局、系统改造提升,形成集平台、孵化器、核心企业于一体的开放空间,打造优势互补、特色突出、功能集聚的产业数字化集群。

3. 推动数字产业化转型的关键难题

为实现数字经济高质量发展,不仅需要推动产业数字化,还需要推动数字产业化。产业数字化和数字产业化存在相互结合的现象。企业的数字化转型过程不仅需要产业数字化,也需要数字产业化,包括传统企业与现代网络技术的数字化融合,即传统产业向数字化转型,如零售行业、制造行业、服务行业利用大数据、人工智能、云计算等网络技术对行业原本的生产、消费、交换、分配等流程进行结构优化;也包括数字化企业与具体产业相融合,互联网技术基础研究的数字化企业需要能够将其获得的科技创新成果转化为生产要素,并应用到具体的相关行业。数字产业化和产业数字化共同构成企业的数字化转型内容,进行"数字"基础研究的企业,在形成一定的数字产业化之后,可以更好地帮助传统企业转型,进而更好地推进产业数字化。

当前,以互联网、大数据、人工智能为代表的新一代信息技术日新月异,为实施创新驱动发展战略提供了难得的重大机遇。为确保在新一轮竞争中抢占先机,必须聚焦发展重点,集中力量破解影响数字产业化的关键难题。在数字产业化上,应注意以下两个方面。

（1）加强数字核心技术攻关

数字核心技术包括 5G、集成电路、操作系统、人工智能等，是数字化发展的重要基础和核心支撑。一是坚持科技自立自强，加快实现核心数字技术自主可控。要聚焦高端芯片生产、工业软件研发等核心技术，加大攻关力度，尽早实现核心电子元器件全产业链自主可控，加快在若干领域实现工业软件的技术突破。做好核心技术和产品被断供的应急预案，提前制定"备份方案"。二是积极发挥各方作用，建立健全核心数字技术攻关制度体系。既要发挥政府在数字产业链总体布局上的统筹协调作用，加大对"从 0 到 1"的重大技术突破的资金支持，又要让领军企业深度参与政策制定，确保企业的人才和技术资源得到充分利用。力争用较短时间尽快实现集成电路、重点工业软件、操作系统等关键数字技术的完全自主可控，鼓励国内用户和终端生产厂家使用自主可控的数字技术产品，推动自有技术、自有产品尽快发展壮大。

（2）加强新型基础设施建设

"新基建"的突出特点是"信息化""高技术"和"补短板"，是发展数字经济、建设现代化经济体系的重要引擎。一是大力发展数字基础设施。坚持区域协调发展理念，合理布局 5G、数据中心等基础设施，避免新基建在区域之间、省域之间的无序发展和过度竞争，提高新基建的区域覆盖范围，提升新基建单位的产出效率。以智慧城市建设为载体，加快城际高速铁路、城市轨道交通和新能源汽车充电桩的建设，积极培育新基建的消费场景，推动新基建与城市之间的共同拉动、协同发展。二是全力打造"新基建"供给链。产业链安全强调上下游产业间的配套、协调和稳定。要以 5G、人工智能等新一代信息产业为重点，形成重点产业对上下游产业发展的带动机制，通过联合攻关、交叉持股等方式，培育一批"新基建"重点产业的配套企业。加强对敏感技术和高端装备"走出去"的管理，降低"新基建"等高端产业"空心化"的风险。

思 考 题

1. 什么是数字经济运行？其运行机理是什么？
2. 阐述数字产业化与产业数字化的内涵与特征。
3. 数字产业化与产业数字化转型如何协同发展？

本章参考文献

[1] 何大安,许一帆.数字经济运行与供给侧结构重塑[J].经济学家,2020(04):57-67.
[2] 杨青峰,任锦鸾.发展负责任的数字经济[J].中国科学院院刊,2021,36(07):823-834.
[3] 周桐.数字经济:数字经济运行机理[EB/OL].(2018-12-06)[2022-01-06]. http://blog.sina.com.cn/s/blog_dfcb5c270102yzjz.html.
[4] 李海舰,张璟龙.关于数字经济界定的若干认识[J].企业经济,2021,40(07):13-22+2.
[5] 国家信息中心信息化和产业发展部,京东数字科技研究院.携手跨越 重塑增长:中国产业数字化报告 2020[R].北京:国家信息中心信息化和产业发展部,2020.

[6] 中国信息通信研究院.中国数字经济发展与就业白皮书(2019年)[R/OL].(2019-04-17)[2022-01-06]. http://www.caict.ac.cn/kxyj/qwfb/bps/201904/P020190417344468720243.pdf.

[7] 王春晖.协同推进数字产业化和产业数字化转型[N].人民邮电,2021-04-08(007).

[8] 王春英,陈宏民.数字经济背景下企业数字化转型的问题研究[J].管理现代化,2021,41(02):29-31.

[9] 杜庆昊.推动数字产业化和产业数字化同频共振[N].辽宁日报,2021-04-15(007).

第9章 数字经济劳动力管理

数字经济在带来产业结构性变革的同时,其所形成的新产业、新业态、新模式正深刻地影响着劳动力市场。数字化生产作为人力资本与物质资本含量更高的生产方式,所带来的创新性变革使得原有的、普通的、熟练工种的劳动岗位被替代,对就业格局带来极大影响;同时其作为经济增长新动能,数字经济在扩大就业覆盖面、激发就业市场活力等方面起着积极作用。本章首先阐述数字经济就业的内涵和模式,重点分析数字经济发展对就业形态、劳动力结构与劳动生产率的影响;而后分析数字经济发展给劳动力市场带来的冲击与挑战,进而从不同管理层次阐述保障劳动力市场稳定的关键措施。

9.1 数字经济对就业的影响

就业作为民生之本、社会稳定之基,体现着个体收入与社会福利的发展水平,反映出社会的公平与和谐程度。数字经济的发展必然对劳动力就业产生影响,数字经济所催生的技术变革不但能带来全新的就业机会,也会产生强大的重塑效应,通过影响各个产业、各个层次劳动力的供求关系,对劳动力就业结构产生深刻影响。相较于工业时代简单、封闭的经济模式,数字经济打破了时空界限,模糊了产业间的边界,衍生出协同、开放、多边的经济模式。伴随着互联网技术的进步与大众消费能力的升级,新就业形态逐渐兴起,呈现出去雇主化、平台化的就业模式。同时,数字经济的蓬勃发展促进了新增市场主体的快速增长,创造了大量的新就业岗位,成为保就业、保民生、保市场的重要驱动源泉。

9.1.1 数字经济就业现状分析

数字经济形态和传统经济发展形态之间的差异,使得就业形态和趋势发生变化。数字经济就业是指以数字技术创新应用为核心技能,依托信息网络进行研发、生产、服务、管理等工作任务的相关就业。依托数字经济先进技术,数字经济时代的就业模式可以打破原本就业在空间和时间上的固定性,呈现出一定的软性化特质,使得整体的就业人口活动更具灵活性。

随着数字经济产业的高速发展,就业趋势发生变化。以计算机、电子、通信设备制造业和软件信息服务业为代表的中国数字经济就业人数不断增加,信息传输、软件和信息技术服务业的就业人数从2003年的116.8万人增加到2015年的349.3万人。到2020年,数字经济就业人数已达到455万人。此外,数字经济也促进了原有行业的就业升级,根据2021年中国信息通信研究院发布的《中国数字经济发展白皮书》,2020年在数字经济每100个就业岗位中,72个为升级原有就业岗位,28个为新增就业岗位。

自改革开放以来,中国第一产业的就业人数呈逐年下降的趋势,且下降的幅度较大,而第二产业、第三产业的就业人数逐渐上升,吸纳了第一产业的劳动力。2013年之后,第二产业和第三产业的就业人数占比均超过了第一产业。以信息产业为代表和核心的数字经济产业整体就业人数的变化趋势与第二产业、第三产业相同,呈逐年快速上升的趋势,但数字经济的就业增长率远高于第二产业、第三产业的就业增长率,这说明数字经济产业在吸纳劳动力就业方面要好于其他行业,已成为现阶段我国新增就业的主要产业。这种变化趋势一方面说明数字经济就业发展势头良好,另一方面也说明数字经济在推动我国整体就业发展方面具有至关重要的作用。

9.1.2 数字经济就业模式

在数字技术不断发展促进数字经济快速增长的同时,新产业、新业态、新模式不断涌现,就业模式也在不断创新和发展。新型就业模式具有灵活、多样、进入门槛低的特点,越来越多的劳动者,特别是年轻劳动者加入其中,就业增长速度惊人。数字经济发展是以数字化信息为关键资源、以信息网络为依托,通过通信技术和其他领域紧密融合实现的。根据不同生产和服务特点,可以将数字经济分为5种类型:以信息产业为主的基础型数字经济;以信息资本投入传统产业而形成的融合型数字经济;通过生产要素效率提升而产生的效率型数字经济;伴随新产品、新业态的出现而涌现出的新生型数字经济;产生社会正外部效应的福利型数字经济。其中,基础型数字经济、融合型数字经济、效率型数字经济以正规就业模式为主,而新生型数字经济和福利型数字经济的就业主要为新型灵活就业模式。

1. 正规就业模式

正规就业模式是指在依法设立的独立法人单位等正规劳动部门(如事业单位、企业、政府机关、社会团体、社会组织等)进行生产工作的模式,个体经营户、家庭手工业者等自负盈亏的独立劳动者则称为非正规就业者。伴随数字经济的发展,与数字经济分类相对应的正规就业规模也不断形成并发展壮大。

1)基础型数字经济就业

基础型数字经济主要体现为信息产品和信息服务的生产和供给,包括电子信息制造业、信息通信业和软件服务业等,就业以各部门的正规雇佣为主要模式,包括正式签订劳动合同和劳务外包等多种形式。基础型数字经济中的软件和信息技术服务业处在整个社会创新和进步的前列,劳动者收入水平高,具有高就业率、高就业增长率等特点。但其对劳动者的素质要求也比较高,需要劳动者具有较高的知识水平和技能水平。

2)融合型数字经济就业

随着以信息通信等为代表的数字技术的快速发展,实现信息采集、传输、存储、处理等功能的信息设备不断融入传统产业的生产、销售、流通、服务等环节,形成了新的生产组织方式,带来了更多种类和数量的产出。融合型数字经济主要体现为数字技术与传统产业融合所带来的产出规模增长。伴随着数字化转型在各行各业的深入推进,数字技术将实现更加广泛的应用,并对就业生态产生持续、深远的影响。一方面,数字技术的发展将对一些容易被机器取代的传统岗位产生威胁;另一方面,数字技术将改变诸多传统行业的商业逻辑,带来大量新兴领域的就业机会。2017年1月,波士顿咨询公司(BCG)发布的《数字经济下的就业与人才研究报告》从就业人群、就业领域和就业方式3个方面分析了数字技术可能对就业生态产生的影响和引发的变革,报告预计,到2035年中国整体的数字经济规模将接近16万亿美元,总就业容量将达到4.15亿人。

3) 效率型数字经济就业

信息通信技术在传统产业的普及,促进了全要素生产率的提高,从而带来产出的增长,使与效率型数字经济紧密相关的就业模式也因此得到了发展。例如,智能硬件产业将纯体力劳动、精密作业、危险作业等人力操作难度系数较高的特定领域工作,用人工智能、机械化作业、智能化作业等新技术逐渐取代,实现了劳动生产要素效率的大幅提升。此外,信息技术自身的迭代和发展能够促使数据生产要素在生产过程中以更高效的方式组合使用,提升资源的配置效率。例如,云计算在各行业的融合使用,使数据的处理能力大大提升、输出效率更高,使生产过程创造出更多价值。

2. 新型灵活就业模式

2016年的政府工作报告中提出了"新就业形态"的概念,并指出要"加强对灵活就业、新就业形态的支持"。这一政策性概念概括了新一轮技术革命所导致的就业模式、工作模式的巨大变化,也概括了中国劳动力市场,以及世界其他先进国家劳动力市场中出现的新趋势。随着以电子商务为代表的新生型数字经济和以共享经济为代表的福利型数字经济的发展,大量新形态、新内容的工作岗位被创造出来,以淘宝为代表的电商平台和以滴滴出行为代表的网约车平台的发展,直接带动和衍生出如淘宝店主、淘女郎、网约车司机等各类新型灵活就业岗位。

1) 新生型数字经济就业——电子商务平台就业模式

新生型数字经济日益成为引领和推动产业转型的新生力量,形成了富有创新活力和发展潜力的新产业,电子商务是其中的典型代表,其所创造的平台就业模式以其灵活性和自由性的特点,正在迅速吸纳越来越多的就业人群。

电子商务平台就业模式是企业以某个核心产品或服务为平台,在此基础上连接更多的服务,以满足用户需求的数字经济就业模式。电子商务平台的一边是海量的终端用户,另一边是依托平台衍生出的各种产品或服务提供商。电子商务型的互联网平台企业直接创造的就业部分属于传统正规就业,但更多的其他就业属于围绕平台形成的生态圈所衍生出的灵活就业机会。

以淘宝为代表的电子商务平台所创造的绝大部分就业,来自整个产业生态链,从网店经营到物流配送,再到为平台运营提供的网络基础设施,电商产业链延伸到很多其他相关行业,促进就业增长;同时,电子商务生态还为产业上下游相关领域如生产、制造、设计、原材料等带来大量就业机会;电子商务网店生态圈的分工体系还在不断地精细化,从而衍生出更多新的职业、岗位,如淘女郎、网店客服、网店代运营、网店装修等。电商平台就业最显著的特点是其以一种"生态系统"的方式发展。随着电子商务范围的不断扩大,传统商业向电子商务不断转型,电子商务生态系统中不断裂变出新的价值增长点。每个价值增长点都会产生大量新的就业模式和职业类别,并带动一定规模的就业增长。

2) 福利型数字经济就业——共享经济就业模式

数字技术在经济社会领域的普及和推广,不仅带来了生产效率的提升和经济规模的增长,还带来了由于信息边际成本趋近于零所增加的消费者剩余和社会福利,即福利型数字经济。以共享经济为代表的福利型数字经济的兴起带来了"大众创业、万众创新"和灵活就业的新局面,带来了更好的社会信任感、更高的公共安全性和更多的社会参与度等潜在的社会福利。

共享经济是指利用互联网等现代信息技术,以使用权分享为主要特征,整合海量、分散化资源,满足多样化需求的经济活动总和。共享经济是基于互联网的一种新型经济形态,其依托数字技术、互联网平台连接供给和消费两端,该新型用工模式正成为非正规就业形态的最新代表。共享经济平台或企业凭借其所提供的个性化、高质量的服务和优良的用户体验,广泛渗透到传统的资源使用模式和商业模式中,激发了用户的消费需求,也使全球共享经济的规模和影响力持续扩大。

传统的就业方式下,员工受雇于特定企业,通过企业与市场进行价值交换,而共享经济就业者只需通过互联网平台就可以与市场相连接,实现个人的市场价值。共享经济的出现使闲置劳动力及与劳动力相关的技能、经验、专业知识等在碎片化的时间中发挥最大价值,使得用工模式更加灵活。针对这种劳动力交易的在线平台也逐渐涌现,如滴滴出行、58到家、猪八戒网等。这种模式的经营业态带来了一种基于共享经济的就业模式,即共享经济就业模式。

2020年,我国共享经济市场交易规模约为33 773亿元,同比增长约2.9%。2020年,共享经济参与人数约为8.3亿人,其中服务提供者约8 400万人,同比增长约7.7%;平台企业员工数约631万人,同比增长约1.3%。同时,受新冠肺炎疫情影响,我国市场经济线下活动受限,而直播、短视频、知识分享等线上用户与业务规模增长势头强劲,这些领域的用工需求也随之大幅提升。数据显示,2020年春节复工后的一个月内,直播相关兼职岗位数同比增长166.09%,是全职岗位增速的两倍多;2020年上半年,百度文库知识店铺的开店量超过4万家,直接带动近100万兼职或全职的内容创作者就业;2019年8月至2020年8月,抖音平台上共有2 097万人通过从事创作、直播、电商等工作获得收入。在生活服务领域,2020年上半年,通过美团平台获得收入的骑手总数为295.2万人,同比增长16.4%。可见,数字经济发展对我国劳动力就业市场具有重要影响。

9.1.3 数字经济发展对劳动力结构和劳动生产率的影响

数字经济的体量壮大和技术革新不断推动数字化水平的迅速提高,对经济和社会的各个方面都产生了深远影响。在就业方面,数字经济所激发的技术进步创造了更加灵活的就业模式,并且能通过产业结构的升级转型进一步影响劳动力就业结构。劳动生产率作为单位时期内劳动创造的产出与劳动消耗量的比值,能够在一定程度上衡量一个国家的经济发展水平。数字经济带来就业模式、产业结构、劳动力配置结构的改变,而这些因素同时也对劳动生产率产生影响。因此,必须了解数字经济发展背景下劳动力结构的特点,正确认识数字经济发展水平对就业结构以及劳动生产率的影响,才能有的放矢地进行劳动力结构优化和进一步提升劳动生产率,以保障数字经济的稳定健康发展。

1. 数字经济对劳动力结构的影响

信息技术革命的推进往往伴随着劳动力需求结构的调整。数字经济的发展主要通过挤出效应促进劳动力结构发生升级转变和极化转变。劳动力就业升级是指在劳动力技能结构中,高技能劳动力就业份额存在上升趋势,而低技能劳动力就业份额存在下降趋势。而劳动力就业极化是指在劳动力技能结构中,高技能和低技能劳动力就业比例趋于上升,而中技能劳动力就业比例趋于下降,即劳动力技能结构存在"两端高、中间低"的两极分化(U 型)趋势。

数字经济发展对劳动力结构的影响主要表现为对中、低技能劳动力的抑制和挤出。一方面,信息的数字化促使传统的物质生产要素在形态上发生转化,加快了生产要素在各个社会生产单位之间的流动和优化配置,而具备高人力资本结构特征的高技能劳动力更容易适应生产要素的这一转变。另一方面,信息与通信技术的发展促使自动化水平的提升,在挤出了一部分具有重复性质的雇佣劳动力的同时,也创造了更复杂的工作任务。由于计算机取代了非交互性的工作任务,认知能力和社交能力等素质在劳动力市场竞争中越发重要,接受过高等教育或具备特定技能的高技能劳动力获得更强的比较优势,可以保证自己不被自动化设备挤出,或者可以在短暂失业后很快重新就业。随着信息技术对经济社会的逐渐渗透,高技能劳动力如科研、设计工作者会更受雇主青睐,而以物流配送员、零件组装员、搬运工等为代表的中低技能劳动力则会逐渐被机器替代。由此,具备不同人力资本结构特征的劳动力之间的工资差距也会不断扩大,这会进一步挤出市场上的中、低技能劳动力。

数字经济的发展在对劳动力结构产生冲击、取缔部分可替代性较强的工作岗位的同时,也会间接创造新的工作岗位。第一,ICT 的发展挤出了部分中、低技能劳动力,但也降低了企业的生产成本,这会导致自动化水平较低的工作岗位的劳动力需求逐渐攀升。换言之,数字经济发展产生的溢出效应促使与中、低技能劳动力相匹配的工作岗位不断被创造出来,在一定程度上抵消了自动化水平提升对中、低技能劳动力的挤出效应。第二,数字经济发展带来的生产效率的提升会引致产品价格和生活成本的下降,间接提升居民的可支配收入,增加社会总消费支出。居民对于日常生活服务多样化需求的提升,扩大了生活性服务业的规模,同时增加了对其他行业产品的消费需求,催生出一系列对人力资本要求不高却不容易被自动化设备所替代的工作岗位。因此,数字经济的发展可能会通过挤出效应和溢出效应的共同作用,促使劳动力结构向"两端极化"转变。

2. 数字经济对劳动生产率的影响

随着"工业 4.0"及"中国制造 2025"的日渐成熟,实现以数字技术为重器、以"数据"要素为依托、以创新为驱动力的增长方式成为新一轮工业革命的关键。以传统资源为生产要素的工业时代已经过去,以"数据"要素为依托的工业数字化时代已经到来,在数字化时代背景之下,理解和分析数字经济与劳动生产率之间的关系显得十分重要。

劳动生产率是劳动者在一定时期内创造的劳动成果与劳动消耗量的比值。相同时间内,同等数量的劳动力能够生产出的产品数量越多,劳动生产率就越高。数字经济对劳动生产率的影响包括直接影响和间接影响。

数字经济时代先进信息技术对劳动生产率的提高具有直接影响。对完整的生产流程来说,数字经济核心技术提升劳动生产率的表现主要包括:第一,利用互联网技术和信息通信技术等基础性数字技术可以将生产过程中产生的数据信息及时反馈计算机系统,摆脱了传统生产方式中机器与数据相分离的状态,促进了各生产阶段和生产工序之间的信息流通;第二,利用大数据处理技术可以通过建立数据库进行数据挖掘,对繁杂数据进行筛选、过滤和去噪,随时随地分析、监测产品生产过程中的资源利用率、产品质量和机器运行效率等;第三,使用云计算技术、人工智能机器学习技术和物联网传感技术等,可以通过对生产系统中流通的数据进行整合、分析和模拟,解决生产过程中出现的问题,对生产系统进行跟踪和优化。简单来说,数字技术改进了生产工艺,提高了生产设备的性能、效率和自动化程度,高效地生产出高质量、高性能、高附加值的产品,因而推动了劳动生产率的提高。此外,数字经济不仅可以创新生产技术,还可以改进工业企业管理技术,通过企业管理系统数字化实现管理流程的创新,提高企业的管理运作效率,进而提升劳动生产率。

数字经济发展将对产业结构产生影响,而产业结构又通过要素流动对劳动生产率产生间接影响。新技术的出现将对产业结构产生积极的影响,使工业部门中各生产要素向边际产出高的行业流动,进而促进了工业劳动生产率的提升。另外,不同产业对数字技术应用的能力不同,在不同行业中数字技术带来的红利增长速度也不相同。在产业结构中占有核心地位的主导产业,通常是那些有能力进行技术投资和能够大量、快速吸收技术创新成果的产业,这些技术应用又反过来推动主导产业的更替,促使产业结构不断演变升级,进而提升劳动生产率。

9.2 数字经济时代的就业挑战

第 9.1 节综合分析了数字经济发展对就业的影响,总的来说,数字经济的高速发展对就业市场产生了深刻影响,需要就业市场及时做出调整、优化,以适应数字经济时代的发展要求。这个"调整"和"适应"的过程是十分复杂的,需要决策者深刻理解劳动力变化与社会经济发展变化之间的内在关系,才能应对数字经济时代一系列的就业挑战。

9.2.1 就业壁垒加剧数字鸿沟的扩张

数字技术,特别是大数据、人工智能、物联网、云计算等高新技术的进步,提高了产业融合的速度和深度,优化了劳动力结构,提高了劳动生产率。在此背景下,由于部分传统行业的劳动力岗位被技术设备所取代,因此这些行业就业人员面临失业、再就业的挑战。同时,数字技术进步也带来了大量新行业、新岗位,使很多具有专业化知识的技能型人才获得了更广泛的就业机会。劳动力这种需求结构的变化,在一定程度上加大了结构性失业压力。在这种情况下,企业与劳动者都关注人力资本投资,具有较高专业技能的劳动力在就业市场上备受青睐。劳动者的技能因素对求职的影响大大增强。

数字经济行业对劳动力进入有着较高的门槛或壁垒,其所需劳动力主要不是传统行业的转移人员,而是接受过特定技能教育的新增劳动力群体。因此,数字经济行业新增就业岗位往往需要具备较高数字技术知识和能力的劳动者。数字经济所引起的劳动力就业变化并不是工业技术进步中简单的劳动力转移,其引发的技术壁垒会造成部分行业的结构性失业。这一特点在基础数字经济就业中表现得尤为明显。

目前,中国基础教育能够提供的数字经济相关知识和技能较少,且与行业需求间的差距较大,高等教育成为数字人才培养的主要途径。但对于没有接受过高等教育的一般劳动者,特别是农民工群体,他们进入数字经济就业更多地只能停留在应用层面,处于产业链的下游,向产业链上游转移的机会微乎其微。显然,数字技术知识与能力的差异会造成传统行业结构性失业人员和新增普通劳动者难以进入数字经济新增就业领域,产生就业障碍,造成就业不平衡,从而形成数字鸿沟。同时,由于中国教育发展的不平衡、不充分以及教育资源分配的不均衡,农村人口和农民工子女进入高等教育的比例逐年下降,贫困的代际传递现象呈上升趋势,进而加剧了数字鸿沟的扩张。

9.2.2 融合发展引发劳动力多样化需求

正如第9.1节所述,数字经济的发展对劳动力结构和劳动生产率的影响颇具颠覆性。数字经济与以制造业为主体的实体经济融合发展在引发诸多组织、业态、模式变革的同时,也形成了大量新兴领域的人才需求,高素质人才的结构性短缺成为制约融合发展的瓶颈。当前,大多数技能型人才分布在传统的产品研发和生产运营领域,而深入掌握工业大数据采集与分析、先进制造流程及工艺优化、数字化战略管理、制造业全生命周期数据挖掘等专业技能的人才总量仍相对较少。同时,互联网、大数据、人工智能等新兴领域也严重缺乏深入了解传统制造业运作流程与关键环节、能够在细分垂直领域深度应用新一代信息技术进行数字化、网络化、智能化改造的跨界人才。此外,伴随着全行业的数字化推进,我国需要引入知识体系结构更为广泛的数字人才。因此,数字经济人才需求缺口依然在持续扩大。在数字经济迅速发展的今天,需要提高劳动力对新技术和新业态的适应能力,重视数字经济相关技能人才的培养与发展,使其掌握与行业发展相匹配的劳动力技能,以满足数字经济时代对劳动力的多样化需求。

9.2.3 数字经济就业形态对管理模式提出挑战

数字经济的发展促进了不同就业模式的分化与成型,对各类就业模式进行的就业管理也是社会经济管理的重要组成部分。由于社会分工和就业形态的复杂度增加,以往的管理模式可能会出现不能适应当前新情况、新趋势的问题。

1. 地区和行业条块分割的管理模式缺乏灵活性

政府传统管理模式的一个重要特点是地区和行业的条块分割,该特点使各地区和行业之间的互联、互通和互动较少,多部门、多行业联合共治模式尚未形成。而数字经济恰恰具有去中心化、跨地区与跨行业的特点,因此传统管理模式对打造数字经济"新就业模式"形成了一定阻碍。电子商务、网约车、共享单车等互联网平台公司虽注册在某个城市,但其所提供的服务却面向全国,因此现行的基于行政区域的属地管理模式不利于数字平台型企业整合全国资源。另外,电子商务平台公司业务范围跨商务、物流、交通和网络通信等多个行业,条块分割的行政管理体制难以适应数字经济跨行业发展的需要。行业规章制度越细,管理越严格,形成的制度鸿沟就越深,数字经济就越难发展,数字经济就业的多样性、灵活性特点就越难得到发挥。

现行管理体制尚未形成明晰的分类方式去规范数字经济发展产生的新业态。各部门条块分割的监管体制造成政出多门且各部门之间协调不够等问题,如何界定新业态以及线上和线下管理部门如何划分职责和实现协同,都是新的监管难题。如果不对那些尚不明确的法律法规加以修订和完善,大量的数字经济活动就会处于灰色地带,面临随时可能被叫停、被扼杀的风险,最终使得数字经济就业红利难以有效释放。

2. 就业服务体系和社会保障体系仍存在盲点

现有社会保障和就业服务的法律体系主要以签订劳动合同和缴纳社会保险作为执行基础,而针对数字经济新型灵活就业模式的政策和规范较少。随着数字经济的发展,灵活就业模式下的就业人口逐年增加,潜在的劳动保障风险和就业问题表现得越来越突出。电子商务平台就业和共享经济平台就业等新型灵活就业模式打破了劳资双方通过签订合同建立单一、固定联系的就业局面,拓展了劳资合作渠道,改变了劳动者仅依赖于雇佣者的劳动雇佣模式。这种新格局从宏观与微观层面对我国的劳动就业保障体系提出了挑战。

从宏观层面来看,现有保障体系以设置国家法律法规、劳动关系认定标准、劳动关系协调机制为主,由政府、企业和工会构成"三方协调机构",以《中华人民共和国劳动合同法》为法律依据,适用于单一劳动关系管理,难以适应数字经济就业过程中出现的多样化劳动关系管理。从微观层面看,现有体系主要依赖于以劳动合同和集体协商为主的劳资双方协调机制,而工作场所模式下的工会管理对互联网企业影响力欠佳,以集体谈判为主的集体劳动关系也难以发挥作用。由于新型灵活就业劳动关系难以界定,社会保障体系仍不完善,即使政府调整政策帮助灵活就业者快速适应就业模式变革,新型灵活就业仍然会让个体承受涉及个体技能、收入水平、就业安全性和就业满意度等方面的多重风险。尽管个体可以相对自由地安排工作时间,同时个体对企业的人身从属性有所下降,但个体依然对平台型企业具有经济从属性,且劳动者与平台企业相比仍然处于弱势地位。因此,必须完善适应电子商务和共享经济特点的灵活就业人员的社会保险参保缴费措施,切实加强劳动者权益保障,进而加快将电子商务和共享经济从业人员纳入社会保障体系的进程。

9.3 数字经济时代的劳动力管理

数字经济的发展新趋势深刻改变着我国的经济结构,推动着传统就业模式快速转型。新产业的加速变革和新业态的蓄势待发,都离不开背后的优质劳动力资源。数字经济就业是实现经济高质量发展、提高劳动生产率、促进经济全球化等多方面的重要支撑。

9.3.1 数字经济时代劳动力管理的重要意义

数字经济不仅提高了生产领域的信息化水平,也极大地改变了传统劳动力资源的配置方式。我国劳动力市场发展相对缓慢,各区域与各行业间劳动力要素配置不均衡等问题依然突出,制约了劳动力资源的动能释放。因此,在全国经济高质量发展的背景下,探索劳动力要素的管理方式、做好劳动力管理工作具有重大意义。

1. 有助于提升劳动力资源的配置效率

数字经济时代,大数据、云计算、人工智能等高新技术的发展将伴随着劳动力需求结构和资源配置的调整,需要密切关注劳动力资源配置效率问题。在数字经济发展过程中,新型基础设施建设、产业转型和升级改造等重要工作需要大量具有专业化知识和技能的新型劳动力群体,为了消除数字经济就业群体中存在的数字鸿沟,急需解决现存的劳动力分布不均和配置效率不高等问题。数字经济劳动力管理可以推动劳动力合理有序流动,从而提高劳动力资源配置效率。一方面,可以通过人才引进等策略实施改善区域间劳动力分布的均衡性,地方政府采取有效激励措施鼓励具有高新技术技能的数字人才加入本地区直接数字经济产业和间接数字经济产业的劳动力群体,这将有助于缩小区域数字鸿沟,进而缩小地区间经济发展差距。另一发面,数字平台的构建将有助于数据(包括技能、时间、空间、收入等相关就业信息)的充分流动,使得劳动力市场供需双方能够通过大数据挖掘和机器学习等技术对劳动力进行合理匹配,满足新就业形态下灵活就业人员与就业岗位的精准对接。显然,数字经济时代的劳动力管理能够有效消除劳动力资源的时空距离,解决企业用工和劳动者就业的区域不平衡问题,进而提高劳动力资源的配置效率。

2. 有助于提高生产力要素价值

数字经济发展加速产业转型升级,催生新产业、新业态、新模式,带动转型企业提升生产技术、生产质量、生产销售等过程的管理水平。劳动者是生产力中最活跃的因素,劳动者素质的全面提高,是生产力水平提升的可靠保障。在数字经济发展背景下,劳动力市场对知识型、技术型、创新型人才的需求更加迫切。2020年,我国16~59岁劳动年龄人口约为8.8亿人,其中,高中及以上受教育程度的人口达到了3.85亿人,占比为43.79%;大专及以上受教育程度的人口占比为23.61%。说明劳动力知识素质、文化素质得到了改善,整体素质得到了提高。数字产业化和产业数字化转型优化生态环境,必然带来劳动力素养的极大提升,进而大大提高劳动生产率,这将有助于增加国家整体生产力的要素价值。我国劳动力市场规模庞大,劳动力质量仍然有较大提升空间,特别是具备高数字素养的人才供给有待增强,仍需落实多种劳动力管理措施以提高数字经济复合型人才的数量和质量,最终通过数字经济劳动力就业保障促进生产力价值的提升,以不断提高生产效率、积聚经济发展优势。

3. 为经济高质量发展提供强大动能

工业社会依靠投入大量低成本劳动力促进经济增长,信息社会则将更多注意力转向高新技术进步,而在技术进步的过程中劳动要素将发挥关键作用。在数字经济时代,新一轮科技革命引发新兴信息技术的爆炸式发展,开发和应用大数据、物联网、人工智能、云计算等新兴数字技术为提高产品质量、提升服务水平提供动力。科技革命和产业变革的深度融合亟需优质劳动力资源的参与,共同完成助力经济增长的使命。劳动力管理能够为传统产业变革、创新产业生态提供有力支撑,能够有效增强相关企业研发生产、决策管理、市场营销、资源掌控等多方面的能力,实现数字经济产品种类、产品质量和产品价值的全方位提升,从而助力经济高质量发展。在数字经济快速发展的现阶段,坚持就业优先、提升就业质量是劳动力市场调整的核心要务,劳动力管理有助于把劳动力要素配置提升到更高水平。高质量就业不仅是劳动力市场运行的内在要求,也是新时代实现经济高质量发展的强大动能。

9.3.2 数字经济劳动力管理的关键问题分析

数字经济发展在为经济社会发展带来了巨大增值效益的同时,也面临着就业总量、就业结构等方面变化带来的新挑战。随着大数据、人工智能等数字经济新兴技术的发展,劳动力市场受到了前所未有的冲击。数字经济在各行业中的渗透程度不同,对劳动力供需结构产生的影响也不同。从供需趋势可以看出,全球对高技能数字人才的需求普遍提高,甚至面临着供不应求的困境。因此,需要把握数字经济劳动力管理中存在的关键问题,科学施策,以保障我国数字经济劳动力市场的稳健发展。

1. 劳动力管理体系尚需完善

我国劳动力管理体系包括就业发展宏观政策引领、劳动力资源配置市场主导、就业领域关键问题突破等多个方面。在宏观政策引领方面,数字经济新业态的发展将可能衍生出难以用《中华人民共和国劳动合同法》定义的新型劳动关系,导致劳动保障服务缺位。在劳动力资源配置市场主导方面,大数据、人工智能等数字高新技术的深入融合给传统产业带来新型生产技术和生产方式,助力提高生产效率,但同时可能带来中低技能劳动人员的结构性失业,也可能导致高数字素养人才在发达地区聚集而欠发达地区严重缺乏的现象,如果没有科学有效的调控政策保驾护航,劳动力配置的均衡性和有效性将被严重影响。在就业领域关键问题突破方面,不同经济发展时期将会遇到不同的棘手问题,如我国《"十四五"就业促进规划》中提到的"就业领域风险监测"问题,准确识别数字经济发展时期在就业领域遇到的风险并采取措施加以应对,清除就业保障障碍,才能切实保护劳动者权益,稳定就业市场。综上所述,在数字经济时代,我国劳动力管理体系仍需不断完善,以利于就业市场持续繁荣稳定发展。

2. 就业供给结构与产业结构失衡

就业结构本质上是劳动生产要素在部门与产业间进行配置的反映。随着产业结构调整,就业结构也会发生变化,进而带动劳动力资源重新优化配置。与此同时,均衡有效的劳动力供给又对产业升级提供有力支撑。

在我国产业数字化进程中,第三产业数字化专业人才供给结构的调整步伐相对较快,因此进一步促进了我国第三产业的数字化进程,2020年我国第三产业的数字化规模占行业增加值的比重为40.7%,而第二产业数字化转型升级更大程度地遇到了数字化专业人才匮乏的问题,致使第二产业数字化规模占行业增加值的比重只有第三产业的一半,这与我国发挥制造业优势产业升级的目标是不匹配的。因此,需密切关注我国就业结构中对制造业,特别是高端制造业的数字人才的供给。预计到2025年,数字经济将成为新型就业岗位的"孵化器"和"蓄水池","平台型就业""生态圈就业"不断发展,"斜杠青年"新势力不断壮大。在数字经济就业结构中,产业数字化领域是就业吸纳主体,并呈现三产大于二产大于一产的趋势特征,就业结构失衡明显;产业结构升级存在区域差异,因此就业结构也出现了区域性差异,东部地区的产业结构升级快于中西部地区,前者的就业结构与产业结构尚且能够达到平衡,但后者,特别是西南和西北地区,就业结构与产业结构的失衡状况十分明显。

在知识密集型、技术密集型产业快速发展的过程中,受教育水平偏低、劳动技能偏低的人群被挤出,高素质人才短缺,城乡区域二元结构依然存在等多重因素体现了就业结构调整的必要性与紧迫性。因此,需要改善就业结构与产业结构的协调状况,提高全要素生产率,通过劳动力管理等方式干预、纠正就业结构与产业结构的偏差,加速二者实现结构均衡的过程,这是顺应高质量发展要求的必然选择。

3. 数字经济人才供不应求

随着高新数字技术与各行各业融合应用的不断深化,数字经济岗位对劳动者的技能水平提出了更高要求。我国现有劳动力质量与数字经济时代劳动力需求仍不匹配,数字人才供给显著不足。首先,存在人才供给总量不足问题。近年来,数字产业化和产业数字化加速推进,带动数字人才需求呈爆发式增长态势,而我国劳动力供给总量增长率自2011年开始逐年下降,产业发展迅猛伴随就业人数下降,促使优质劳动力供不应求。其次,存在复合型人才匮乏问题。数字经济发展对劳动者的教育水平提出了更高要求,我国现有的教育水平及结构与数字经济对于劳动力教育水平的需求不匹配,数字人才供给显著不足。《全球数字经济竞争力发展报告(2020)》中的研究数据显示,在全球30个主要城市中,北京竞争力排第8位,是中国唯一进入全球数字经济排名前十的城市,但是其数字人才竞争力排在第23位,数字人才短板明显。数字化转型迫切需要掌握数字化专业技术的高技能人才,如既有行业背景又有数字化素养的复合型人才。以网络安全领域为例,2021年工信部相关研究中心发布的测算结果表明,网络安全复合型人才需求呈现高速增长趋势,需求总量较前一年增长39.87%,网络安全人才供需严重失衡。与此同时,数字经济的发展通过挤出效应和溢出效应的共同作用促使劳动力结构向"两端极化"转变,对高技能数字人才的需求普遍提高,面临着供不应求的挑战。

9.3.3 数字经济劳动力管理提效举措

数字经济发展对劳动力市场造成冲击,有必要通过实施以下3个方面的举措实现更好的劳动力管理,以保障就业市场的稳健发展。

1. 构建日益完善的劳动力管理体系

1)灵活就业管理及保障

在传统的雇佣关系中,用人单位承担劳动者的组织管理工作,而劳动者在企业规章制度的约束下接受管理,具有明显的隶属性。新就业形态劳动者在法律和社会保障方面存在劳动关系不明确的问题,多数新就业形态劳动者与用工主体之间的关系被认定为劳务关系。由于无法认定为劳动关系,新就业形态劳动者无法参加职工社会保险,无法享受社会保险待遇,造成劳动者劳动权益保障缺失。此外,还存在与新就业形态相关的劳动监管薄弱、劳动纠纷调解不畅等问题。

针对此类问题有必要采取增效举措,将新型灵活就业纳入国家就业统计和社会保障体系,加大对新型灵活就业的政策研究和支持力度。第一,建立健全就业统计指标体系,设置反映数字经济就业新形态和创新创业情况的统计指标,将新型灵活就业纳入国家就业统计范围。第二,针对数字时代的灵活就业热潮,政府部门建立更科学、完善的配套扶持体系,加大政策创新力度,积极提高政府服务能力和水平,优化对数字经济领域市场主体的审批服务,建立健全针对新型灵活就业的保障服务体系。第三,针对越来越多的新型灵活就业人群,在社会保障体系、税收缴纳方面进行相应的制度和服务创新,让灵活就业人群在为社会创造价值的同时,也享受相应的社会福利及保障。

具体来说,针对数字经济就业,政府相关管理者要探索新型劳动关系,强化新就业形态社会保障。例如,制定《新业态劳动用工管理条例》,针对灵活就业劳动关系认定难、劳动争议处理难、社会保险缴费难等新情况,构建新型劳动者权益保障机制。推动建立多层次、多支柱的社会保险体系,推进社会保险从制度全覆盖到人员全覆盖;针对灵活就业人员收入不稳定特征,研究制定更加合理的缴费水平和缴费办法;研究建立适合灵活就业和新就业形态人员参加失业保险的办法;针对多重用工关系现象,探索社会保险的各自缴费、分别计算、合并纳入等缴费方式,助力新就业形态健康发展。

2)劳动力流动及分布管理

劳动力流动人口规模庞大、人才分布不均现象出现的根本原因是地区经济发展不平衡。

我国城乡之间、区域之间经济发展不平衡,区域之间的数字基础设施存在差异、受教育程度也存在差异,这种差异会加剧人才的跨地区流动,特别是数字人才的流动,这种流动呈现出巨大的地区差异。因此,有必要通过人才引进、外资引入、给予当地企业一定的税收补贴等政策,继续大力扶持中西部地区的经济发展,协调劳动力资源,争取尽快实现各地区经济共同发展的局面。与此同时,制定更加完善和详细的劳动力流动相关政策,以更好地促进劳动力向中西部地区灵活流动。包括:第一,适当放宽户籍制度,准予满足一定要求的流动人口落户;第二,重视未落户流动人口子女的教育问题,避免与原住民子女区别对待;第三,给予流动人口适当的住房补贴,避免漂而不落、流而不迁、迁而难居的现象大量出现;第四,提高针对流动人口的医疗及社会保障水平。总之,需结合多种措施减轻劳动力人口在地区间选择的顾虑,利用宏观政策调整劳动力的地域分布,进而缩小地区间经济发展的差异。

2. 通过平衡产业结构促进数字经济就业

1)依托数字经济促进产业结构转型与催生就业新形态

数字经济的发展新趋势深刻地改变着我国的经济结构,推动着传统就业模式的快速转型,呈现出一系列新的特征,对产业组织形态和就业模式产生了深远的影响。因此,需要对就业政策做出相应的调整和创新,以充分发挥数字经济对就业的正向促进作用。

第一,从数字经济给我国产业带来的整体影响来看,中国城市产业结构转型升级效应十分显著,即数字经济不仅加快了产业转型速度,而且对产业结构的高度化、合理化均起到了显著提升作用;同时,不管是互联网发展水平的提升还是数字普惠金融水平的提升,均产生了产业升级效应。第二,从我国各区域来看,中部地区的数字经济对产业结构转型升级的推动作用最为明显;从分城市规模来看,产业转型速度随着城市规模的扩张而加快,但数字经济对于产业结构高度化、合理化的推动作用在中等城市更加突出;从分城市等级来看,数字经济对产业结构转型的推动作用从一线到五线城市呈现出显著的倒 U 型特征。第三,从中介效应来看,区域创新创业指数在数字经济影响产业结构转型升级的过程中起桥梁作用,即数字经济可以通过激发区域创新创业活力来带动产业转型,进而促进产业结构的高度化和合理化。

因此,为推动产业数字化和数字产业化发展,做好产业结构和劳动力转型的管理,首先应当继续推进实施国家大数据战略,深化大数据、云计算以及人工智能的研发和应用,培育新一代信息技术、新材料、高端装备等新兴产业集群,推进数字经济和实体经济的深度融合,巩固数字技术应用为产业结构转型升级带来的红利优势;其次要基于城市层面提升数字经济对产业结构转型升级的影响效果。具体而言,要落实"东部率先""中部崛起""西部大开发"等区域经济发展战略,结合城市发展要点来建设产业数字化,加强人才和技术储备,增加城市吸引力;同时,各城市要营造良好的创新、创业、创造环境,提供更多的劳动力市场需求;此外,还需要依托数字经济发展提供的多样性创新平台,加快核心技术的自主创新,推动形成新型产业体系。

为进一步推动新技术、新产业领域的创新创业活动,政府还需创造更多新技术条件下的就业新岗位。利用数字经济优化各类传统要素的组合能力,从时间与空间上优化就业存量,催生各类弹性就业新形态,实现保就业、稳就业。构建符合发展实际的人才培养与评价制度,使之更好地适应数字经济时代对就业技能的要求;重视人才对知识的吸收、转化与创造效应,提升人力资本质量,实现就业结构优化完善。虽然工业数字智能化造成了制造业就业的萎缩，但是不断发展的新业态、新模式会使服务业等高技能劳动密集型的产业更加多样化。为顺应并把握这一趋势，就业政策应针对优化新产业、新业态的成长环境而做出相应的改变，以充分发挥人工智能与人类智能的互补作用，从而促进行业就业结构高级化，实现自主性就业、灵活性就业、多元化就业、分布式就业、柔性就业和高质量就业。

2) 推动产业结构与就业结构协调发展

产业结构与就业结构协调发展是推动经济结构转换进而实现高质量发展的重要步骤。作为经济结构体系的重要构成要素，产业结构与就业结构相互影响、相互制约。因此，需要促进产业结构和就业结构协调发展，使产业需求和劳动者供给得到高效匹配。

在产业结构方面，可以建立与劳动力资源匹配的现代产业体系，稳定和提升制造业就业、扩大服务业就业、拓展农业就业空间，保障各个产业都良好运转。同时，也要积极推动工业和服务业转型升级，发展多样化的生产和服务，促进知识型、智力型、技术型数字经济新就业形态的发展。在就业结构方面，结合产业结构转型的要求，为相关劳动者制定和实施促进数字经济就业创业的扶持政策，支持劳动者提升能力，包括但不限于各项职业介绍指导服务、培训补贴、社保补贴、再就业奖励等。同时，健全对各类就业形态的政策支持和服务举措，优化数字经济就业创业发展环境，服务于各种类型的广大劳动者。此外，可以结合其他劳动力管理手段，加强劳动力资源战略规划。例如，通过市场力量和行政手段的结合，平衡劳动力资源的产业分布。推进人才发展体制改革，允许专业技术类人才跨单位、跨体制流动从业，让更多人才的创新创造活力在数字经济中充分迸发，完成劳动力转型。

3. 培养新时代数字经济人才

数字经济增长的长期动力来源于技术研发和创新，最重要的资源是数字技术人才，而人才积累的重要途径是教育。因此，要保持中国数字经济持续发展，需要在各个阶段的教育中普及信息技术相关的大数据、云计算和人工智能等数字技术基础知识；大力发展高等职业数字技术培训，拓宽劳动者特别是来自农村和偏远地区的劳动者接触和学习数字相关知识和技术的渠道，优化劳动者的知识结构，提高劳动者利用信息特别是互联网技术学习的能力；充分利用现代数字技术，发展线上教育，在全社会树立主动学习、终身学习的理念，以此加强对数字技术进步中挤出的劳动者的再就业培训，促进劳动力向数字经济行业转移，减少技术性失业；改革现行大学及职业教育体系，提升高校人才和技能型蓝领的数字化应用等专业技能；鼓励大学与企业合作办学实施数字技术培训，优化数字技术类课程在通识课程中所占的比例，对尖端技术人才培养予以重点扶持。

新的技术变革要求对传统人才技能培养的方式进行优化调整，需要全面提升劳动者的整体素质，以适应数字经济发展的需要，提升就业能力和就业水平。这就要求我们从制度和政策层面加强设计，调整以往的职业技能培训政策，以更好地面对未来科技发展带来的变化。一方面，可围绕市场急需紧缺和社会经济发展需要两个关注点，把提升数字技能纳入技能人才工作的各环节，将云计算、大数据、电商、直播等新职业、新产业培训融入各类职业培训。另一方面，可利用数字经济万物互联优势探索在线教育、数字化技能培训新模式，通过促进互联网技术与职业技能培训深度融合，提升劳动者的知识与技能水平，让全社会更好地开展数字技能培训。目前，数字职业技能培训工作还存在技能培训覆盖面不够广泛、培训服务供给不足、数字经济技能培训针对性不强等问题，因此除了数字人才培养外，还应该考虑为在数字经济发展中结构性失业的人员提供数字技能培训。

通过强化数字人才培养,提供数字技能培训等方式,完善人才评价与奖励机制。加快新兴学科布局,加强前沿数字技术等相关学科建设,大力培育数字经济技术人才和应用创新型人才。优化职业技能培训,全面提升数字技能和人才分布的区域均衡性。建立健全支持灵活就业人员的职业培训政策,加强对新职业的认定,积极开展新职业技能提升行动,完善适合新业态方式的职业培训补贴申领办法。加强培训教育资源共享,开发和开放大规模在线培训课程,推动5G、AR/VR、人机互动在数字化培训中的应用。鼓励共享在线培训项目和开放学习平台,与高校、科研机构合作构建智力资源池,为待业群体和欠发达地区提供学习机会。鼓励地方结合实际情况,研究组织实施人才评价与奖励体系,以"不拘一格降人才"的理念,将新就业形态人才纳入本地人才评价体系,为新就业形态人才提供公平的户籍准入、子女教育、创业支持等政策,吸引更多人才进入数字经济新就业岗位,以满足数字经济发展对劳动力的需求。

思 考 题

1. 比较和归纳各类数字经济就业形态的特点。
2. 分析数字经济对劳动力的"挤出效应"与"溢出效应"。
3. 根据我国数字经济发展趋势及人口就业资料,分析历年来数字经济对劳动力结构的影响。
4. 分析数字经济劳动力管理过程中可能遇到的问题。

本章参考文献

[1] 中国信息通信研究院政策与经济研究所.中国数字经济就业发展研究报告:新形态、新模式、新趋势(2021年)[R/OL].(2021-03-24)[2022-06-24]. http://www.caict.ac.cn/kxyj/qwfb/ztbg/202103/P020210323383606724221.pdf.
[2] 中国信息通信研究院.中国数字经济发展白皮书(2020年)[R/OL].(2020-07-03)[2022-06-24]. http://www.caict.ac.cn/kxyj/qwfb/bps/202007/P020200703318256637020.pdf.
[3] DARON A,PASCUAL R. Artificial Intelligence,Automation and Work[J]. NBER Working Papers,2018.
[4] 蔡跃洲,陈楠.新技术革命下人工智能与高质量增长、高质量就业[J].数量经济技术经济研究,2019(5):4-23.
[5] 占云晴.数字技术应用对工业劳动生产率的影响研究[D].杭州:浙江财经大学,2019.
[6] 阎世平,武可栋,韦庄禹.数字经济发展与中国劳动力结构演化[J].经济纵横,2020(10):96-105.
[7] 陈斌开,马燕来.数字经济对发展中国家与发达国家劳动力市场的不同影响——技能替代视角的分析[J].北京交通大学学报(社会科学版),2021,20(02):1-12.
[8] 黄恒学.数字经济对产业组织形态和就业模式的多重影响[J].国家治理,2021(23):36-39.

[9] 李治国,车帅,王杰.数字经济发展与产业结构转型升级——基于中国275个城市的异质性检验[J/OL].广东财经大学学报,2021(05):27-40.

[10] 吴梦鑫.数字经济时代下数字劳动及未来展望[J].科技风,2020(23):72-73.

[11] 马晔风,蔡跃洲.基于官方统计和领英平台数据的中国ICT劳动力结构与数字经济发展潜力研究[J].贵州社会科学,2019(10):106-115.

[12] 邓金锋,杨娟.中国经济转型时期的劳动生产率——影响因素和增长分解[J].人口与经济2022,(04):122-138.

[13] 李展.中国劳动生产率增长的动力和行业来源分析:1978—2018年[J].当代经济科学,2022,44(03):1-12.

[14] 孙伟增,郭冬梅.信息基础设施建设对企业劳动力需求的影响:需求规模、结构变化及影响路径[J].中国工业经济,2021(11):78-96.

[15] 张琼妮,张明龙.我国就业管理制度演变的纵向考察[J].浙江师范大学学报(社会科学版),2018,43(06):53-60.

[16] 王胜利,桑慧娟.新中国成立以来就业政策变迁的回顾、成就与经验[J].湖北经济学院学报(人文社会科学版),2020,17(11):79-82.

[17] 张昕蔚,刘刚.数字经济中劳动过程变革与劳动方式演化[J].上海经济研究,2022(05):56-66.

[18] 武可栋,朱梦春,阎世平.数字经济发展水平对劳动力就业结构的影响[J].统计与决策,2022,38(10):106-111.

[19] 胡放之.数字经济、新就业形态与劳动力市场变革[J].学习与实践,2021(10):71-77.

[20] 鲍春雷,陈云,莫荣.数字经济发展对就业的影响与对策研究[J].中国劳动,2022(01):5-14.

[21] 周祎庆,杨丹,王琳.数字经济对我国劳动力资源配置的影响——基于机理与实证分析[J].经济问题探索,2022(04):154-163.

[22] 王阳,赵海珠.就业结构与产业结构失衡问题研究[J].中国人口科学,2022(02):74-85+127.

第10章 数字经济创新管理

随着人类社会步入数字时代,尤其是在全球经济发展受到新冠肺炎疫情影响的背景下,数字经济日益成为实现各地区经济回暖与高质量发展的新动能和新引擎,大力发展数字经济已成为国际社会的战略共识。作为由技术创新和模式创新等要素协同对传统经济形态"创造性破坏"的产物,数字经济发展的关键在于持续创新,必须通过不断创新来引领和驱动其向纵深迈进,推动数字经济创新是实现经济发展由要素驱动和投资驱动向创新驱动转变的必然要求。本章首先对数字经济创新的内涵以及其对产业发展带来的影响进行简要介绍,而后阐述数字经济创新的发展目标以及面临的多方面挑战,接着对基于基础设施、数据资源、技术应用等关键要点构建数字经济创新管理体系框架进行了简要介绍。

10.1 数字经济创新的概念与影响

数字经济以数据资源为关键要素,以现代信息网络为重要载体,以信息通信技术融合应用、全要素数字化转型为重要推动力,能够促进公平与效率更加统一。数字经济创新与传统农业经济、工业经济创新不同,其涉及面更广、颠覆性更强,对企业管理模式与产业经济结构的变革具有重要影响,是一项复杂的系统性工程。

10.1.1 数字经济创新的基本概念

1. 数字经济创新的内涵

美国经济学家熊彼特(Joseph Alois Schumpeter)在《经济发展理论》(*Theory of Economic Development*)中写道:创新是指把一种新的生产要素和生产条件的"新结合"引入生产体系。创新活动包括重组原有生产要素、新建生产流程、改进生产技术、技术开发设计、培育新组织、改进产品设计、研发新产品、优化生产经营制度等内容,进而增加产品和服务的供给,促进经济增长与发展。当前,社会各界并未对数字经济创新的定义形成统一认识,结合熊彼特创新理论的基本观点,以及现有文献对数字经济概念与特征的认识,可将数字经济创新概念一般性的认为是数字经济形态下对既有主流技术、产品市场和商业模式的颠覆性突破和超越的创新活动。换言之,数字经济创新是数字经济形态下所进行的社会生产力、生产方式和生产关系的变革,并促使新理念、新技术、新模式和新业态等产生与应用的创新活动。

根据数字经济对现实社会的不同影响方式,又可将数字经济创新分为广义数字经济创新与狭义数字经济创新两种。广义数字经济创新是指在数字经济形态下,社会生产力、生产方式和生产关系变革所涉及一切活动的集合体;狭义数字经济创新则更多地指与数字经济深入发展所衍生出的新理念、新技术、新动能和新模式等相关的创新活动。

2. 数字经济创新的发展特征

近几年,数字经济发展速度之快、辐射范围之广、影响程度之深前所未有,正逐步迈向数字技术应用深化、商业模式不断创新、产业融合速度加快的新阶段。数字经济创新也表现出新的发展特征,具体包括以下两个方面。

1) 数字技术创新与商业模式创新有机统一

新一轮科技革命引发新兴信息技术的爆炸式发展,既奠定了数字经济快速发展的技术基础,也加快了数字经济创新发展的步伐。数字经济创新主要体现在数字技术创新与商业模式创新两方面。其中,数字技术创新是数字技术原创性开发研究和已有数字技术升级换代的总称,指创造性地开发和应用大数据、物联网、人工智能与云计算等新兴数字技术提高产品质量、提升服务水平的过程;商业模式创新主要涉及企业组织、文化、资源配置等的全方位、深层次创新。相对于技术创新这种"硬创新",模式创新是一种"软创新"。

数字技术创新对商业模式创新有重要的支撑作用,只有更高水平的高新数字技术开发与应用才能更好地带动新产业、新业态、新模式等创新活动的开展。大数据、人工智能、物联网、云计算与区块链等新兴数字技术的发展需要有与之相适应的商业化环境和推动创新性技术的研发与应用;同时,商业模式创新也为新兴数字技术提供了新型原创应用场景。因此,在数字经济创新过程中,数字技术与商业模式的创新是有机统一的整体,充分发挥二者的互动作用,能够有效增强相关企业研发生产、决策管理、市场营销、资源掌控等多方面能力,实现数字经济产品种类、产品质量和产品价值的全方位提升。

2) 数字产业化与产业数字化转型融合升级

新兴数字技术的开发与应用通过对传统产业的全方位、全角度、全链条改造,实现了数字经济与实体经济各行各业的相互渗透,使得数字经济与传统经济之间的界限变得越来越模糊。随着数字经济的创新发展,数字产业化与产业数字化进入相互促进、融合发展的新阶段。一方面,数字产业化能够为传统产业提供数字技术、产品、服务、基础设施以及相应的转型优化方案,从而推动传统经济中各业务领域的数字化转型并实现快速发展;另一方面,产业数字化转型的推进过程中将产生海量的关于生产、经营、销售等方面的数据,为数字产业化的高质量发展提供源源不断的数据资源,催生出数据要素驱动业、数字技术应用业、数字产品制造业与数字产品服务业等数据产业,推动我国数字经济不断做强、做大。

10.1.2 数字经济创新给产业发展带来的影响

数字经济创新涉及数据资源与数字技术的应用,渗透到数字产业发展的各个领域,正在推动数字经济从助力社会经济发展的辅助工具向引领社会经济发展的核心引擎转变,目前已进入以数据深度挖掘和技术融合应用为主要特征的智能化阶段。数字经济创新对产业发展过程中的要素资源重组、管理方式优化与组织结构变革等方面具有重要影响,具体表现为以下 3 个方面。

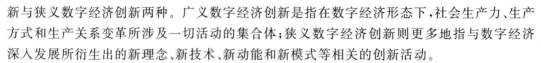

数字经济创新给产业发展带来的影响

1) 数据要素将成为企业争夺的核心资源

数字经济时代,数据是企业发展的核心生产要素和战略性基础资源。企业通过应用大数据、人工智能、物联网、云计算等数字技术能够有效实现对企业端、用户端数据的自动采集、传递、关联与分析，提升数字化、网络化与智能化水平。因此，在数字化转型的背景下，数据驱动的作用日益增强。以数据为核心整合各类生产要素，将推动数据、技术、业务流程和组织结构的互动创新和持续优化。企业可以通过对数据的深度挖掘与智能分析，发挥数据对驱动企业模式创新与智能化升级的潜能，进而获取在市场中的竞争优势。

同时，数据价值潜力的释放是助力企业发展新模式、新业态的有效手段。一方面，数据的参与能够促进企业生产流程与管理流程的加速融合，使得企业生产服务方式逐步由专注于产品转变为以数据为核心；另一方面，对数据资产的深入挖掘和开发利用，可以帮助企业掌握用户行为模式、需求动态以及市场发展趋势等重要信息，并为企业生产组织的全过程优化提供决策支持。

2) 依托数据资源的数字化决策成为主流

决策是无处不在的管理行为，无论身处什么行业、从事什么工作、采用什么生活方式，我们的所有活动都是由一系列大小不一的决策所决定和支配的。决策如果科学、高效、合理，将对我们的工作生活起到促进作用；决策如果草率、缓慢、缺乏工具与逻辑，则可能造成浪费，导致错误发生，甚至产生不可挽回的损失。由于数字经济时代，大量数据信息充斥网络，因此依托数据资源的数字化决策将对决策能力和效果带来巨大的影响。

借助于大数据、人工智能、物联网、云计算等新兴信息技术手段的数字化决策，能够从数据中快速地发现并提取有价值的信息，从而使决策尽可能"来之有据""行之有因"。与原始的凭经验的决策方式相比，数字化决策能够通过深度数据挖掘，获取有价值的决策依据，实现科学决策，切实有效地提高决策质量，减少决策实施过程中的风险和隐患。

3) 生产去中心化与网状化企业组织崛起

数据作为资源已成为最重要的生产方式要素，算力和算法成为最重要的生产力要素，这是数字经济发展演变的必然结果。一方面，基于新的智能硬件技术、传感器技术、通信技术、人工智能技术以及虚拟现实等技术，物理世界的每一个个体、每一个行为、每一个场景、每一个物体都在经历逐步被彻底数字化、网络化和智能化的过程，所有要素和过程都同时在物理世界和数字世界运行，促使来自社会各个领域的企业和个人纷纷参与生产数据的活动，数据生产方式呈现出明显的去中心化特征。另一方面，随着云计算、量子计算和机器学习等技术的不断发展，算力将从由个体分别构建变成水和电一般的按需取用的基础能量，算法是基于数据和算力的持续动态构建和反馈优化的过程，算法本身将形成价值的创造和收益。因此，算力与算法也呈现出去中心化特征，可以通过去中心化的分布式系统实现对分散在社会各个层面的数据资源的处理、分析与利用。

生产方式决定生产力，生产力决定生产关系，而生产关系也反过来制约生产力和生产方式的发展，三者构成一个互相影响互相牵制的闭环体系。数字化时代，消费者的需求更加个性化、更快地演变，商业竞争和商业行为也处在更加实时的变化之中，传统企业组织的效率和灵活性已经远远不能适应新时代的需求，必将被一种更加平等、自主、主动、持续进化和敏捷协同的生产关系所替代。生产方式和生产力的去中心化，导致企业传统的科层制组织结构难以满足数字经济时代企业对跨界融合、市场驱动、信息共享及业务协同等方面的要求。组织形态是企业生产组织模式、经营管理模式与产品服务模式等的承载与体现，生产的去中心化特征使得企业加速组织结构的变革与转型。网状化、平台化、扁平化的结构有利于企业内部分工合作和整合外部资源,从而快速响应市场动态变化,更好地为用户创造价值,提高企业可持续发展能力,因此是企业组织形态变革的重要发展方向。

10.2 数字经济创新的目标与挑战

发展数字经济既是实现产业跨越式发展的时代机遇,也是构筑国际竞争优势的迫切需求。数字经济增长的潜力来源于全要素生产率的提高、新兴数字技术的应用以及产业结构的优化升级等多个方面,明晰数字经济创新的目标与现阶段面对的挑战,对于加速打造数字经济发展高地,持续推动数字经济创新变革具有关键作用。

10.2.1 数字经济的创新发展目标

数字经济在整合要素资源、优化产业结构与拉动经济增长等方面具有强大优势,数字经济创新发展由此成为世界主要经济体未来经济发展的工作重心。其创新发展目标主要包括以下 4 个方面。

1. 释放数据要素价值潜能

数据要素作为数字经济发展的重要战略性基础资源,是数字经济高质量发展的核心驱动力,因此数字经济创新需要不断激发数据的价值潜力。一方面,以数据作为连接数字经济与传统经济融合发展的桥梁,通过数据赋能传统产业向数字化、智能化发展,实现产业资源的全局性优化配置,提高全要素生产率,为促进产业结构优化提供强大助推作用;另一方面,数据要素是引领经济增长的关键动力,其具有的边际产出和规模报酬递增特性能够促进全生产要素建立密切的交互关系,优化生产资本结构,有效整合物质流与资金流,推动数字产业进一步高效增长。

2. 推动数字技术创新迭代

数字技术的研发和创新是驱动数字经济增长的核心要素和重要力量,尤其是在后疫情时代,数字技术创新更是在助力数字经济高质量发展、加速经济社会数字化转型的过程中发挥着至关重要的作用。因此,数字经济创新需要不断推动数字技术的创新迭代,一方面,数据作为数字经济发展的关键生产要素,数字技术的充分利用能够有效实现对海量数字资源的收集、处理与分析,显著提高对数据信息的存储容量和流转速度,降低市场活动中的信息交换和搜索成本,实现数据要素价值的放大、叠加和倍增;另一方面,大数据、人工智能、物联网与云计算等新兴数字技术日益融入经济社会发展的各领域和全过程,数字技术创新能够有效推动传统产业经济的数字化、智能化与网络化转型升级,不断激发新的经济增长点,同时引领数字产业的协同发展和供需精准对接,并向全球高端价值链延伸,助力产业发展国内国际双循环。

3. 实现数字经济与传统产业融合发展

数字经济的创新发展使得大数据、人工智能、物联网与云计算等新兴数字技术在传统产业发展中的应用不断深化,全面推进农业、制造业与服务业的数字化转型,实现传统产业结构的优化升级,并依托产业数字化、网络化和智能化转型发展,不断提升产业间的关联程度,促进数字经济与传统行业的深度融合。一方面,推动数字技术应用与传统产业发展相结合,能够推动产业多样化和专业化的集聚,这将有助于数据要素在企业组织运营过程中的流动,实现传统产业提升效率模式的变革;另一方面,推动数字经济与传统产业的融合发展,能够有效促进传统产业发展链条的扩展,在传统产业范围内催生出更多、更强的商业模式与产业形态,并与数字经济共同打造新的产业生态体系。

4. 激发数字经济新业态助力产业升级

随着数据资源的充分利用与数字技术的飞速发展,新产业、新业态和新模式相继涌现,改变了原有的生产模式和生活方式,成为加速新旧动能转换的重要力量,为产业经济的高质量发展提质增效。因此,数字经济创新需要激发数字经济新业态助力产业升级。一方面,新业态、新模式推动产业跨界融合、升级换代,帮助传统产业衍生出新的产业发展空间,促进消费市场规模的扩大,带来产业规模经济的快速增长;另一方面,新业态、新模式催生出新的资源要素和组合模式,加速原有产业链条的融合与重构,有效驱动各生产要素的快速配置,实现集约整合、高效利用的产业组织方式变革,提升产业发展效率。

10.2.2 我国数字经济创新面临的挑战

在当前受新冠肺炎疫情影响、经济增速放缓的背景下,数字经济创新更应充分发挥其在经济活动中的活力和创新力,帮助实现数字经济在全球范围内的高质量发展。而面对复杂的市场发展环境,数字经济创新也面临来自数据释能、技术应用与产业发展等方面的严峻挑战,具体表现为以下 3 个方面。

1. 数据要素资源的市场化配置不完善

数据价值的充分挖掘是数字经济创新发展的重要基础,而数据要素市场的建设与完善是实现数据利用、释放数据价值的关键。目前,数据要素市场化配置面临诸多难题,包括数据统筹力度较弱、数据确权难题尚待解决、数据共享流通障碍重重等。首先,经济社会中的各部门之间条块分割、重复建设问题严重,跨部门、跨系统、跨区域统筹协调难度较大,地方省市的大数据管理机构之间统筹力度不强,难以形成统一的数据交易大市场;其次,由于当前缺乏足够的法律政策与制度明确数据权利的配置,数据生产者、收集者、存储者与利用者在数据归属问题上的争议一直存在,且数据要素的虚拟性与易复制性增加了制定确定性的衡量数据一般性价值的标准的难度,导致个人、企业与国家在数据要素上的权利内容及分配规则不清,严重阻碍了数据要素市场化的进程;再次,由于推进数据信息的自由流动会带来国家信息安全、个人隐私保护、知识产权保护等方面的隐患,部分国家、地区和企业设置了数字贸易壁垒,如数据本地化、数据跨境传输限制、网络支付服务限制等措施,极大地限制了数据的流动和共享,进而影响数字贸易活动自由、平等的发展。

可见,培育数据要素市场是一项综合性系统工程,需要统筹规划、强化创新、稳步推进。第一,要建立健全数据产权交易和行业自律机制,培育规范的交易平台和市场主体,发展数据资产评估、登记结算、交易撮合、争议仲裁等市场运营体系;第二,要立足健全壮大国内要素市场目标,坚持政策指导、需求牵引、迭代发展、持续运营,遵循数据产品化、产品标准化,创新体制、机制,聚焦数字化转型升级,完善数字资产交易运营规制,逐步扩充数字场景,发展形成区域市场和国内统一市场;第三,要通过国内数据交易市场的培育,建立数据要素目录,推动基础性公共数据有序开放和数据要素的合理开发利用,着力打通产业链和供应链中的数据流动与共享渠道。

2. 数字技术在产业发展中的应用不足

大数据、人工智能、物联网与云计算等新兴数字技术不断创新迭代,但大部分企业对数字技术的应用尚停留在初级层面,核心生产环节数字赋能较弱,不能充分发挥数字技术对提高生产效率、优化产业结构等方面的强大引擎作用,难以通过数字技术充分挖掘数字经济生产潜力,特别是在工业互联网领域,数字技术的应用不足将导致现有数字生产力的闲置。同时,数字技术错配问题也严重影响着数字技术在产业发展中的应用,当前数字技术在不同产业间的应用差异较大,消费领域的数字经济能够较好地应用数字技术实现服务升级,而在生产领域的数字经济发展过程中,数字技术架构的缺失使得传统产业数字化转型面临新旧动能转换力不足的问题,给生产型数字经济的发展带来阻碍,影响企业实现数字化转型。

为提升数字技术的创新引领作用,要以促进数字技术的广泛应用为出发点,优化数字经济的融通创新支撑能力,并考虑更新现有专利制度,平衡好专利技术权益与创新市场推广之间的关系;同时,要积极支持"产学研"跨组织管理协作,畅通企业向高校及科研机构获取数字技术的支持途径,确保数字技术创新供应链的有效性与稳定性,实现数字技术研发与应用的供求一致性,扩大数字技术创新研发溢出效应。

3. 数字经济与传统产业融合程度不深

推进数字经济与传统产业深度融合,不仅是实现我国产业基础高级化与产业链现代化的重要途径,也是实现数字经济高质量发展的必然选择,但当前数字经济与传统产业融合发展面临"不便"与"不愿"等问题,致使数字经济与传统产业融合程度不深。数字化转型改变了传统商业逻辑和产业性质,形成了跨区域、跨行业与多主体的复杂数字生态系统,而现行数字经济监管体系不完善引发的问题日益凸显。例如,目前针对数据产权归属、数据安全保护、数据交易合规、数据共享与融合等现实挑战的政策与法律法规仍不完善,导致数字经济和实体经济融合缺乏政策、法规的有效保障,由此出现"不便"的问题。同时,数字经济与传统产业融合发展是涉及组织架构、业务流程、经营管理等多方面的系统工程,而大多数中小型企业由于自身资金有限、生存压力大,对于投资多、周期长、见效慢的数字化转型升级动力不足,由此出现"不愿"的问题。

因此,为有效推进数字经济与传统产业的融合发展,要完善数据交易、知识产权保护、隐私保护、安全保障等法律法规,对数据的使用权限、应用范围等进行标准化与规范化管理,加强政策间的相互协同与配合,推动形成支持数字经济高质量发展的长效机制;同时,要持续推进"两化"融合创新发展,加强智能制造、工业互联网等试点的示范作用,并加快企业"上云用数赋智",降低技术和资金壁垒,加大中小企业数字化改造的技术、人才、资金支持力度,引导企业完成数字化转型升级。

10.3 数字经济创新的关键要点与体系构建

数字经济创新是实现数字经济高质量发展的战略性力量,通过夯实发展基础、厚植产业生态、整合要素资源、推动技术发展等关键步骤,构建数字经济创新体系,实现数字经济更高质量、更有效率、可持续的发展,提升我国数字经济发展在国际舞台上的竞争力。

10.3.1 数字经济创新的关键要点

数字经济创新的关键要点

1. 新基建：数字经济创新的基础

"新基建"是新型基础设施建设的简称，是指以新发展理念为引领，以技术创新为驱动，以信息网络为基础，面向高质量发展需要，提供数字化转型、智能化升级、融合性创新等服务的基础设施体系。作为数字经济创新发展的基石，近几年以5G 基站、人工智能计算中心、工业互联网与数据中心等领域为代表的新型基础设施加速建设，成为我国数字经济高质量发展的重要支撑。

新基建全面铺设了"信息能源高速公路"，搭建了产业信息化、数字化、智能化发展的基础工程，能够进一步提升数字经济发展的效率与质量，带动传统产业实现数字化转型升级，是实现数字经济创新发展的"加速器"，对于拓展数字经济发展新空间、夯实数字经济高质量发展具有重要意义。

2. 平台企业：数字经济创新的场景

平台企业是数字经济发展过程中重要的企业组织形态，是数字经济创新过程中实现数字技术创新与商业模式创新的应用场景。以平台企业为重心，做强、做优、做大我国数字经济产业体系，是数字经济组织方式的重要特征，也是我国建设数字化、智能化、国际化数字经济产业链、创新链的重要抓手。平台企业通过数据、算力、算法实现市场中各类要素资源的有效整合，促进来自双边（多边）不同类型市场供需的精准对接，能够有效形成需求牵引供给、供给创造需求的更高水平的动态平衡，对提高国内大循环质量和畅通国内、国际双循环发挥着重要作用。

随着数字经济的快速发展，平台企业在大数据、智能算法、区块链等诸多数字前沿技术领域获得了优势，对数字产业化和产业数字化转型发展提供了强大的服务能力，为推动传统行业转型升级、数字经济与实体经济深度融合以及实现数字经济高质量发展注入了新活力和新动力。

3. 数据资源：数字经济创新的动力

数字经济是信息技术革命的产业化和市场化，而数据是数字经济的关键生产要素，是驱动数字经济高质量发展、引领传统产业数字化转型的重要动力。围绕数据要素的开发与利用，平台经济、共享经济等新产业、新业态、新模式不断涌现，进一步扩大了数字产业的规模和范畴，并支撑我国数字经济的快速发展。数据要素的价值越来越多地体现在促进降低生产成本、提高生产效率、改善生活水平等方面，并通过紧密围绕市场需求、应用需求，最大限度地激发出数据要素的价值潜力。

同时，数字经济和实体产业的融合日益紧密。借助大数据、人工智能、云计算等新兴数字技术对数据资源的分析与利用，传统制造业企业实现了从"规模生产"到"规模定制"的转型，并形成了个性化定制、体验式制造等柔性化新型制造业态，实现了以数据资源为创新发展起点、通过数字经济与实体产业深度融合协同各类生产要素的数字生态。

4. 技术革新：数字经济创新的引擎

大数据、人工智能、区块链和云计算等新兴数字技术是驱动数字经济创新发展的重要引擎，世界各国均充分把握数字经济发展机遇，将数字技术更加高效地运用于数字经济创新发展的过程中。数字技术在发展数字经济、加速经济社会数字化转型过程中发挥着至关重要的作用。一方面,数字技术的应用促进数据要素的产业化、商业化和市场化,确保数据要素在社会各生产环节中的增值,推动数字经济规模不断增长。因此,未来应持续推进数字技术赋能的深度和广度,发挥数字技术对产业经济发展的放大、叠加、倍增作用。另一方面,数字技术的快速迭代助力相关产业持续升级,同时新的颠覆性科技创新成果不断涌现,释放出巨大的发展动能,进一步催生出新业态、新模式,并为数字经济与传统产业的深度融合创造了条件。因此,未来应将数字经济创新活动广泛引入生产领域,助力实体经济的数字化转型升级。

10.3.2 数字经济创新的体系设计

如今,数字经济蓬勃发展并深度融入经济社会的方方面面,成为推动中国经济未来发展的核心动力。数字经济创新过程是一个复杂的系统工程,新基建、平台企业、数据资源与数字技术在此过程中分别发挥关键作用,并由此形成数字经济创新体系中的不同功能模块,进而为搭建科学、合理的数字经济创新管理体系框架奠定基础。

1. 数字经济创新管理体系的主要模块

1) 数字经济创新支撑模块

数字经济创新需要以数字基础设施为支撑,而新基建是其中最为重要的组成部分。当前,新基建主要包括5G基站、人工智能计算中心、工业互联网与数据中心等领域,本质上均是新一代信息基础设施,因此也被称为数字基建或新基建。与传统基础设施不同,新基建的内涵更加丰富,涵盖范围更广,也更能体现数字经济特征,对于数字经济的创新具有较好的支撑作用。

发力新基建是应对当前新冠肺炎疫情冲击、扩大国内消费市场、稳定经济增长局势的有效手段,更是未来实现数字经济创新发展的路径之基、谋取国际竞争优势的关键之举。新基建对数字经济高质量发展的推动作用主要包括催生新业态与推动数字化转型两方面。第一,相较于传统基础设施建设,新基建融入了更多数字技术,使得生产活动更加数字化、智能化,推动商品及服务的低能耗、高质量供给。第二,国家投入大量精力进行新型基础设施建设,一方面可通过对关键核心数字技术的攻关突破缓解由于国外技术管制所带来的"卡脖子"问题,并带动产业链转型升级;另一方面借助数字技术对产业发展的颠覆性变革,传统产业可较好地实现产业数字化转型,并创造新的内生性增长点。

数字经济创新过程中的新基建是实现创新的基础。借助新基建,数字产业有机会获得低成本、高效率的量产能力,数字技术创新成果也得以迅速转化,从而实现数字经济创新成果的经济效益高速增长。

2) 数字经济创新资源模块

数字经济时代,数据要素资源是参与社会生产经营活动、驱动数字经济创新发展的强大动力。随着数字产业化和产业数字化转型升级的不断加速,企业的信息化水平不断提高,数据资产在企业资源中的比重不断提升,成为数字经济时代的核心生产要素。区别于劳动、资本、土地等以往的生产要素,数据对其他要素资源具有乘数作用,可以放大劳动力、资本、土地等生产要素在社会各行业价值链流转中产生的价值。数据资产化和市场化将不断释放底层数据的价值,并促进大数据、人工智能、物联网与云计算等新兴数字技术的商业化和市场化应用,加速数字经济新业态、新模式的诞生与发展,推动整个数字产业不断发展壮大。

同时,数据要素资源对产业发展的驱动作用日益增强,以数据为核心重构、整合各类生产要素资源,推动数字经济与传统产业结构的互动创新和持续优化,促进数字产业全面发展。数据要素资源的高效利用与合理开发,能够有效提高全社会劳动生产率,有助于实现生产率跃升、产业链优化和竞争力重塑,对国际范围内的数字经济核心竞争能力具有决定性影响。

在数字经济创新过程中,数据要素资源逐渐取代传统要素资源在产业经济发展中的重要位置,符合数字经济时代的发展趋势。对数据资源的加工与利用,可以实现数字经济的高效产出,进而突显数字经济创新在国民经济发展中的关键作用。

3) 数字经济创新技术模块

数字经济创新离不开数字技术的发展,数字技术的应用对数字经济创新发展具有重要的引擎作用。大数据、人工智能、物联网与云计算等新一代数字技术的灵活性、共享性和高性能计算能力在推动数字经济高质量发展中的作用愈发凸显,通过与物理技术、先进制造技术的不断融合,推动产业主导技术群不断迭代升级,将数字经济代入新的发展阶段。

同时,数字技术能够有力地推动以创新为关键要素的数字经济发展,实现数字经济发展由低成本竞争向高质量竞争、粗放制造向绿色制造的转变,加快建设信息化、智能化、网络化与绿色化的数字经济产业新体系,加速传统产业数字化转型升级与新旧发展动能转换,促进三大产业数字化融合,推动数字经济和实体经济融合发展。

数字技术的发展与应用帮助实现数字经济创新过程的高质量完成,而数字信息技术依托数字化信息和信息网络,为人类社会的经济活动提供便利。同时,数字技术与传统产业的紧密融合,提高了社会各个领域的运行效率,为经济发展提供了全新机遇。

4) 数字经济创新协同模块

数字经济创新需要凝聚产、学、研各方力量,不断加强理论创新、技术研发与商业应用等各关键环节的相互作用,打造产、学、研多方深度融合的数字经济创新系统,共同探讨数字人才培养、科技成果转化、实体经济赋能等问题,加快推动数字产业化与产业数字化转型升级,进而推动数字经济与实体经济的深度融合以及数字经济的高质量发展。

大数据、人工智能、物联网等数字技术的加速创新,促进了数据和信息在各主体之间的互联互通,使网络空间的功能得以进一步拓展,如实时在线、可交互的数据流和信息流使多元创新主体之间可以进行跨区域、跨领域的协同创新。在此条件下,数字经济创新组织方式正在向网络化、生态化方向演进,其创新过程亦呈现出开放性、包容性的特征——科研院所、数字企业、个人开发者甚至用户均可以通过网络空间参与整个创新过程,并推动整个数字经济创新系统的动态演化。

在数字经济创新过程中,各主体之间的有效协同是实现数字经济创新的重要一步,"产学研"各相关单位应充分利用现代信息技术实现数字经济创新资源的合理转化,保障数字经济的高质量发展。

5) 数字经济创新政策模块

适宜的政策环境是发展数字经济,实现数字经济创新的保障。数字经济与实体经济在理论基础与发展规律等方面有很大不同,由此导致二者对应的政策保障体系具有较大差异。为了有效推进我国数字经济创新工作,2019年10月国家发展改革委、中央网信办发布了《国家数字经济创新发展实验区实施方案》,指出要坚持新发展理念,充分实现新旧动能转换。同时,对于促进数字经济创新,我国大部分省市根据自身数字经济发展的实际情况,提出了与之相适应的政策措施。例如,北京市在2020年9月重磅发布了促进数字经济发展"1+3"政策以及《北京市促进数字经济创新发展行动纲要(2020—2022年)》,为充分释放北京市数字经济创新活力提供了政策支持。

数字经济创新政策的制定为数字经济发展提供了一个良好的环境,是保障数字经济创新过程中各环节积极有效发挥作用、实现数字经济高质量发展的重要影响因素,有利于切实加强数字经济发展顶层设计和总体布局,实现产业经济发展从传统经济向数字经济的动力变革。

数字经济创新管理体系框架

2. 数字经济创新管理体系框架

数字经济创新管理体系各模块在创新过程中具有不同的功能,通过对各模块作用的认识,以及各模块之间关系的相互联结,可以得到数字经济创新管理体系框架,如图10-1所示。

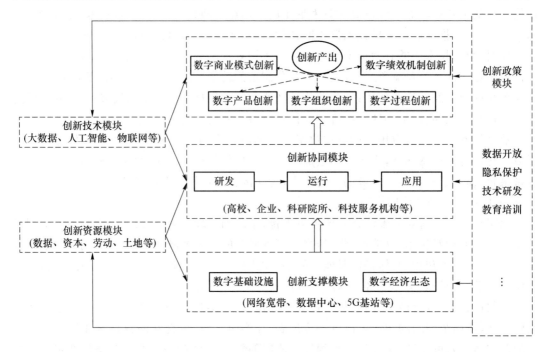

图10-1 数字经济创新管理体系框架

从图10-1可以看出,创新支撑模块、创新协同模块是实现数字经济创新产出的主路径,其中创新支撑模块处在整个管理体系的基础位置,数字基础设施是对数据要素资源进行转化、开发,实现数字经济创新的基础;创新协同模块将数字产业的研发、运行、应用合为一体,对高校、企业与科研院所等机构进行协同管理,并应用大数据、人工智能、云计算等数字技术,实现数据资源要素的高效产出。而创新资源模块、创新技术模块与创新政策模块为实现数字经济创新产出提供必要的动力、工具和保障。其中,创新资源模块通过将数据、资本、劳动与土地等生产要素进行有效整合,为创新产出提供动力;创新技术模块充分利用大数据、人工智能、物联网等数字技术,实现资源要素在创新生产环节中的价值增值;创新政策模块贯穿数字经济创新管理全过程,通过对各模块的相关行为操作进行规范要求,保障数字经济创新过程的顺利实现。

可见,数字经济创新管理涉及现代经济社会的方方面面,需要政府部门及社会各界的通力合作实现各模块作用的切实发挥,以及相互之间的有效协调。同时,数字经济创新随着时代发展与技术进步,在不同的发展阶段有着不同的时代要求,需要根据数字经济发展实际适时调整数字经济创新管理过程,以保证数字经济创新为数字经济发展提供动力,进而实现我国产业经济结构的优化调整与数字经济的高质量发展。

10.4 数字经济创新的保障措施

1. 完善数字经济创新相关法规

完善的法律法规是数字经济创新的制度保障。加强构建数据跨境流动、电子商务、人工智能、金融科技、知识产权、消费者权益等领域的法律体系,将有益于数字经济创新在法治框架下的有序发展。一方面,完善数字经济创新相关的法律体系,重新审视现有规章制度与当前数字经济发展需求的契合程度,及时调整和更新有可能阻碍数字经济创新发展的政策措施;另一方面,构建与现阶段数字经济高速发展相适应的知识产权保护、平台治理建设、协同创新研发和人才培养或引进等方面的法律法规体系,以保障数字经济新模式、新业态和新产业等的健康发展,促进新兴技术与产业发展深度融合和数字经济高质量发展。

2. 着力推进核心技术创新与应用

数字经济创新有赖于核心数字技术的开发与应用,实施核心数字技术科研攻坚战略、加强数字技术原始创新是推进核心技术创新及应用的重要途径。第一,要积极构建和完善数字技术创新体系,不断提高数字技术自主创新能力,在人工智能、区块链等核心数字技术、颠覆性技术、非对称技术领域实现重大科技成果的突破,避免数字技术"卡脖子"问题给数字经济创新带来阻碍。第二,要全面建设核心数字技术领域的国家重点实验室,全力攻克类脑计算、量子计算、海量数据存储、多元异构数据处理、时序数据分析、计算机视觉、自然语言处理、生物特征识别及知识图谱等关键技术难关,并启动重大科技攻关项目,着力推进核心技术的创新与应用,提升数字技术生产力,为数字经济创新提供动力。

3. 推动数字经济创新向全球化发展

数字经济创新具有全球化、开放性的特征,推动全球范围内的产业和技术合作是实现数字经济高质量发展的必经之路,也是推动形成以国内大循环为主体、国内国际双循环相互促进的新发展格局的重要内涵。一方面,推动国际范围内的广泛合作能够最大化地发挥数据资源优势,促进数字经济释放更大潜能;另一方面,数字化创新发展是提升世界经济发展的重要机遇,国际合作有助于实现全球范围的共同繁荣和发展。

面对数字经济创新的全球化发展,要积极打造数字经济合作交流品牌,高标准规划建设交流载体,培育数字经济创新合作产业链,推动形成以数字化产业为产业链条、以产业数字化为创新链条的合作发展新模式,实现数字产业上下游的不断延伸发展。同时,应在全球范围内建立各国重要科研机构和组织之间的紧密合作关系,推动建设国际化的技术转移中心、科技创新平台,为突破关键数字技术瓶颈、实现数字技术全球化应用提供重要方案。

4. 强化知识产权流入和流出机制建设

数字经济创新具有范围广、更新速度快以及市场前景难预料等特性,使得知识产权保护制度和技术标准体系对促进数字经济创新发展具有关键的支撑作用。从国内层面上看,一方面,知识产权保护制度在一定时期内赋予的"合法垄断权"能够有效激励数字经济从业者(尤指行业领导者)加大创新研发投入力度,不断推动新兴数字技术与商业模式的研发与应用;另一方面,技术标准体系能为各数字经济创新主体的研发与生产活动提供明确的目标和行为参照系,并可通过技术标准中必要的知识产权流入和流出机制,激励各主体不断地提高数字经济创新质量,进而深度推进数字经济创新。

从国际层面上看,全球数字经济的快速发展将推动国际规则进入密集重构期,数字经济相关规则的制定权将成为国际新一轮竞争的焦点。当前,世界各国已然对5G、区块链和人工智能等领域的知识产权与技术标准布局展开了角逐,以期抢占未来数字经济创新发展的制高点。通过完善数字经济自主知识产权布局,显著提高了我国在全球数字经济发展标准上的话语权,并借此在国际市场中获取更多的创新机遇和资源,为营造稳定、公平、透明的全球数字经济创新发展环境贡献中国方案。

思 考 题

1. 比较分析数字经济创新与传统经济创新的差异。
2. 简要说明数字经济创新对我国经济发展的意义。
3. 结合本章内容,分析未来数字经济创新的趋势。

本章参考文献

[1] 李彦臻,任晓刚.科技驱动视角下数字经济创新的动力机制、运行路径与发展对策[J].贵州社会科学,2020(12):113-120.

[2] 张森,温军,刘红.数字经济创新探究:一个综合视角[J].经济学家,2020(02):80-87.

[3] 李艺铭,安晖.数字经济新时代再起航[M].人民邮电出版社,2017.

[4] 李君,邱君降,成雨.数字经济时代的企业创新变革趋势[J].中国信息化,2018(04):12-14.

[5] 张森,温军.数字经济创新发展中的技术道德问题——基于经济学视角的分析[J].经济学家,2021(03):35-43.

[6] 唐要家.数字平台反垄断的基本导向与体系创新[J].经济学家,2021(05):83-92.

[7] 姜松,孙玉鑫.数字经济对实体经济影响效应的实证研究[J].科研管理,2020(5):32-39.

[8] 刘向东,刘雨诗,陈成漳.数字经济时代连锁零售商的空间扩张与竞争机制创新[J]中国工业经济,2019(5):80-98.

[9] 许宪春,张美慧.中国数字经济规模测算研究——基于国际比较的视角[J]中国工业经济,2020(5):23-41.

[10] 中国信息化百人会课题组.数字经济:迈向从量变到质变的新阶段[M].北京:电子工业出版社,2018.

[11] 王桓.把握新基建重要特征,构筑数字经济创新发展基石[J].中国信息化,2020(11):

5-7.

[12] 丁宏,梁洪基.互联网平台企业的竞争发展战略——基于双边市场理论[J].世界经济与政治论坛,2014(04):118-127.

[13] 林子樱,韩立新.数字经济下平台竞争对反垄断规制的挑战[J].中国流通经济,2021,35(02):26-36.

[14] 张晓.数据驱动数字经济创新起航[N].人民邮电,2020-08-10(003).

[15] 郭斌,杜曙光.新基建助力数字经济高质量发展:核心机理与政策创新[J].经济体制革,2021(03):115-121.

[16] 李万,常静,王敏杰,等.创新3.0与创新生态系统[J].科学学研究,2014,32(12):1761-1770.

[17] 张昕蔚.数字经济条件下的创新模式演化研究[J].经济学家,2019(07):32-39.

[18] 王姝楠,陈江生.数字经济的技术-经济范式[J].上海经济研究,2019(12):80-94.

[19] 陈万钦.数字经济理论和政策体系研究[J].经济与管理,2020,34(06):6-13.

[20] 李猛,史小今.海南自由贸易港数字经济创新发展的国际经验借鉴与路径探索[J].国际贸易,2020(12):58-66+74.

[21] 温军,张森.数字经济创新:知识产权与技术标准协同推进的视角[J].现代经济探讨,2021(04):1-7.

[22] 中国服务贸易指南网.提升数字技术对数字经济的创新引领作用[EB/OL].(2021-12-03)[2022-06-09].http://tradeinservices.mofcom.gov.cn/article/yanjiu/pinglun/202112/123998.html.

[23] 林学军.以数字创新推动广东创新发展[EB/OL].(2022-03-28)[2022-06-09].https://www.sohu.com/a/533447504_100116740.

[24] 知乎.数字经济新时代三大特征[EB/OL].(2021-10-12)[2022-06-09].https://zhuanlan.zhihu.com/p/420552374.

[25] 孙宝文、欧阳日辉、李涛.把握数字经济的技术经济特征[EB/OL].(2021-12-14)[2022-06-09].http://www.qstheory.cn/qshyjx/2021-12/14/c_1128161497.htm.

[26] 梅宏.大数据与数字经济[EB/OL].(2022-01-16)[2022-06-09].http://www.qstheory.cn/dukan/qs/2022-01/16/c_1128261786.htm.

第11章 数字经济生态管理

伴随着大数据、人工智能、物联网、云计算以及区块链等新兴信息技术的快速发展,我国数字经济已经迈入各类经济主体深度参与、各种产业融合聚集、新型业态和智慧模式不断涌现、价值共创效率迅速提高的新阶段。数字经济逐渐形成一个以数据要素为纽带、以数字技术为依托,市场各行为体之间相互协同、融合共生、共生共赢的生态系统。本章从数字经济生态系统的概念与内涵入手,系统地介绍数字经济生态的基本组成、运行特征与发展目标,并深入阐述了营造良好数字经济生态的发展路径;重点分析数字经济生态发展过程中出现的数字鸿沟、数据产权、数据开放、数据安全、知识侵权、道德伦理等焦点问题,阐述未来更好地创造生态、融入生态、发展生态的治理策略,以利于数字经济生态的良好发展与健康运行。

11.1 数字经济生态的基本概念与组成

数字经济时代,数据的开放共享性、业务流程的动态非线性、企业的创新成长性、主体的多样共存性为数字经济生态的形成提供了必要条件。在开放的数字经济生态中,海量的经济主体能够迅速地参与到市场竞争与合作的过程中,使得线上、线下业务融合成为常态,产业高效集聚和区域发展协同成为可能。

11.1.1 数字经济生态的概念与内涵

1. 数字经济生态的概念

2021年3月,国务院发布《中华人民共和国国民经济和社会发展第十四个五年规划和2035年远景目标纲要》,其中明确提出要打造数字经济新优势,营造良好的数字生态,这是"数字生态"的概念首次出现在国家战略规划文件中。数字生态是由数字和生态两个基本概念融合成的综合新概念,具有数字化科技时代和生态学普及时代融合的时代特征。在此基础上,数字技术所具有的跨界融合、价值溢出以及网络效应等特征,使得以数据为关键生产要素的数字经济与产业经济、社会发展密切相关、相互影响,并从整体上构成了数字经济生态。

一般地,数字经济生态指:数字经济时代下,政府组织、企业组织和个人等社会经济主体,围绕数据要素的流动循环过程,通过数字化、信息化和智能化的数字技术进行连接、沟通、互动与交易等活动,并与外界发展环境相互关联的社会经济系统。从数字经济生态的概念可以看出,数据要素资源是数字经济生态形成的基础,数字经济生态中的各类社会经济主体通过数据要素资源的生产、利用与流动过程实现串联,并依托数字经济主体之间的交互提升系统效能、促进信息分享、增进主体内和主体间的合作、加快系统创新。

2. 数字经济生态的内涵

数字经济是指以使用数字化的知识和信息作为关键生产要素,以现代信息网络作为重要载体,以信息通信技术的有效使用作为效率提升和经济结构优化的重要推动力的一系列经济活动。2021年6月,国家统计局发布《数字经济及其核心产业统计分类(2021)》,结合中国经济实际情况,建立了具有国际可比性的数字经济产业统计分类,该分类涵盖了与数字技术存在关联的各种经济活动。与传统经济模式不同,数字经济时代的生产力和生产关系发生了重大变化,数字技术的广泛应用使得大量经济活动被重构,重点体现在数字产业化发展、产业数字化转型以及数字化治理等方面,可分别从微观、中观与宏观层面对数字经济生态的内涵加以阐述。

在微观层面,数字经济生态以数字产业链的完善、可持续发展为核心,通过连接数字经济产业链中的上下游企业和消费者群体,产出大量数据并进行数据分析、利用与反馈,对数字产业结构与生态进行优化和改进,实现数字经济总体价值的增值过程。该层面下,数字经济生态更多地侧重于数字产业的发展情况,通过参与成员在既定治理机制和规范的引领下,实现数字经济生态的发展演进,从而共同创造价值。

在中观层面,数字经济生态强调数字产业化与产业数字化转型的优化升级,侧重于强调实现数字经济对于促进数字产业与传统产业融合发展的关键作用。一方面,数字产业自身的技术进步,促进产业发展模式的不断升级、改进;同时,数字经济产业与外部生态环境相互作用,并通过数据要素资源的流动形成复杂的竞合关系,形成具有自适应能力的产业生态系统。另一方面,数字技术的快速发展也为传统产业的数字化转型升级提供了必要的发展工具,数据、资本等各种生产要素高度整合,数字产业与传统产业在研发和生产等方面互动合作,实现优势互补和价值共创。

在宏观层面,数字经济生态侧重数字经济产业发展与外界生态环境的相互作用。由于数字经济的重要战略地位,世界各国均大力推动数字基础设施的全面建设,以及数字治理政策的适应性创新,以期为数字经济发展提供良好的营商条件,同时充分发挥市场规律与政策指引对数字经济发展的调节作用,以建立商业价值和社会价值共同导向的数字经济生态。

11.1.2 数字经济生态的基本组成

基于数字经济生态的概念与内涵,数字经济市场中的经济主体可大致分为数据要素的生产者、数据要素的消费者与数据要素的分解者等异质性数字主体,各主体以数据要素的流动循环为连接进行良性互动,从而构成内层产业生态,而数字经济发展的外界环境则构成较为宏观的外层环境生态,其关键作用在于规范系统内的各主体行为,以及平衡生态中的各种矛盾,进而保障内层产业生态的价值创造。可见,与所有生态系统类似,数字经济生态主要包括数据生产者、数据消费者、数据分解者和数字生态环境4个部分。其中,数据生产者、数据消费者和数据分解者之间建立紧密的合作博弈关系,共担风险、共享收益,并且不断地与数字生态环境进行信息交换。

1. 数据生产者

数据作为数字经济时代的重要生产要素,在经济社会发展的过程中起关键性作用。与传统经济生产要素的排他性不同,数据具有开源性、共享性和易复制性等特征。在市场经济活动中,产出数据的行业或主体是数字经济生态中的先导力量,具有重要的战略地位和市场价值,在数字经济生态中扮演着数据生产者的角色。

数字经济生态中的数据生产者主要指以信息通信业、互联网、物联网、电子信息制造业、软件服务业等为基础的信息产品和服务企业,其通过日常经营活动产生大量数据,既满足自身行业的发展需求,又能为整个数字经济生态提供数据来源。数字经济发展遵循梅特卡夫法则,作为生态系统的基础部分,数据生产者的数量越多,则数字经济生态中的网络节点数越多,产生的数据量及数据的价值就越大。

2. 数据消费者

数字经济生态中的数据消费者主要指利用数据要素资源,与数字产业实现深度融合发展的第一、第二和第三产业。数据消费者通过充分挖掘、利用数据要素资源对优化产业生产效率的价值潜力,从而不断提高自身在经济市场中的竞争力,并进一步推动传统生产关系的深刻变化。

在整体生态价值共创的驱动下,数据消费者使得数字经济生态中各主体之间的信息交流更加便捷,产业内各类企业的业务边界逐渐拓宽并呈现出协同共生关系。作为数字经济生态的重要组成部分,传统产业数字化转型过程中的数据消费过程使得产业数字化迅速发展,并拉动数字经济在我国国民经济中的比重逐年上升,促使数字产业化与产业数字化转型融合发展迈向更深层次,不断激发出新产业、新业态和新模式。

3. 数据分解者

数据要素资源价值潜力在产业发展中的充分释放,需要依靠基础科学和数字技术的关键支撑,因此大数据、人工智能等前沿数字技术的迭代创新为数字经济生态的健康发展奠定了基础。数字经济生态中的数据分解者主要指利用大数据、人工智能、物联网、云计算等数字技术提供数据增值服务的产业,其中数据增值服务包括海量存储、量子计算、多线程数据处理等数据存储、处理和分析业务。数据分解者以数据生产者和数据消费者为服务对象,将数据生产者产出的海量数据加工为可识别的知识化信息,并提供给数据消费者完成数据要素的价值产出与增值过程,同时与数字经济生态环境相互关联,进而完成整个数字经济生态中的能量与物质循环。

数据分解者在数字经济生态循环过程中发挥着至关重要的作用。例如,数字经济发展遵循摩尔定律和达维多定律,即芯片的处理能力每18个月翻一番以及进入市场的第一代产品自动获得50%的市场份额,因此数字经济企业必须及时进行产品的更新换代。数据分解者能够加速这一进程,及时淘汰落后产能,防止数字经济产业发展被落后产能拖垮,并运用前沿的数字技术手段,增强整个数字经济生态的可持续发展能力。

4. 数字生态环境

数字生态环境主要包括数字基础设施和数字治理政策两方面。完善的数字基础设施是发展数字经济的基础和先决条件。新型数字基础设施既涵盖传感终端、5G网络、大数据中心、工业互联网等,也包括利用物联网、边缘计算、人工智能等新一代信息技术,对交通、能源、工业等传统基础设施进行数字化、网络化、智能化升级改造。完善的数字基础设施体系依托多维度的复杂网络系统,形成畅通快捷的信息传输渠道,实现了万物互联,为数字经济全方位协同发展提供了坚实基础和先发优势。同时,新兴数字技术的产业化应用,催生出大量新业态、新模式,带动相关产业迅速发展,并顺着产业链上下游不断延伸,进而带动全产业链的集聚和壮大。

数字治理政策则通过构建与数字经济特征和规律相适应的治理体系,扫除数字经济发展的制约和阻碍因素,配合严密有力的监管体系,为数字经济时代生产工具、生产力和生产关系相匹配创造条件。具体来看,数字治理政策的发展主要包括数据安全与流动、数字市场反垄断、网络空间治理等法律法规、制度和政策。数据安全主要包括个人隐私和国家安全两个层面,数据安全风险可控有利于数据合理顺畅流动,同时产权归属清晰和定价规则明确也在一定程度上影响着数据的流动;数字市场反垄断有助于营造更加公平的竞争环境,解决数字经济环境下两极分化不断扩大的问题;网络空间治理的模式需要不断创新,应大力提倡网络主体多元共治。数字治理政策是数字经济生态快速健康发展的催化剂,能够有效加速数据生产者、数据消费者和数据分解者之间的数据信息交换,高效加快传统产业数字化转型进程,为数字经济生态的发展壮大提供保障。

11.2 数字经济生态的运行特征与发展目标

随着数字技术迭代、传统产业转型、生产要素集聚以及治理制度创新,数字经济生态发展逐渐趋于平衡,包括整体性、多样性与自组织性等在内的数字经济生态运行特征对于生态系统的稳定、持续发展具有重要作用。同时,《中华人民共和国国民经济和社会发展第十四个五年规划和2035年远景目标纲要》对我国数字经济生态做了清晰的顶层设计,明确我国数字经济生态建设要坚持放管并重、促进发展与规范管理相统一,营造开放、健康、安全的数字经济生态。

11.2.1 数字经济生态的运行特征

数字经济生态是多元共生的动态复杂生态系统,其在产业发展过程中的稳定演进有赖于数字经济生态所具有的整体性、多样性、自组织性、创新性与共生性等特征,其中整体性提供基础条件,多样性带来持久活力,自组织性为发展保障,创新性是动力来源,共生性是重要支撑。

1. 整体性

数字经济生态中各参与主体在时间和空间上整体保持连续、稳定、有序的状态,也即数据生产者、数据消费者与数据分解者在数量与功能上保持相互协调。数字经济生态的整体性特征帮助实现数据信息在各类数字经济主体之间的高效、便捷流动,同时与外层环境生态之间不断地进行能量交换,是数字经济生态得以不断发展演化的基本条件。

2. 多样性

数字经济生态中,围绕数据的产生、处理、应用等不同功能,产业内分化出种类众多的企业类别。数字经济生态中参与主体众多,使得依托数字经济的核心企业实现产业链的横向、纵向延伸,形成庞大的产业生态系统,并与市场中大量的需求方进行有效连接,进而提高数字经济生态发展的稳定性。

3. 自组织性

数字经济生态是动态开放的系统,产业生态中各主体之间的数据流、技术流、资金流、人才流与物资流有序、畅通流动,进而保持数字经济生态的发展活力。同时,数字经济生态的开放运行,有利于各经济主体与外部环境之间的物质和能量交换,能够有效保持数字经济生态的平衡,并能在平衡被打破时,通过自我调节逐渐发展至新的平衡状态,或演化升级至更高水平。例如,数字经济新产品和新模式投入市场将迅速补充或淘汰现有市场产品和模式,实现数字经济发展在原有水平上的演进升级。

4. 创新性

创新是数字经济生态发展演进的关键因素,主要包括技术创新与制度创新两方面。技术创新是数字经济生态的核心部分。一方面,技术创新能够不断强化创新驱动发展战略,促进产学研合作及科研成果落地转化,并显著提升数字经济生态的整体效能;另一方面,新兴技术不断催生新产品和新业态的出现,能够有效促使企业经营方式和商业模式的快速变革,进一步发挥数字经济对拉动经济增长的优势作用。制度创新能够有效释放数字经济发展活力,通过建立、健全数据隐私、知识产权保护、跨境数据流动等方面的法律法规,为数字经济发展营造良好的生态环境。

5. 共生性

数字经济生态的共生性主要表现在企业共生、产业共生和价值共生 3 个层次。随着数字经济占国民经济比重的提升,企业之间合作更加密切,企业边界变得模糊,并且由于数字技术在产业发展中的广泛应用,数据、资本等要素资源整合效率得以极大地提升,企业之间通过资源和能力的相互补充能够有效降低运营成本,进而吸引大量企业加入数字经济共生网络生态。数字经济相关产业之间互相促进,形成协同发展的良好生态,纵横交错的合作关系促使产业共生网络组织的功能不断完善。数字产业化为产业数字化奠定基础,产业数字化进一步拉动数字产业化的发展,两者相互促进,不断加速数字经济与实体经济的融合进程。价值共生是数字经济生态中各经济主体之间合作的更高水平,帮助实现数据生产者、数据消费者、数据分解者和数字生态环境之间的良性互动,促进数字经济生态中的价值共创和价值共享。在价值共创的驱动下,众多经济主体之间呈现竞合博弈的交互关系,并在相互依存与合作中实现共同发展,产业内颠覆式创新不断涌现,系统自身创新能力持续提升,推动整个数字经济生态的高水平运行。

11.2.2 数字经济生态的发展目标

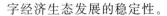

数字经济生态的发展目标

数字经济生态可看作数字企业和环境之间的制度性安排,以数据资源为基础,实现各数字经济主体与发展环境之间的紧密合作,形成边界开放的复杂网络系统,进而不断激发数字经济的价值创造和提高数字经济的分配效率。随着数字经济在国民经济发展中重要性的逐渐凸显,营造开放、健康、安全的数字生态成为各国实现数字经济高质量发展的工作目标。

1. 开放的数字经济生态

良好数字经济生态中的开放要求,不仅是对互联网与数字经济固有规律的尊重,更是对开放、共享等新发展理念的贯彻落实,是个人、企业、政府等各类主体共享数字经济发展红利的正当需求。

针对数字经济生态的开放要求,要通过多种方式充分释放数字要素资源的潜能。在企业层面,要鼓励企业开放软件源代码、硬件设计和应用服务,鼓励企业开放搜索、电商、社交等数据;在社会层面,要在提升公民数字素养的同时,推动数字化服务普惠应用,推进公共服务资源数字化,并加大数字化资源共享开放力度,加快信息无障碍建设,从而缩小主体间及地区间的数字接入鸿沟和数字红利差异,使得数字生活真正向所有主体开放、为所有主体共享;在政府层面,要积极整合政务信息和重要治理数据,打破部门间的数据孤岛,实现数据赋能,同时要探索向社会和企业开放公共数据资源的有效方式,优先推动企业登记卫生、交通、气象等高价值数据的社会开放,鼓励第三方组织对公共数据的挖掘利用,并不断加深我国在国际社会数字经济发展格局中的融合程度。

2. 健康的数字经济生态

我国数字经济呈现出蓬勃发展的态势,但在数据、人才、市场等多个方面仍存在较为明显的发展不均衡、不充分等问题。从国际角度来看,世界各国在数字经济发展领域的竞争,首先就是在数字创新能力和创新成果应用方面的竞争,深化数字经济技术创新应用、激发数字经济发展活力是营造良好数字经济生态的重要内容和关键领域。

健康的数字经济生态需要鼓励与促进数字技术与商业模式的不断创新,要出台能够有效提升企业创新能力、拓宽企业创新空间的具体方案,努力缩小"数字红利差异"。例如,可不断完善数字技术开源社区等创新联合体的建设、发展鼓励社会力量参与数字产业创新产品和服务的应用过程,并通过"上云用数赋智"行动深化传统产业的数字化转型升级。

健康的数字经济生态应在规范的秩序下有序发展。现阶段,影响数字经济生态健康发展的问题主要包括以下 4 项:第一,数据要素市场规则不健全,数据要素交易机制以及场所的缺失将导致我国数据资源无法安全、有序流动;第二,对大型互联网平台的监管规则有待更新,尽管互联网企业是数字时代创新的核心主体之一,但此类主体也可能借由自身的数据或技术优势,阻碍其他企业尤其是中小企业的创新与发展;第三,隐私保护与个人信息保护不完备,这类规则的缺失或执法不足往往会导致大型企业利用自身的技术优势地位,侵害行业内同质企业以及市场用户的正当权益;第四,数字经济产业中的无人驾驶、在线医疗、智能配送、人工智能、区块链等新技术领域的监管不到位,可能会导致新技术引发的安全隐忧与伦理隐忧问题迟迟无法得到回应。

3. 安全的数字经济生态

安全是新发展理念的重要原则,也是建设良好数字经济生态的重点要求,主要包括网络空间安全、数据安全以及数字基础与技术安全等多个方面。

现阶段,网络空间安全的重要性已是国际社会的共识,世界各国均将网络空间的安全建设定位为未来国家主权的核心支柱之一。政府、企业和公众是网络空间的重要主体,其中政府充当主导者角色,是社会管理和公共服务的提供者;公众作为网络社会最广泛的参与者是构建网络社会秩序的中坚力量;企业则是受治主体。网络空间治理需要这三者相互配合、相互协作,并依赖数字技术手段的应用来提升治理效果。

数据安全之所以重要是因为数据及算法,尤其是"个性化推荐"算法,该算法在数字时代扮演着重要角色,同时"数治"在国家治理能力现代化建设中也发挥着作用。2021 年 9 月,国务委员兼外交部长王毅在"抓住数字机遇,共谋合作发展"国际研讨会高级别会议中发出

《全球数据安全倡议》,强调各国有责任和权利保护涉及本国国家安全、公共安全、经济安全和社会稳定的重要数据及个人信息安全。这是对数据安全最完整的阐述,其目的在于提醒存储关键或重要数据的经济主体对数据信息安全要有更高的认知和警觉。

除了网络空间安全与数据安全外,数字基础与技术安全同样是建设安全数字经济生态不可或缺的组成部分,因此需要在数字经济领域实现关键数字基础设施及数字技术的安全可控。其中,数字基础安全既要求数字基础设施本身的软、硬件的可靠性,也要求其配套设施(如电力供应)的可靠性;数字技术安全则不仅要求关键数字技术具有较好的抗攻击性,也要求在关键数字技术上具有较强的独立性和自主性,避免数字技术"卡脖子"问题的出现,影响数字经济的整体发展态势。

11.3 营造良好数字经济生态的发展路径

随着大数据、人工智能、物联网、云计算与区块链等新兴数字技术的快速发展,数字经济将继续推动数字产业的变革升级。同时,数字技术的广泛应用将突破互联网技术群和商业应用场景的简单结合,数字经济产业发展的路径日益清晰,并被不断拓展以融入各传统行业的发展,进而形成资源富集、多方参与、合作共赢、协同演进的数字经济生态。为营造良好的数字经济生态,可分别从结构功能、市场主体、主体运行、发展动能与共生体系等5个方面入手,提出相应的发展路径。

11.3.1 促进数字经济生态结构功能完整

1. 保持数字经济快速发展势头

我国数字经济和数字贸易规模迅速扩大,保持数字经济现有快速增长势头,跻身数字经济发展强国之列是营造开放、健康、安全数字经济生态的必要条件。从数字经济生态结构和功能视角来看,为加快推动数字经济发展,营造良好的数字经济生态,需要重点关注几个方面:第一,加强顶层设计,明确数字经济生态发展战略和实施步骤;第二,大力推动数字经济与实体经济融合发展,依托数字技术优化现代化经济体系,推动数字服务业快速发展;第三,解决数字鸿沟和数据孤岛问题。其中,数字鸿沟限制了部分群体享有数字经济时代红利的权利,信息孤岛使得部门之间、国家之间的数据系统彼此割裂、数据流通不畅,给数字经济生态的顺畅运行和发展壮大造成不利影响。

2. 促进产业与主体间开放合作

数字经济生态的开放合作,能够促进数字经济生态内层参与主体与外层生态环境之间的功能结合,有利于双循环发展格局的形成,并打通国际国内循环障碍和堵点。从微观层面来看,要持续推进数字经济生态边界开放,数字企业之间基于互联网信任与合理的利益分配机制开展合作,有助于数字产业的蓬勃发展。从中观层面来看,数字经济产业之间的合作能够有效促进不同产业之间的融合渗透,从而更好地满足顾客需求。从宏观层面来看,要不断加强数字经济发展国际化合作,促进数据流、物质流、技术流和人才流在世界范围内的资源优化配置,加快网络空间命运共同体的建设步伐。

3. 推动数字经济产业平衡发展

数字经济生态边界开放,有助于打破地域限制、降低进入门槛,促进发展中国家的更多中小企业参与到数字经济产业生态之中,推动不同地区之间经济的平衡发展。要从国内和国际两个层面关注数字经济发展差距的问题,运用生态系统理论寻找平衡发展路径,促进国内各区域之间,以及不同国家之间的平衡协调发展。在国内层面,要进一步发挥数字经济对城乡经济的带动作用,推动"助农""扶农"战略的深入实施,进一步满足农村地区对于数字产品与服务的消费需求;在国际层面,要鼓励发展中国家积极参与全球数字经济生态体系的构建,参与到"买全球、卖全球"的数字经济发展潮流中,为世界经济发展注入强大活力。

11.3.2 培育集聚数字经济市场主体

1. 促进数据顺畅流动

促进数据要素跨企业、跨产业的流通和交易,有利于数据要素的最优化市场配置,进而最大化地释放数据要素价值潜力。数据流动主要包括数据开放与数据交易两个方面:第一,数据开放是促进数据流动的重要基础,要合理平衡隐私保护和数据开放共享、私人利益与公共利益的关系,在维护多元利益和平衡多维目标的基础上实现数据要素的最大化开发利用;第二,数据交易是实现数据流动的重要途径,要推动形成数据交易定价机制,大力推动数据要素市场化配置,明确数据交易规则,实现数据在各类经济主体之间的自由流动。

2. 完善反垄断机制

数字经济发展过程中,具有行业垄断地位的企业依托原有用户基础、利用自身垄断地位优势阻碍正常市场竞争的行为,严重影响着数字经济健康生态的发展。因此,政府应加快数字经济反垄断机制的确立以及相关立法的完善,大力支持中小型初创数字企业发展,加大力度审查大型数字企业对中小型数字企业的不正当竞争行为,规范大型数字经济企业的竞争行为,营造公平的市场竞争环境。在国际层面,应继续加强不同国家之间的反垄断合作,寻求共赢发展的路径,推动生态系统的多样性发展。

3. 加强数字人才培养

数字经济生态的良好发展需要注重多样化的数字人才培养。具体而言,一是要鼓励产学研合作,加大力度引进和培养数字经济专业化人才,尤其是基础性、原创性的核心骨干人才,完善高端科技人才引进的配套政策;二是要推动人才体制机制改革,利用大数据技术提高就业匹配效率,营造数字经济创新创业的良好环境,并针对数字经济不断涌现出的新业态、新模式,完善人力资源、税务等部门的配套政策;三是要丰富数字人才的培训方式和内容,培养多层次、多类型的数字人才,提倡弹性学习和终身学习,以满足数字经济时代知识和技能更新较快的要求。

11.3.3 促进数字经济主体良好运行

1. 促进数字经济生态的动态平衡

为实现数字经济生态的动态平衡,需要破除体制机制障碍,提高数字经济市场主体活力,以增强我国在国际数字经济市场中的竞争力,掌握国际话语权和规则制定权。同时,要出台相关法律规范,确保数字经济发展有法可依、有法必依。此外,还应结合我国的数字经济发展现状,借鉴发达国家在数据交易、跨境流动和知识产权等方面的立法经验,加快数字经济发展关键环节的立法工作。

同时,要着力打造数字经济先行示范区,对创新经验先行先试,积极推动数字经济与实体经济融合创新发展,加快数字产业化与产业数字化转型,疏通数字技术和数据资源在传统产业发展中的应用障碍,提升数字经济生态的运行效率。

此外,要促进数据流、资金流、技术流、人才流在国际社会中的高效流动,打造数字丝绸之路,培育数据要素市场,清除数据交易障碍,明确跨境数据流动规则,形成数据资源高效配置机制;要积极解决不同国家和地区之间的数字经济发展理念分歧,减轻不同国家利益诉求分歧对数字经济发展合作造成的负面影响,寻求国际合作的动态均衡。

2. 助力数字经济生态的演进升级

一是要进一步提高数字经济发展开放程度,积极与国际社会合作开展创新试点。着力打造数字经济创新发展示范区,制定立足本土实践、衔接国际规则的数据跨境流动规则,探索建立具有全球影响力的数字贸易中心。

二是要深化制度改革环境,激发数字经济企业发展活力。持续推动数字经济政策制度改革,破除数字经济发展障碍,加大对企业政策扶持和公共服务的力度,营造公平有序的市场环境,同时鼓励颠覆式创新成果转化,以抢占未来数字经济发展制高点。

11.3.4 持续注入数字经济创新发展动能

1. 推动科技创新

科技创新是实现数字经济生态发展的重要内容、方式和手段,要以提升数字经济创新和促进数字经济与实体经济融合发展为动力机制,以推进关键数字技术创新及应用、加速数字技术成果转化为运行路径,营造良好的数字经济发展生态,实现数字经济高质量发展。具体来看:一是要加大科研投入,数字技术研发对推动数字经济创新发展具有至关重要的作用,加大关键领域的数字技术科研支持力度,占领先进科技国际社会制高点,有助于我国在新一轮的数字经济发展浪潮中取得主动地位;二是要强化人才驱动,化解数字经济复合型人才紧缺问题,为数字经济发展提供可持续的创新动力;三是要加大科研成果转化力度,建立数字经济产学研联盟,提高科研成果转化率和转化效率。

2. 促进模式创新

随着数字技术与产业发展的不断融合,数字经济生态将逐渐朝着社会高渗透率的方向发展,因此数字经济创新驱动战略的制定,要为数字经济发展建立宽容的制度环境,鼓励和支持经济新业态、新模式的蓬勃发展。具体来看:一是要加快传统产业转型升级,优化产业结构,大力推进数字经济发展,推动经济新旧动能转换;二是要推动数字贸易创新发展,促进内外贸融合发展模式创新,加快培育数字经济新业态、新模式,不断挖掘数字经济在产业发展领域的新动能。

11.3.5 构建数字经济生态共生体系

1. 构建企业共生网络

随着大数据、人工智能等数字技术的不断发展,数字企业在地域、行业、技术等方面的界限开始变得模糊,并以数据要素流动与数字技术应用为基础,形成了数字经济时代下的新兴企业网络组织。数字经济生态共生体系的构建要以企业共生为理念,构建数字经济企业共生网络,实现不同类型企业的集聚和协同合作。具体来看,一是要推动数字基础设施建设,围绕新型数字基础设施,帮助构建庞大的数字经济企业网络;二是要发挥数字经济产业中占据核心和龙头地位的企业的带动作用,形成不同种类的数字经济企业集聚效应。

2. 构建产业共生系统

以产业共生为理念,有助于构建强大的数字产业生态系统。一是要依靠我国的数字产业发展优势,不断向产业链的上下游延伸,拓宽产业链覆盖范围;二是要大力发展工业互联网,实现消费互联网对工业互联网的带动作用,进而发挥更大的网络效力,促进数字经济与实体经济的融合,形成产业之间的深度共生系统。

3. 构建价值共生系统

以商业价值和社会价值共生为理念,营造良好的数字经济生态,促进数字经济生态中数据生产者、数据消费者和数据分解者的和谐共存。为实现数字经济价值共生系统的构建,一是要构建区域数字经济价值共生系统,建立价值共生协同体系,推动数字经济生产者、数据消费者和数据分解者在区域环境中不断集聚、发展与壮大;二是要建立国家数字经济价值共生系统,立足国内大循环,促进数字产业化和产业数字化转型,实现产业间的相互促进、协同发展;三是要基于价值共创和价值共享推动国际合作,构建有利于全球资源优化配置的数字经济生态。

11.4 数字经济生态管理的新问题和新挑战

当今时代,以数字信息技术为代表的新一轮科技革命和产业变革加速推进,形成了以数字理念、数字治理、数字安全、数字合作等为主要内容的数字经济发展方式,对经济社会发展、人民生产生活和国际竞争格局产生了广泛影响。良好数字经济生态成为实现数字经济高质量发展的基础保障,而在数字经济生态的发展过程中,诸如数字鸿沟、数据产权、数据开放、数据安全、知识侵权、道德伦理等方面的新问题和新挑战不断出现,严重损害了数字市场主体与消费者的合法权益,对数字经济生态的健康运行与数字经济的高质量发展产生了极大的消极影响。

11.4.1 数字鸿沟

1. 数字鸿沟的定义

数字鸿沟(digital divide),又称"信息鸿沟",最早由 Markle 基金会的前总裁劳埃德·莫里赛特(Lioyd Morrisett)提出,他认为数字鸿沟是信息富有者(information haves)和信息贫困者(information have-nots)之间的一种差距,即"信息富有者和信息贫困者之间的鸿沟"。但是,当时所谓的"鸿沟"主要是针对 20 世纪 80 年代 Apple 计算机的普及和应用,侧重于描述不同的社会群体在个人计算机占有率上的差异。自 20 世纪 90 年代开始,数字鸿沟问题逐渐引起人们的重视,数字鸿沟的概念进一步演变为"由于信息通信技术的发展,不同人群或不同地区在获取数字资源上的差别"。在英文中,数字鸿沟大多被称为"digital divide",但其在不同时期、不同学者的研究中也有不同的表述方式,如早期的"digital gap"与"digital division"和近几年使用较多的"digital inequality"与"digital disparity"等。新华社最早将其直译为数字鸿沟,其他还有"信息鸿沟""信息分化""数字分化""信息差距""数字差距""信息的有无""信息的富有与贫乏"等。

为了更加深刻的认识数字鸿沟,本书将数字鸿沟定义为,在一定经济条件下不同社会群体或地区之间在以互联网为代表的信息与通信技术以及传统信息技术的接入和应用上的差距。

2. 数字鸿沟的社会影响

数字鸿沟问题之所以引起国际社会和我国政府的广泛关注,主要在于数字鸿沟的存在和持续扩大,这会使得基于数字经济的利益分配趋向不均等化,进而产生强者愈强、弱者愈弱的马太效应。从社会资本的角度看,使用数字技术的各类主体,能够快速数字化其原有的关系网络和拓展新的关系网络,并将这些数字化的社会资本转化为新的经济社会资源。而无法使用数字技术的群体,则会因为只能依赖原有的社会资本而被远远甩在后面。具体表现为以下3个方面。

(1) 数字鸿沟使得企业竞争不平等加剧

企业通过数字化转型,可以在市场竞争中占据优势地位。例如,企业通过建设智能工厂提升其内部的生产效率,使用电子商务增强其开拓国内外市场的能力。而由于传统企业依托传统的资源禀赋,如劳动力成本优势、自然资源优势等,因此其在数字经济时代的全球竞争中处于弱势地位。

(2) 数字鸿沟使得地区发展不协调加剧

从发展机会看,农村地区、中西部一些地区由于数字基础设施不完善、专业技术人员缺乏等,难以发展人工智能、大数据、云计算等相关产业,错失了数字经济发展的重要机遇。因此,相比于浙江、广东、福建等东部地区抢抓机遇、布局数字经济,中西部地区在数字经济大潮面前显得相对沉寂。从发展结果看,城市相比农村、东部地区相比中西部地区,前者的数字产业化、产业数字化程度都更高,数字化治理更完善,数据价值化挖掘也更充分。由此,数字经济红利分配呈现出城市多、农村少,东部多、中西部少的局面,这势必会进一步拉大地区间的发展不平衡、不协调问题。

(3) 数字鸿沟使得全球发展不平衡加剧

数字技术传播的过程,同样也是全球财富积累的过程。比如,微软、谷歌等互联网巨头企业的快速成长,成为美国等发达国家经济增长的重要动力来源。而发展中国家受限于自身经济发展水平和数字技术水平,一方面,很难成为数字消费国,无法享受数字技术带来的生产、生活便利;另一方面,即使成了数字消费国,也很难实现从数字消费国到数字生产国的转变。这使得发展中国家在全球数字经济红利的分配中处于非常被动的地位,从而进一步拉大国与国之间的差距,使全球不稳定因素增加。

11.4.2 数据产权

1. 数据产权的概念与内涵

1) 数据产权的概念

产权是一个法律上的概念,是指资产所有者能够自主地决定以何种方式运用这些资产、有权占有这些资产的收益、并可以自由地以任何方式处置这些资产,主要强调的是主体能够自由地控制和行使与资产相关的权利,并不受任何个人和组织的干涉。法律、法规通过对产

数据产权的概念与特征

权的界定,将这一组完整的关于资产的权利分配给人们,也就把资产上的自由赋予产权拥有者,实现对资产的最初配置。

数据产权从法律上确定了数据的权利人,确定了数据的所有权、使用权、收益权、决策权以及让渡权等权利的归属。数据产权赋予了权利人自由使用和控制数据资源,并不受他人干涉的权利。

2) 数据产权的内涵

财产的任何一项权利,都由权利主体、权利客体和权利内容构成。因此,数据产权也是由产权主体、产权客体和产权内容所构成的。

第一,关于数据产权主体。由于产权具有可分解性,因而不同类型的经济主体,都可能拥有部分数据产权。从而,数据产权主体具有多样性。按照数据产权主体的性质划分,数据产权主体可以是政府,可以是企业,还可以是单个个体。从理论上讲,拥有数据资源需求的经济主体,都可以通过法律授权、行政分配或市场交易等方式,成为数据产权主体。

第二,关于数据产权客体。不同类型的数据资源,构成了数据产权的指向对象。产权的根本目标是协调经济个体之间的权利关系,而个人、企业、公众和政府是数据资源的生成主体。因此,数据产权客体的划分依据为数据产生或持有的主体,即数据产权客体包括个人数据、企业数据、公众数据、政府数据等。

第三,关于数据产权内容。个人数据、企业数据、公众数据、政府数据是数据产权的客体,与之对应,数据产权可以划分为个人数据权、企业数据权、公众数据权和政府数据权。由于产权是一个权利集合,可以分解为所有权和使用权两部分。所以,数据产权也可以进一步分解为对应的数据所有权和数据使用权。此外,由于数据资源的使用具有非竞争性,同一数据资源可同时用于多种用途,所以特定数据使用权还可以继续分解为多种使用类型。

2. 数据产权的权属特征

1) 数据产权具有排他性

数据受多利益主体约束,其产权具有有限排他性。数据从产生到流通、利用等环节需要由多个参与者协同完成,也正因如此,数据通常被储存在不同业务终端、网络、平台和系统之中。这些利益主体会从不同角度表达对于数据产权的诉求,因而很难明确界定"谁的数据,归谁所有"。但这并不意味着所有的数据可以被任意的、公开的使用,机构系统的内部数据、个人设备中的私有数据以及受控网络平台中的特定数据都具有一定的排他性。数据作为一种生产要素,具有显著的资产属性,利益主体必然采取制度、技术等多种方式予以保护,从而构建起数据产权的排他性,而由于数据被多个利益主体控制和分享,因此这种排他性是有限的。

2) 数据产权具有可分割性

数据产权可以被多个主体进行分享、转移和交换。数据产权由一系列不同属性的数据权益或权利构成,比如数据的归属权、使用权、管理权以及利用数据获取收益的权利等。这些权益或者权利可以根据供需关系或者制度安排等分别配置给不同的主体,以实现数据资源的利用和保护平衡。数据产权的可分割性还表现为,数据所有者可以选择全部或部分出售其所拥有的数据,或者通过授权允许公众或者特定人使用该数据。正是由于数据产权具有可分割属性,才使得数据的所有者、使用者、监管者、撮合者等都可以在数据流通利用中获取相应的收益或实现相应的诉求。

3) 数据产权具有技术依赖性

土地、资本、劳动力等传统要素的产权确认和配置并不依赖于特定的技术系统和平台，其中很重要的原因在于，这些传统要素不依赖于技术系统和平台产生、流转、存储、分析和增值。但是，数据的全生命周期依附于技术系统和平台，数据本身也是技术系统和平台运行的结果，因此无法独立于技术系统和设备平台而存在。数据产权的确认及配置都需要依赖于技术系统和平台进行，并构成了数据的独特产权属性。此外，由于技术系统的演进和发展，前述数据的产权属性可能发生变化，如随着数据标识确权等技术的发展，数据产权的有限排他性可能会增强。

11.4.3 数据开放

1. 数据开放的概念

公共数据是指各级行政机关以及履行公共管理和服务职能的企事业单位在依法履职过程中采集和产生的各类数据资源。公共数据开放是指公共管理和服务机构面向自然人、法人和其他组织提供的可机器读取、可利用、具有原始性的公共数据，供其开发利用的一种公共服务。

早期，大家对数据开放的认识还只限于政府数据开放，认为开放数据指的是政府部门在依法履职过程中产生和管理的，以一定形式记录、保存的数据资源。随着数据开放运动的不断深入，大家逐渐认识到开放数据不只是政府的开放数据，还包括公共企事业单位的开放数据，如水、电、气、暖等主要公共服务数据，公共财政支持的企业的数据以及掌握在其他企业手中的具有重大公共利益的数据。2017年2月，中央全面深化改革委员会审议通过的《关于推进公共信息资源开放的若干意见》对公共信息资源进行了明确定义："公共信息资源是政务部门和公共企事业单位在依法履职或生产经营活动中产生和管理的，以一定形式记录、保存的文字、数据、图像、音频、视频等各类信息资源。利用互联网将具有原始性、可机器读取、可供社会化再利用的数据集向社会公开。"这里的公共信息资源指的就是公共数据。

数据开放侧重于让人民更方便地获得和利用数据，而信息公开的目的是满足公众对政府事务的"知情权"，面向的对象是全社会，要让普通民众都了解政府的政策，促进政府数据公开透明。数据开放的目的是实现社会公众对数据的"使用权"，主要面向的对象是数据分析师和数据爱好者，让这些掌握数据分析方法的人员可以获取数据包或者数据接口，从而制作分析图表、运行分析模型或者开发应用产品，促进数据产业发展。

2. 数据开放面临的挑战

1) 数据格式

虽然数据开放原则上应关注数据发布的格式，并规定此类数据应以非专有机器可处理的数据格式向公众开放，但其在法律上并没有这么要求，以至于许多政府实体仍然以多种数据格式发布数据，并且这些数据格式也可能是专有的。这使得许多数据看似可供使用，但实际上需要付出大量努力才能正常使用。

在理想的世界中，为了实现经济增长，政府实体应该考虑最终用户的数据需求，这应该包括对最广泛的消费者来说最方便的特定格式。

2) 数据歧义

任何机器可读的数据格式（如CSV格式）都比不可读的数据格式（如PDF格式）更受欢

迎,但公众通常更喜欢更具表现力的数据格式,因为它们能更清楚描述所代表的实际数据的特征,降低了歧义和误解的风险。例如,虽然日历年在日常生活中最为常见,但公共部门内的一些金融机构可能会使用一个财政年来描述数据。时间表示的差异导致人们在尝试找到两个数据集之间的关系时遇到困难。

针对这个问题,最简单的解决方案是发布数据描述性标题,这将帮助数据消费者清楚、轻松地了解数据的含义,以及该数据是否对他们真正有用;同时,还可以鼓励使用 RDF 格式,因为它是一种高度描述性的数据格式。

3) 数据可发现性

数据开放不仅需要发布的数据可以被访问,还需要数据被发现。开放数据的可发现性与用于描述数据本身的元数据的质量有关,因为元数据并不总是完整或准确的。还存在导致数据消费者难以快速找到有用的数据的其他因素,例如,一些门户网站仅支持简单的搜索功能,不仅返回相关数据,还返回相关政策和文档,如研究论文等,这可能会导致用户信息过载,并且不得不浏览所有结果以识别相关数据集。此外,大多数门户仅允许用户简单地下载可用数据,而无法直接通过门户(如通过可视化)对其进行搜索。当数据消费者不知道相关政府实体的职责或数据结构时,这些问题就会尤其明显,使得他们找到需要的数据变得更加困难。

在评估元数据质量的指标方面,研究者提出可以通过将 5 个质量指标(完整性、加权完整性、准确性、信息丰富性和可访问性)应用于公共政府数据存储库来解决元数据质量问题。进行此评估的目的是衡量元数据的效率,识别低质量的元数据记录,并了解低质量的根源,然后为评估后的元数据分配一个质量分数,从而对不同存储库或目录的元数据质量进行统一比较。因此,可以通过改进评估后的元数据,以实现更好的可搜索性,进而实现数据可发现性的提高。

11.4.4 数据安全

1. 数据安全法规

受 2018 年开始实施的欧盟《通用数据保护条例》的影响,数据安全已引起了各国政府和民众的高度重视,不少国家和地区都逐步加强了对数据保护的法律监管措施。如何保护数据和平衡数据治理中的各方利益已成为现代社会所面临的挑战,成了全球性的法律问题。了解全球范围内的立法趋势对于引导中国公民权利意识、规范政府和社会行为、平衡各方利益都具有重要意义和作用。作为数字经济大国,我国也正在积极建立和完善数据安全以及个人信息保护立法。目前,我国有《刑法》《民法典》《民法总则》《网络安全法》《电子商务法》等多部法律、法规和规章涉及信息安全保护。在信息保护领域,我国采用分散立法的模式,立法体系由法律、法规、规章以及各类规范性文件等共同组成,形成了多层次、多领域、内容分散、结构复杂的法律体系。

2021 年 6 月 10 日,第十三届全国人大常务委员会第二十九次会议审议通过《中华人民共和国数据安全法》(以下简称《数据安全法》),自 2021 年 9 月 1 日正式实施。《数据安全法》共 7 章 55 条,包括总则、数据安全与发展、数据安全制度、数据安全保护义务、政务数据安全与开放、法律责任和附则等章。《数据安全法》统筹发展与安全,以基本法的形式明确了我国的数据安全治理体系。

数据安全法从不同的层面明确了数据安全的原则。在第3章"数据安全制度"中,明确了建立数据分类分级保护制度,对关系到国家安全、国民经济命脉、重要民生、重大公共利益等的数据实行更为严格的管理制度;对外国司法、执法机构调取我国数据的情况进行了规定;建立数据安全审查制度,对影响或者可能影响国家安全的数据活动进行国家安全审查。除此之外,数据安全应急处置机制、数据投资贸易反制措施等都体现了我国数据主权的原则。同时,《数据安全法》中特别明确了数据安全、自由流动的原则。数据是数字经济时代的重要生产要素,随着利益全球化的趋势和发展,面对数据安全的跨境流动,《数据安全法》确立了数据交易制度,使得数据依法有序流动成为现实。《数据安全法》在《网络安全法》第三十七条的基础上,规定"其他数据处理者在中华人民共和国境内运营中收集和产生的重要数据的出境安全管理办法,由国家网信部门会同国务院有关部门制定",既与《网络安全法》相衔接,也提供了对所有重要数据出境的安全保障。

2. 数据库安全威胁

数据库是"按照数据结构来组织、存储和管理数据的仓库",所以数据库的安全非常重要,需要保证数据库的任何部分都不允许被恶意侵害,或未经授权的存取与修改。通常,数据库的破坏包括4个方面:①系统故障;②并发所引起的数据不一致;③更新数据库的数据有错误,更新事务时未遵守保持数据库一致的原则;④人为的破坏,如数据被非法访问,甚至被篡改或破坏。其中,第4种破坏问题被称为数据库安全性问题。

发现威胁数据库安全的因素和检查相应措施是数据库安全性问题的两个方面,二者缺一不可。安全是从不断采取措施的过程中得来的。所以,当谈到安全问题时首先要认识到威胁安全的客观存在。但是,大多数的威胁是看不到的。为了防患于未然,必须在威胁变成现实之前,对造成数据库安全的威胁有一个清晰的认识。

对数据库安全构成威胁的主要有篡改和损坏两种情况。

所谓篡改,指的是未经授权对数据库中的数据进行修改,使其失去真实性。篡改的形式具有多样性,但有一点是共同的,即在造成影响之前很难发现它。篡改是人为的。一般来说,发生篡改的原因主要是获取个人利益、隐藏证据、恶作剧以及无知。

损坏是指数据表和整个数据库部分或全部被删除、移走或破坏。网络系统中数据的真正丢失是数据库安全性面对的一个威胁。产生损坏的原因主要有破坏、恶作剧和病毒。破坏往往带有明确的作案动机,对付起来既容易又困难:说它容易是因为用简单的策略就可以预防这类破坏;说它难是因为不知道这些进行破坏的人是来自内部的还是来自外部的。通过某种方式访问数据的程序,即使对数据进行极小的修改,都可能使全部数据变得不可读。计算机病毒在网络系统中能感染的范围是很大的,因此采取必要的措施保护数据,把它拒之门外是上策。最简单的方法是限制来自外部的数据源、磁盘或在线服务的访问,并采用性能好的病毒检查程序对引入的所有数据进行强制性的检查。

3. 数据库的安全防护

1) 用户标识和鉴定

一种标识鉴定的方法是通过核对用户的名字或身份(ID)决定该用户对系统的使用权。数据库系统不允许一个未经授权的用户对数据库进行操作。当用户登录时,系统用一张用户口令表来鉴别用户身份。另一种标识鉴定的方法是用户不具有自我标识,而是由系统提供相应的口令表。这个口令表不是简单地与用户输入的口令比较(若相等就合法),而是由系统给出一个随机数,用户按照某个特定的过程或函数计算后给出结果,系统同样按照这个过程或函数对随机数进行计算,如果计算结果与用户输入的相等则证明此用户为合法用户,可以为用户分配权限;否则,系统认为此用户不是合法用户,拒绝其进入数据库系统。

2) 存取控制

数据库系统对存取权限的定义称为授权。这些定义经过编译后存储在数据字典中。在用户发出数据库的操作请求后,数据库管理系统查找数据字典,根据用户权限进行合法权益检查。若用户的操作请求超出了定义的权限,系统将拒绝其操作。在数据库系统中,不同的用户有不同的操作权限。用户对数据库的操作权限一般包括查询权、记录的修改权、索引的建立权和数据库的创建权。应把这些权力按一定的规则授予用户,以保证用户的操作在自己的权限范围之内。

3) 数据分级

有些数据库系统对安全性的处理是给数据分级。这种方案为每一数据对象(文件、记录或字段等)赋予一定的保密等级,如绝密级、机密级、秘密级和公用级。

数据分级法是一种有效的控制方式,其优点是使系统能执行"信息流控制"。在授权矩阵方法中,系统允许有权查看秘密数据的用户将数据复制到非保密的文件中,使无权用户也可接触秘密数据。而数据分级法可以避免这种非法的信息流动。

4) 数据加密

为了更好地保证数据的安全性,可用密码存储口令、数据,防止数据信息在中途被非法截获等。我们把原始数据称为明文,用加密算法对明文进行加密。加密算法的输入是明文和密钥,输出是密码文。加密算法可以公开,但密钥一定是保密的。对于不知道密钥的人来说是不易解密的。

数据加密不是绝对安全的,有些人掌握计算机的加密技术,很有可能会将加密文解密。目前,比较流行的加密算法是"非对称加密法",可以随意使用加密算法和加密钥,但相应的解密钥是保密的。因此,非对称加密算法有两个密钥,一个用于加密,一个用于解密,而且解密钥不能从加密钥推出。即便有人能进行数据加密,他也几乎不可能在不授权解密的情况下解密。

11.4.5 知识侵权

1. 网络知识产权侵权的内涵

随着互联网的出现,专利权、商标权、著作权等网络知识产权侵权的国际争议越来越常见,网络空间的无地域性使司法管辖权的行使范围变得模糊。知识产品在互联网上的传播几乎是不受限制的,音乐、电影、书籍和软件等内容可以在很短的时间内跨越国界而传遍全世界,因此网络所具有的全球性、无地域性、交互性给传统的知识产权侵权管辖权制度带来巨大的冲击。

2. 网络知识产权侵权的类型

1) 网页著作权纠纷

网站通过网页开展网络经营活动,每个网站都对网页的设计和组合投入巨资,甚至对网站上文选的投放都进行精心设计和编排,从而提高点击率,争取更多的商业机会。网页的原创性主要体现在网站页面上内容元素和多媒体元素的独特组合,保护网页形式设计自然是著作权的延伸。而有些网站为了节省时间和金钱,随意在网络上复制其他网站的网页,构成网页侵权,既损害了被抄袭者的利益,也不利于互联网行业的整体健康发展。

2) 内容著作权纠纷

网络经济又称"眼球经济",要获取商业机会,前提是吸引网民的注意力。由于各种资源的限制,有些网站不能在短期内获得丰富、全面、独特和大量的原创信息内容,便采用复制粘贴的方式,擅自将他人的版权作品上传,供网民浏览;有些网站则会径直抄袭其他网站的数字化作品内容,从而构成网络知识侵权。

3) 域名著作权纠纷

网络上的域名是企业在虚拟空间的"门牌"号码,一旦域名被注册,其他任何机构都无法再注册相同的域名。有关域名的纠纷包括域名混淆、域名模仿、域名淡化等方式。域名混淆是指故意混淆两域名的判别;域名模仿未受到法律明文的禁止,模仿域名与被模仿域名之间往往只差一个符号,一般人很难辨识;而域名淡化是指故意注册与他人商标权相同或者相近的域名,借此讽刺、诋毁或损害商标权人的声誉。

11.4.6 网络伦理道德

1. 网络伦理道德的内涵

网络伦理道德源于虚拟空间,虚拟空间是一种在计算机网络基础上形成的现代信息社会所特有的空间,虚拟空间的存在是网络伦理道德产生的客观前提和直接基础。目前,对网络伦理道德一般从3个层面来界定:一是从生产力发展的社会形态层面,认为现代社会已经进入了以网络技术为主的信息化社会,在信息时代如何为人处世、如何与人交往成为一个新的问题,需要建立信息伦理道德,它是指人们在信息社会所具有的价值观念和道德准则;二是从网络技术层面,网络伦理道德指计算机信息网络的开发、设计与应用中应当具备的道德意识和应当遵守的道德行为准则,起着规范行为,调节利益关系的重要作用;三是从网络社会文化活动层面,网络伦理道德特指网络社会中网民的社会公德,是虚拟的网络社会中专门调节人与人、人与社会之间的特殊利益关系的道德价值观念和行为规范。

因此,本节将网络伦理道德定义为:网络伦理道德是指在网络社会中,用来调整网络道德主体一致公认的在网络文化活动中所形成的社会关系的价值观念和行为准则。

2. 网络伦理道德问题的表现形式

1) 网络信息污染

自网络诞生以来,网络信息污染问题便随之而来并根深蒂固,问题的严重性和影响力是不可小觑的。所谓信息污染,主要是指大量的、无用的、强行侵入的低价值信息侵染信息源,其广泛传播对人们的思想、行为、道德理念等各方面都造成了严重的破坏和不良的影响。随着互联网的迅猛发展,网络中人们超越传统的地域限制及现实社会中的心理防备,以其虚拟的身份进行信息的交流和资源的共享。但是,这些信息资源中难免混杂了含有欺骗性、有害性等不良信息元素,这对传播生态以及人们的身心健康都造成了不同程度的损害。

2) 网络信息欺诈

所谓网络信息欺诈,是指不法之徒利用网络技术对互联网上的信息资源进行篡改、发布,使得信息内容虚假、不真实,从而欺诈网络用户以获得物质、财富或所需信息等。它是一种违法行为,性质十分恶劣。网络信息欺诈的形成主要是当代社会竞争激烈的结果,为了吸引顾客、读者或骗取钱财,一些企业、刊物或组织、个人,通过发布虚假信息、欺骗性广告进行谋利,从而造成个人、社会、国家等的巨大物质财富、财产资源损失。

3) 网络暴力蔓延

与现实社会暴力不同,网络暴力是网络用户以匿名的方式用刻薄的语言和残忍的文字表述对某些事件或某些当事人进行声讨和攻击。网络暴力者失去了正常的思维理性,不顾后果地对当事人进行严重诋毁,更有甚者在对相关的网络事件进行严密证实前,就妄自将网络中对当事人的道德审判直接转移到现实生活中,严重影响了当事人及其家属的正常生活和身心健康。

4) 网络情感淡漠

网络交往不同于真正意义上的人际交往,准确地说这更类似于人与机器的交流。人们通过机器化语言、数字化符号表达着自己的心情、表情及态度。人与人之间感情的交流和身心的接触越来越少,单调冷淡的数字化语言取代了这一切,最终导致的必然是人类意识的淡薄、感情的冷漠和关系的疏离。过多的人机接触,将导致现实人际关系的疏远,使人们逐渐陷入孤独、焦虑、孤僻、抑郁等不良心理状态中,进而使亲情、友情、爱情等逐渐淡漠、远离,不仅严重地伤害了网民们自身的身心健康,还在很大程度上影响了社会的和谐稳定和发展进程。

11.5 数字经济生态的治理策略

数字经济发展关乎国家的经济大局,要做好数字经济发展的顶层设计和治理机制建设,营造良好的数字经济发展生态。由于数字技术的快速迭代更新以及数字产业的系统性变革,数字经济生态建设不断面临新的形势和挑战,需要以政策引导和制度设计为发力点,对数字经济生态的演进和发展进行引导、推动和协调。因此,完善数字经济生态的治理策略成为数字时代充分释放数据要素潜力、赋能产业经济发展的关键工作,同时也是实现数字经济高质量发展的迫切要求。

11.5.1 宏观层面的网络空间治理

1. 网络空间的定义

网络空间(cyberspace),也称信息、技术空间(information space)或信息空间(inforsphere),不同行业、背景的人们根据自己对网络空间的认识和想象对其进行定义和描述。从技术层面出发,可以将网络空间定义为信息环境下的全球领域,其独特性在于通过相互依存且互联互通的网络,以信息技术为支撑来产生、存储、修正、交换和利用数据信息。这一定义强调信息传播的技术途径和信息的生产、传输和利用,倾向于将网络空间抽象为一个全球信息环境,但这只是网络空间的一个层面。美国在《网络空间政策评估》中将其定义为由互联网、电信网络、计算机系统和嵌入式处理器组成的相互依赖的信息基础设施。在美国《国家安全54号总统令》中,网络空间被定义为信息技术基础设施相互依存的网络,是由互联网、计算机系统、电信网和其他关键行业中的处理器和控制器所共同构建的信息技术设施和网络。可见,网络空间不仅包括基础技术网络,还包括信息虚拟环境以及空间中人与人之间的互动。

2. 网络空间治理对策

1）构建多主体协同治理机制

政府、企业和网民是网络空间的重要主体。网络空间治理需要这三者相互配合、相互协作。政府在网络社会协同治理机制中充当主导者角色，是社会管理和公共服务的提供者。一方面，政府为企业和网民塑造一个安定有序的网络环境，协调网络社会主体之间的利益冲突，保障主体共享网络社会资源；另一方面，政府维护企业和网民自由参与网络社会活动的权利，与他们协同应对网络失范行为。

企业是治理主体和受治主体。企业掌握着前沿技术，既运用技术获取经济利益，又通过云计算、大数据、人工智能、深度学习等技术进行网络内容审查、消息过滤、监测跟踪网络犯罪行为来参与网络空间治理。因其有难以避免的逐利性，所以要充分发挥行业自律的作用，通过行业自律组织制定完善的行业自律公约，规范企业行为。

网民作为网络社会最广泛的参与者，是构建网络社会秩序的中坚力量。不同于政府的服务视角和企业的商业视角，网民是从自身需求视角出发参与网络社会空间的，网络社会的虚拟性、匿名性、平等性让他们释放内心的原始冲动，满足自己在现实生活中无法实现的需求，但物极必反，过度自由也会造成秩序的混乱。网民要用网络社会的道德准则和法律规范约束自己的行为，以实现自由与秩序的统一，同时发挥自身主动性，积极举报和抵制网络失范行为。

2）重视整合技术手段和非技术手段的生态治理机制

网络空间生态化治理的实现过程必须依赖于一定的技术手段，但技术手段不是万能的，也不是网络空间生态化治理的唯一依托手段。技术操作的背后依然是人，这就需要我们在使用技术手段的同时，不能忽视纯粹技术之外的人为因素和社会文化因素，整合多种手段，实现网络空间的有序发展。

3）打造培养网络空间主体自律能力的自控主导治理机制

互联网是一个工具性技术平台，工具的好坏取决于人们是否合理地使用它，这既是个体对社会和他人负责的典型表现，也是个体对自己内在修养的要求。网络空间的治理，理应以自我约束、自我严律为主，外辅之必要的外在约束，形成以"自控"而非"他控"的主导局面。无论是个体还是群体，都要明确地意识到，我们在自由地享有各种网络便利和网络资源的同时，也应善待互联网为人类创设的新世界，善用互联网赋予人们的行为活动自由权，并勇于承担自身应该承担的社会责任和义务，避免随波逐流和自我沦陷，明确人的主体地位，实现行为主体的"理性归位"。

11.5.2 微观层面的数据治理

1. 数据治理的内涵

数字经济时代，海量数据已经建构出了一个与现实世界并行的"数据世界"，面对这样一个新的客观存在，现有的治理模式是无力的，这时"数据治理"的概念开始被提及和广泛使用。迄今为止，数据治理还没有统一、标准的定义。IBM 公司的数据治理委员会（IBM DG Council）对数据治理的定义是：数据治理是一种质量控制规程，用于在管理、使用、改进和保护组织信息的过程中添加新的严谨性和纪律性；国际数据治理研究所（the Data Governance Institute）认为数据治理是包含信息相关过程的决策权及责任制体系；国际数据管理协会

(the Global Data Management Community)将数据治理定义为对数据资产行使权利和控制的活动集合,包括计划、监控和执行等。

作为对"数据管理"概念的替换和超越,数据治理不应仅仅停留在对"数据"的静态关注上,而应进一步将视角聚焦到更大范围的"数据世界"上。本节将数据治理定义为与有效运用数据所需的组织或执行层面的准则、政策、步骤和标准相关的实践活动。

2. 数据治理的重要着力点

1) 提高决策数据质量

数据价值的实现需要对多源异构数据进行有机融合,然而社会中绝大部分的数据来源广泛,并且在数据利用的全生命周期内涉及众多的参与主体,数据的产生是否真实可靠、数据是否在流转环节中被篡改,以及多源数据的标准和类型是否统一等问题都会影响决策的数据和质量,进而影响数据使用者的数据决策结果。

2) 评估与监管个人隐私数据的使用

大数据应用的流通特征使数据生产者对数据获取和共享缺乏知情权和控制权。作为数据生产者,用户不知道哪些数据被收集、被谁收集、收集之后流向哪里和作何使用。同时,数据的收集汇聚导致数据垄断现象出现。数据垄断可能会阻碍市场竞争、使消费者福利受损、阻碍行业技术创新和带来更严重的个人隐私泄露风险,但数据监管者无法对数据应用进行评估和监管;此外,大数据应用的多源数据融合特征还可能会引发更严峻的隐私泄露问题。

3) 促进数据安全和有效共享

数据共享可以促进大数据价值实现和缓解数据垄断,但同时也需要考虑国家安全、隐私保护等问题。一方面,数据共享双方之间发生数据共享流通时,考虑到隐私问题,需要在保护数据生产者个人隐私的前提下,以有效的方式实现信息的共享;另一方面,限于法律和实际应用中的一些因素,需要在不直接传输原始数据的情况下,依据多方数据持有者的数据,实现对分布式数据集的统计分析和分布式机器学习。由于多方参与者之间不存在完全的可信性,此时数据使用者应该对数据生产者的共享过程进行验证,即需要在权衡数据生产者和数据使用者等参与主体利益的前提下促进数据共享。

4) 提高数据综合治理能力

数据治理的目的在于数据价值的充分释放,数据要素在经济市场不断创造和使用的过程中,往往与数据交易、数据主权、数据流动等多方面问题相互交织。新时期数字经济生态的健康发展,不仅应重视数据产权的基础构建、数据安全的重要保障以及数据开放的关键理念作用,还应在数据利用全生命周期内分析数据主权问题以解决数据权属的合规性问题,探究数据交易问题以解决数据市场的安全性问题,探索数据流动问题以解决数据在国内、国际各部门组织间的流通性问题,提高数据综合治理能力,为数字经济高质量发展赋能增效。

11.5.3 国际层面的合作治理

1. 数字经济国际治理的内涵与意义

数字经济的发展给许多发展中国家带来了重要的弯道超车机遇,但由于数字基础设施及数字科技发展水平的局限,一些国家和地区也面临着数字鸿沟带来的挑战。就目前的电子商务规则制定而言,无论是从多边还是从区域层面,各国普遍对数字经济扩张和包容性发展等议题的关注不够,对数字经济发展带来的国际社会和国家内部极化问题尚未被充分讨论。如何扬长避短,在利用数字经济发展动能的同时,加强国际事务的协调合作,避免数字经济发展带来的分化和极化问题,是数字经济国际治理的重要问题,也是关系未来世界经济实现包容性发展的重要议题。

数字经济的发展为世界经济增长提供了新机遇。世界各国应共同努力,加快国际数字经济治理机制的构建,促进国家数字经济政策的协调,推动数字基础设施互联互通,弥合国家间的数字鸿沟,以数字经济发展引领生产效率的提升,实现世界经济增长,推动创造世界经济新一轮的发展和繁荣。

2. 国际治理策略

1) 转变治理方法,提升治理效率

在数字经济时代,全球经济治理的内涵和外延比传统经济时代更广,除了传统的全球经济治理涵盖的关键内容外,在数字技术、数字金融、数字贸易、数字政务、数字安全等因素的影响下,数字经济时代的全球经济治理问题更加庞杂繁复,且涌现快、周期短、形式多样,这对降低治理成本有了更高的要求,要求各国以及国际组织适时转变参与全球经济治理的方式方法,以提升治理效率。

2) 扩大治理范围,覆盖更多群体

数字经济在经济业态、参与主体、运行模式等多个方面与传统经济有诸多差异,全球经济治理也需要扩大治理范围,兼顾各个方面。第一,要努力缩小数字鸿沟,兼顾数量鸿沟和质量鸿沟,在持续扩大互联网普及范围的同时,注重提升人们的数字素养和技能。第二,要将中小企业等在传统贸易中的弱势群体纳入全球经济治理的范畴,借助数字贸易参与到国际分工中,进一步释放国际市场供给和需求的潜力。第三,在数字经济时代,全球政治经济联系更加紧密,数字经济与实体经济融合程度不断加深,产业的边界愈加模糊,这要求全球经济治理关注的领域更加广泛,特别是在网络、太空等新兴领域,要探索国际合作的新机制,使更多国家搭上数字经济的快车。

3) 求同存异,减少分歧

在数字经济时代,全球经济治理的一大挑战在于,如何处理和调和不同国家或地区在规则制定、政策实施、标准设立等多个方面的分歧和矛盾。不同文化背景、不同治理体制、不同数字经济发展阶段的国家,有着不同的价值偏好与治理策略,在全球经济治理过程中必然会产生博弈与冲突。这就要求各国在参与全球经济治理的过程中,本着求同存异的原则,追求共赢而非单赢,搁浅意识形态、政治经济制度等方面的分歧,在有共同需求且可能合作的领域寻求"最大公约数",以实现共同发展。

4) 与时俱进地完善规则标准

数字经济带来了一系列新的变化,使原本全球经济治理中的很多规则、标准已不再适用,需要通过多方主体的探讨和协调,对原有的制度进行变革,以适应时代的发展。第一,数字经济时代的贸易呈现高度数字化的特征,数字化的服务和产品、数字化的知识和信息等成为重要的贸易商品。在这种趋势下,需更改传统经济下以线下实物商品交割为主要内容的国际贸易规则以适应数字经济时代的新要求。第二,由于数字技术的发展快速,相关的国际技术标准需要及时更新与完善,尽快形成普适性的国际技术标准体系,推动构建适应于数字经济时代的技术合作新秩序。第三,对于数字技术与传统业态融合产生的一系列新型业态,如自动驾驶、智慧医疗等,相关的法律法规建设还远远落后于实践,需要完善相关领域的法律法规以促进新业态更好地发展。

思 考 题

1. 结合本章内容,以某一互联网企业为例,分析其在数字经济生态中的角色与作用。
2. 总结我国数字经济生态建设在 5G 时代面对的挑战和机遇。

本章参考文献

[1] 东滩智库. 数字经济的 4 个关键词:平台、生态、跨界、数据[EB/OL]. (2018-05-30)[2021-10-10]. http://blog.sina.com.cn/s/blog_d179b6e80102xgvf.html.

[2] 埃森哲. 数字化商业时代:开疆拓土[EB/OL]. (2016-04-02)[2021-10-10]. https://wenku.baidu.com/view/39eb52f5ba4ae45c3b3567ec102de2bd9705dec6.html.

[3] "数字生态"重塑市场"伙伴经济"方兴未艾——2015 年全球技术展望[J]. 中国电信业,2015(03):86-87.

[4] ODUM H T. Systems Ecology:an introduction[M]. New York:John Wiley & Sons,1983.

[5] Meng Fanglin,Wang Zunying,Zhao Yuanjun,et al. The operating mechanism and evolution of the digital economy ecosystem[J]. Macroeconomic Management,2020,436(02):56-64.

[6] 金帆,张雪. 从价值链到价值生态系统:云经济时代的产业组织[M]. 北京:经济管理出版社,2018.

[7] 孟方琳,汪遵瑛,赵袁军,等. 数字经济生态系统的运行机理与演化[J]. 宏观经济管理,2020(02):50-58.

[8] MOORE J F. Business ecosystems and the view from the firm[J]. The antitrust bulletin,2006,51(1):31-75.

[9] WARSCHAUER M. Technology and social inclusion:Rethinking the digital divide[M]. Cambridge:MIT press,2004.

[10] HOFFMAN D L,NOVAK T P,SCHLOSSER A E. The evolution of the digital divide:Examining the relationship of race to Internet access and usage over time[J]. The digital divide:Facing a crisis or creating a myth,2001:47-97.

[11] 曹荣湘. 数字鸿沟引论:信息不平等与数字机遇[J]. 马克思主义与现实,2001(06):20-25.

[12] 薛伟贤,刘骏. 数字鸿沟主要影响因素的关系结构分析[J]. 系统工程理论与实践,2008(05):85-91.

[13] 刘芸. 基于经济视角的国际数字鸿沟研究[D]. 厦门:厦门大学,2006.

[14] 李潇. 我国区域数字鸿沟影响因素测度及政策建议[D]. 北京:北京邮电大学,2010.

[15] 马述忠,房超.弥合数字鸿沟,推动数字经济发展[N].光明日报,2020-08-04(11).

[16] 史文生.大数据时代网络隐私权保护研究[D].海口:海南大学,2016.

[17] 解晓东.在线时代信息过滤的问题及应对[EB/OL].(2018-08-06)[2021-10-10]. http://media.people.com.cn/n1/2018/0806/c420821-30211804.html.

[18] GILLESPIE A A, MAGOR S. Tackling online fraud[C]//ERA Forum. Springer Berlin Heidelberg, 2020, 20(3): 439-454.

[19] CROSS C, SMITH R G, RICHARDS K. Challenges of responding to online fraud victimisation in Australia[J]. Trends and issues in crime and criminal justice, 2014(474): 1-6.

[20] 黄卉.论我国的网络诈骗犯罪及其预防对策[D].上海:华东政法大学,2009.

[21] 蒋平.计算机犯罪问题研究[M].北京:商务印书馆,2000:205-206.

[22] 刘广三.计算机犯罪论[M].北京:中国人民大学出版社,2009:53.

[23] 许秀中.网络犯罪概念及类型研究[J].江淮论坛,2002(06):29-35.

[24] 饶先华.网络钓鱼诈骗惯用6大手法揭秘[M],法律出版社,2011:64。

[25] 孙尚鸿.传统管辖规则在网络背景下所面临的冲击与挑战[J].法律科学(西北政法大学学报),2008(04):160-168.

[26] 亓来华.网络知识产权侵权问题相关思考[J].法制与社会,2007(05):819-820.

[27] 柳胜国.对网络伦理学研究的思考[J].宝鸡文理学院学报(社会科学版),2005(05):22-24.

[28] 杨广承,张美红.网络文化对大学生道德影响的研究[J].汉字文化,2019(11):195-196.

[29] 顾习龙.网络舆情对大学生网络伦理道德的影响与疏解[J].现代教育科学,2012(01):154-157.

[30] 胡艳.网络伦理问题的理性思考与对策研究[D].武汉:武汉理工大学,2005:2.

[31] 冯鹏志.伸延的世界:网络化及其限制[M].北京:北京出版社,1999:258-260.

[32] Office of the Chief information Officer. Cyberspace Policy Review: Assuring A Trusted and Resilient Information and Communications Infrastructure[EB/OL]. (2011-06-16)[2021-10-10]. https://www.energy.gov/cio/downloads/cyberspace-policy-review-assuring-trusted-and-resilient-information-and-communications.

[33] The IT Law Wiki. The Comprehensive National Cybersecurity Initiative[EB/OL].[2021-10-10]. https://itlaw.wikia.org/wiki/Comprehensive_National_Cybersecurity_Initiative.

[34] 拓刘盼.网络空间的生态化治理研究[D].延安:延安大学,2016.

[35] 颜佳华,王张华.数字治理、数据治理、智能治理与智慧治理概念及其关系辨析[J].湘潭大学学报(哲学社会科学版),2019,43(05):25-30+88.

[36] 孙嘉睿.国内数据治理研究进展:体系、保障与实践[J].图书馆学研究,2018(16):2-8.

[37] 陈火全.大数据背景下数据治理的网络安全策略[J].宏观经济研究,2015(08):76-84+142.

[38] 孟小峰,刘立新.区块链与数据治理[J].中国科学基金,2020,34(01):12-17.
[39] 潘晓明,郑冰.全球数字经济发展背景下的国际治理机制构建[J].国际展望,2021,13(05):109-129+157-158.
[40] 李晓东.数据的产权配置与实现路径[J].人民论坛,2022(02):69-71.
[41] 陈铁明.数据安全[M].北京:电子工业出版社,2021.
[42] 公共数据开放联合课题组.数据开放浪潮[M].北京:社会科学文献出版社,2020.
[43] 韩亚品.数字经济生态系统的内涵、特征及发展路径[J].国际经济合作,2021(06):43-51.
[44] 中华人民共和国国家发展和改革委员会.《"十四五"数字经济发展规划》解读｜紧扣新形势新问题 全面贯彻新发展理念 大力推动"十四五"数字经济健康发展[EB/OL].(2022-01-21)[2022-06-09]. https://www.ndrc.gov.cn/xxgk/jd/jd/202201/t20220121_1312590.html?code=&state=123.
[45] 中国服务贸易指南网.多举措并举打造数字经济生态[EB/OL].(2022-04-29)[2022-06-09]. http://tradeinservices.mofcom.gov.cn/article/yanjiu/hangyezk/202204/133194.html.

第12章 数字经济测评与管理案例

目前,世界各地数字经济的发展存在着不平衡性,有的国家和地区的数字经济发展已进入成熟阶段,有的国家和地区的数字经济发展则刚刚起步,而且不同的国家间对数字经济发展的关注点各具差异。因此,对数字经济发展状况的研究既要考虑共性也要考虑特性,需要对不同对象进行有针对性的研究。本章根据实际数据,利用第2章至第4章介绍的测评方法,第5章至第11章介绍的管理基础理论,构建数字经济评价指标体系,分析指标结果,总体评价当前各国数字经济的发展现状,并提出针对性的管理建议,促进数字经济的高质量发展。

由于对数字经济研究的侧重点不同,以及指标数据获取的难易程度不同,因此在不同的研究中构建的指标体系有较大差异,这种差异主要表现在指标设置和指标数量的不同。例如,欧盟发布的数字经济与社会指数设置了宽带接入、人力资本、互联网服务应用、数字技术融合和数字公共服务等5个方面的一级指标、14个二级指标、44个三级指标;世界经济论坛发布的网络就绪指数从环境、就绪、应用和影响等4个方面设立一级指标,并相应设立10个二级指标、53个三级指标;阿里研究院发布的全球数字经济发展指数给出了两个层次的指标体系,设置了数字基础设施、数字消费者、数字产业生态、数字公共服务、数字科研等5个一级指标、14个二级指标;腾讯研究院发布的国家数字竞争力指数以"钻石模型"为模板设置了10个一级指标、31个二级指标和61个三级指标;赛迪顾问发布的中国数字经济发展指数构建了由基础指标、产业指标、融合指标、环境指标等4个一级指标、10个二级指标、38个三级指标组成的指标体系。

本章以2016年G20峰会上二十国集团对数字经济的定义为基准,基于国内外数字经济测度模型的综合研究成果,遵循评价指标体系的一般构建原则,从基础设施、数字技术、数字产业、数字R&D和数字环境等5个方面构建全新的数字经济评价指标体系;选择中国、美国、德国、日本、俄罗斯、英国、韩国以及法国等8个国家2017年—2020年公开发表的数据进行指数测算与排名,深入分析其数字经济发展态势,总体评价当前各国的数字经济发展现状,同时通过对比分析中国与其他世界主要经济体在数字经济发展各项指标上的表现,找出现阶段我国数字经济发展过程中的强项和短板,进而提出相应的管理建议。

12.1 数字经济综合发展水平指标体系的确立

本章根据前11章节的内容,将与数字经济综合发展水平相关联的36个三级指标划分为ICT基础设施资源、高新数字技术资源、高新数字技术投资、高新数字技术潜力、数字经济规模、个人数字应用、政府数字应用、企业数字应用、数字R&D能力、数字R&D人才、数字R&D投入和政府支撑力度12个二级指标。将ICT基础设施资源综合为"基础设施",将高新数字技术资源、高新数字技术投资、高新数字技术潜力综合为"数字技术",将数字经济规模、个人数字应用、政府数字应用、企业数字应用综合为"数字产业",将数字R&D能力、数字R&D人才、数字R&D投入综合为"数字R&D",将政府支撑力度综合为"数字环境"。最终,数字经济综合发展水平指标体系被划分出5个一级指标、12个二级指标、36个三级指标。建立的数字经济综合发展水平指标体系如表12-1所示。

表12-1 数字经济综合发展水平指标体系

一级指标	二级指标	三级指标
基础设施	ICT基础设施资源	互联网接入率
		4G和5G连接
		10 M及以上固定宽带用户占比
		人均国际互联网带宽
数字技术	高新数字技术资源	云化率
		每百万工人拥有多功能工业机器人数
		人均物联网设备保有量
		每百万人安全互联网服务器数
	高新数字技术投资	传统ICT投资占GDP比重
		云服务投资占GDP比重
		人均物联网相关基础设施和服务投资
		人工智能投资占GDP比重
	高新数字技术潜力	人工智能潜力
		物联网潜力
		云服务潜力
数字产业	数字经济规模	数字经济规模
		数字经济GDP占比
		ICT服务出口在贸易总额中的占比
		ICT服务进口在贸易总额中的占比
	个人数字应用	使用在线购物用户占比
		个人使用在线课程的占比
		人均应用下载量
	政府数字应用	电子参与指数
		政府数据开放程度
	企业数字应用	电子商务交易量
		ICT对新组织模式的影响程度
数字R&D	数字R&D能力	数字技能程度
		每百万人申请ICT/PCT专利数量
	数字R&D人才	每百万人口研发人员数量
		企业研究人才占比
	数字R&D投入	研发总支出占比(GERD)
		计算机软件开发在GDP中的比重

续　表

一级指标	二级指标	三级指标
数字环境	政府支撑力度	全球网络安全指数
		政府促进 ICT 投资
		ICT 监管环境
		ICT 相关法律

12.2　指标体系中各项指标含义

本章所构建的数字经济综合发展水平指标体系主要由基础设施、数字技术、数字产业、数字 R&D、数字环境五大因素所构成。

基础设施主要以各国 ICT 基础设施资源为衡量标准,其作为现代信息网络建设的先决条件,体现了各国对于发展数字经济的准备情况。

数字技术分为高新数字技术资源、高新数字技术投资、高新数字技术潜力 3 个方面。在各国基础技术资源差距逐渐缩小的当下,大数据、人工智能、物联网、云计算等高新数字技术为数字化拉开了新的帷幕,作为数字经济的关键生产要素,高新数字技术资源代表了各国前沿技术的丰富度与可用性,高新数字技术投资力度直接影响高新数字技术资源的应用、创新及其发展前景,从而影响数字经济的发展。高新数字技术潜力则体现了数字经济潜在的发展空间以及能够为未来数字产业带来的预期市场效益。

数字产业是数字化转型最直观的成果体现,是数字经济最核心的部分,具体表现为数字经济规模、个人数字应用、政府数字应用与企业数字应用。数字经济规模体现各国数字经济的总体发展情况;个人数字应用通过测度个人使用数字技术的情况体现该国数字产品与服务的发达和普及程度;政府数字应用反映政府应用数字技术带来的政务效率提升以及其引导国家和社会全面数字化的能力;企业是利用信息技术提升产出和推动经济结构优化的主力军,企业数字应用反映企业应用数字技术的水平,体现企业利用数字技术推进新的商业组织模式和 ICT 相关服务贸易发展的程度,描述各国核心产业数字化转型的进展。

数字 R&D 聚焦数字 R&D 能力、数字 R&D 人才与数字 R&D 投入 3 个维度。数字 R&D 能力所包含的数字技能程度以及每百万人申请 ICT/PCT 专利数量等,可以反映极高的数字研究与创新潜力;数字 R&D 人才代表掌握着前沿核心信息通信技术的研究开发人员,对各国在未来的数字经济发展中抢占先行优势十分重要;数字 R&D 投入体现各国对于信息通信技术研发创新的重视程度。

数字环境衡量政府对 ICT 的支撑力度,主要对相关网络安全、法律环境进行测度,旨在反映政府在数字经济良好生态环境形成过程中的引导和支撑能力。

12.3　数字经济综合发展水平测评方法

本节按照数字经济综合发展水平测评的一般步骤,从数据采集、数据补缺、数据标准化、权重确定、指数计算等方面逐步讲述。

12.3.1 数据采集

根据指标体系采集相应的数据,汇编成表格。数据可统一整理到 Excel 表格里,便于后续指标体系的计算。

数据的采集与补缺

本节构建的指标体系数据主要来源于国际电联(ITU)年度报告、《全球网络安全指数报告》、Portulans 研究所(PI)网络就绪指数(NRI)报告(2019 年前由世界经济论坛主办)、世界银行数据库、世界知识产权组织《全球创新指数》(*Global Innovation Index*,GII)、中国信通院《中国数字经济发展白皮书》、华为《全球联接指数》、经合组织《数字经济展望》、万维网基金会"开放数据晴雨表"全球报告。若个别国家的某些指标数据未能找到,但此指标所代表的含义相对重要,无法用其他指标代替,并且数据缺失项所占比例非常低,则指标依然可以采用,数据空缺项可以用 N.A. 表示。数字经济综合发展水平指标体系数据总表如表 12-2 所示。

12.3.2 数据补缺

采集的原始数据中有 3 个数据缺失,分别为"个人使用在线课程的占比"中的中国与俄罗斯数据,以及"政府促进 ICT 投资"中的中国数据。

世界经济论坛发布的网络就绪指数报告中的"以教学为目的接入互联网的小学比例"与本指标体系中的"个人使用在线课程的占比"含义接近。利用等比例法(网络就绪指数指标"以教学为目的接入互联网的小学比例"的中国分数为 96.25(%),韩国分数为 100(%);本指标体系中"个人使用在线课程的占比"的韩国分数为 21.9),计算出"个人使用在线课程的占比"中国分数为 21.08。

考虑到俄罗斯数字经济发展水平相对落后,此处俄罗斯缺失数据取已知样本中的最小值,即 8.4。

"政府促进 ICT 投资"的数据来自世界经济论坛发起的调查问卷。此指标具有独特性,因为其他报告中未发现类似指标。为了降低因数据缺失而导致的评价体系结果偏差,此处的数据补缺采取平均值方法,即中国分数为 70.93。

指标数据补缺时应注意:一方面,所采用的数据补缺方法应科学合理;另一方面,需要数据补缺的指标占比不应太大,本指标体系中数据补缺的指标总占比为 1.04%(低于 5%),不影响指标体系的测算。

12.3.3 数据标准化

在指标体系中,由于各个指标的属性不同,无法直接在不同指标之间进行比较和综合。为了统一比较的标准,保证结果的可靠性,需要对原始数据进行一定的处理。将原始数据转化为无量纲、无数量级差异的标准化数值,消除不同指标之间因属性不同而带来的影响,从而使结果更具可比性。

本测评采用线性比例标准化法。对于正指标,取该指标的最大值 X_{max},然后用该指标的每一个观察值除以最大值,再乘以 100,使得最终的指标数值在 0~100 之间。即:

$$X' = X/X_{max} \times 100, \quad X \geqslant 0$$

标准化后的数字经济综合发展水平指标体系数据见表 12-3。

表 12-2 数字经济综合发展水平指标体系数据总表

一级指标	基础设施			数字技术							
二级指标	ICT 基础设施资源			高新数字技术资源			高新数字技术投资			高新数字技术潜力		
三级指标	互联网接入率	4G 和 5G 连接	10M 及以上固定宽带用户占比	人均国际互联网带宽	云化率	每百万工人拥有多功能工业机器人数	人均物联网设备保有量	每百万人安全互联网服务器数	传统 ICT 投资占 GDP 比重	云服务投资占 GDP 比重	人均物联网相关基础设施和服务投资	人工智能投资占 GDP 比重	人工智能潜力	物联网潜力	云服务潜力
单位	—	—	—	—	—	人/每百万人	台/每百万人	—	—	—	—	—	—	—	—
取值范围	0~100	1~10	0~100	0~100	1~10	—	1~10	—	1~10	1~10	1~10	1~10	1~10	1~10	1~10
数据来源	PI	华为	ITU	PI	华为	PI	华为	世界银行	华为	华为	华为	华为	华为	华为	华为
数据年份	2018	2020	2018	2018	2020	2019	2020	2020	2020	2020	2020	2020	2020	2020	2020
中国	59.46	8	98.47	64.08	4	39.65	4	954.5	3	10	5	5	6	4	8
美国	83.8	8	87.49	72.69	7	64.06	8	141 670.3	9	4	2	1	4	4	4
德国	89.87	6	88.06	68.29	4	100	5	97 424.3	6	5	4	2	5	5	4
日本	98.53	10	91.19	63.89	4	96.78	4	22 925.9	8	7	4	1	6	5	4
俄罗斯	76.52	6	76.74	69.78	4	1.42	2	13 344.8	3	2	1	1	4	7	4
英国	93.97	8	98.04	81.22	6	26.94	6	36 379.7	10	7	4	3	5	5	4
韩国	99.48	9	100	68.22	4	100	5	5 945.4	5	4	4	1	4	4	4
法国	82.32	6	93.56	68.39	5	45.52	4	36 220.1	7	5	4	2	6	5	4

续表

一级指标	数字产业										
二级指标	数字经济规模			个人数字应用			政府数字应用		企业数字应用	
三级指标	数字经济GDP占比	数字经济规模	ICT服务出口在贸易总额中的占比	ICT服务进口在贸易总额中的占比	使用在线购物用户占比	个人使用在线课程的占比	人均应用下载量	电子参与指数	政府数据开放程度	电子商务交易量	ICT对新组织模式的影响程度
单位	%	亿美元	%	%	0~100	0~100	1~10	0~1	0~100	1~10	0~100
取值范围	—	—	—	—	—	—	—	—	—	—	—
数据来源	中国信通院	中国信通院	WIPO	WIPO	PI	OECD	华为	UN	WWWF	华为	WIPO
数据年份	2020	2020	2020	2020	2017	2019	2020	2020	2017	2020	2020
中国	0.36	53 565	2.1	1	58.06	N.A.	5	0.96	31	9	59.7
美国	0.65	135 997	2	1.6	90.33	20	5	1	64	9	83.7
德国	0.67	25 398	2.5	2.5	85.73	8.5	4	0.75	58	5	78
日本	0.49	24 769	0.8	2.2	58.85	9.4	3	0.99	68	9	67.8
俄罗斯	0.19	2 756	1.3	1.3	34.47	N.A.	4	0.87	51	2	58.4
英国	0.66	17 884	3.3	1.5	95.86	19.6	6	0.98	76	5	79.1
韩国	0.52	8 478	0.9	0.5	92.94	21.9	3	1	72	4	64
法国	0.46	11 870	2.1	2.5	71.18	8.4	4	0.90	72	3	70.9

续表

一级指标	数字R&D						数字环境		
二级指标	数字R&D能力	数字R&D人才		数字R&D投入			政府支撑力度		
三级指标	数字技能程度	每百万人申请ICT/PCT专利数量	每百万人口研发人员数量	企业研究人才占比	研发总支出占比(GERD)	计算机软件开发在GDP中的比重	全球网络安全指数	政府促进ICT投资	ICT监管环境	ICT相关法律
单位	—	—	人	%	%	%	—	—	—	—
取值范围	0~100	0~100	—	—	—	—	0~100	0~100	0~100	1~10
数据来源	PI	PI	WIPO	WIPO	WIPO	WIPO	ITU	PI	PI	华为
数据年份	2019	2017	2019	2019	2019	2020	2020	2020	2019	2020
中国	65.37	58.38	1 471.3	57.7	2.2	0.3	92.53	N.A.	44.02	7
美国	85.19	79.3	4 408.2	72.5	3.1	1.1	100	78.86	89.77	8
德国	77.38	71.72	5 381.7	60.7	3.2	0.5	97.41	73.72	95.56	7
日本	58.68	88.14	5 374.6	74.4	3.2	0.3	97.82	71.92	71.24	7
俄罗斯	73.95	19.45	2 746.7	48	1	—	98.06	52.56	35.91	5
英国	73.58	62.28	4 701.2	41.9	1.8	0.5	99.54	66.69	97.3	8
韩国	75.16	92.85	8 407.8	82.3	4.6	0.2	98.52	77.75	81.86	8
法国	60.43	59.66	4 687.2	62.8	2.2	0.5	97.6	75.02	96.14	8

表12-3 标准化后的数字经济综合发展水平指标体系数据

一级指标	基础设施					数字技术								
二级指标	ICT基础设施资源					高新数字技术资源			高新数字技术投资				高新数字技术潜力		
三级指标	互联网接入率	4G和5G连接	10M及以上固定宽带用户占比	人均国际互联网带宽	云化率	每百万工人拥有多功能工业机器人数	人均物联网设备保有量	每百万人安全互联网服务器数	传统ICT投资占GDP比重	云服务投资占GDP比重	人均物联网相关基础设施和服务投资	人工智能投资占GDP比重	人工智能潜力	物联网潜力	云服务潜力
单位	0~100	—	—	—	—	人/每百万人	—	台/每百万人	—	—	—	—	—	—	—
取值范围	0~100	1~10	0~100	0~100	1~10	1~10	1~10	1~10	1~10	1~10	1~10	1~10	1~10	1~10	1~10
数据来源	PI	华为	ITU	PI	华为	PI	华为	世界银行	华为	华为	华为	华为	华为	华为	华为
数据末年份	2018	2020	2018	2018	2020	2019	2020	2020	2020	2020	2020	2020	2020	2020	2020
中国	59.77	80.00	98.47	78.90	57.14	39.65	50.00	0.67	30.00	40.00	100.00	100.00	100.00	57.14	100.00
美国	84.24	80.00	87.49	89.50	100.00	64.06	100.00	100.00	90.00	50.00	40.00	20.00	66.67	57.14	50.00
德国	90.34	60.00	88.06	84.08	57.14	100.00	62.50	68.77	60.00	70.00	80.00	40.00	83.33	71.43	50.00
日本	99.05	100.00	91.19	78.66	57.14	96.78	50.00	16.18	80.00	20.00	80.00	20.00	100.00	71.43	50.00
俄罗斯	76.92	60.00	76.74	85.91	57.14	1.42	25.00	9.42	30.00	70.00	20.00	20.00	66.67	100.00	50.00
英国	94.46	80.00	98.04	100.00	85.71	26.94	75.00	25.68	100.00	40.00	80.00	60.00	83.33	71.43	50.00
韩国	100.00	90.00	100.00	83.99	57.14	100.00	62.50	4.20	50.00	50.00	80.00	20.00	66.67	57.14	50.00
法国	82.75	60.00	93.56	84.20	71.43	45.52	50.00	25.57	70.00	50.00	80.00	40.00	100.00	71.43	50.00

续表

一级指标		数字产业									
二级指标		数字经济规模				个人数字应用			政府数字应用		企业数字应用
三级指标		数字经济GDP占比	数字经济规模	ICT服务出口在贸易总额中的占比	ICT服务进口在贸易总额中的占比	使用在线购物用户占比	个人使用在线课程的占比	人均应用下载量	电子参与指数	政府数据开放程度	电子商务交易量	ICT对新组织模式的影响程度
单位		%	亿美元	%	%	—	—	—	—	—	—	—
取值范围		—	—	—	—	0~100	0~100	1~10	0~1	0~100	1~10	0~100
数据来源		中国信通院	中国信通院	WIPO	WIPO	PI	OECD	华为	UN	ODB	华为	WIPO
数据年份		2020	2020	2020	2020	2017	2019	2020	2020	2017	2020	2020
中国		53.73	39.39	63.64	40.00	60.57	96.26	83.33	96.43	40.79	100.00	71.33
美国		97.01	100.00	60.61	64.00	94.23	91.32	83.33	100.00	84.21	100.00	100.00
德国		100.00	18.68	75.76	100.00	89.43	38.81	66.67	75.00	76.32	55.56	93.19
日本		73.13	18.21	24.24	88.00	61.39	42.92	50.00	98.81	89.47	100.00	81.00
俄罗斯		28.36	2.03	39.39	52.00	35.96	38.36	66.67	86.90	67.11	22.22	69.77
英国		98.51	13.15	100.00	60.00	100.00	89.50	100.00	97.62	100.00	55.56	94.50
韩国		77.61	6.23	27.27	20.00	96.95	100.00	50.00	100.00	94.74	44.44	76.46
法国		68.66	8.73	63.64	100.00	74.25	38.36	66.67	90.48	94.74	33.33	84.71

第12章 数字经济测评与管理案例

续表

一级指标	数字R&D						数字环境		
二级指标	数字R&D能力	数字R&D人才		数字R&D投入			政府支撑力度		
三级指标	数字技能程度	每百万人申请ICT/PCT专利数量	每百万人口研发人员数量	企业研究人才占比	研发总支出(GERD)占比	计算机软件开发在GDP中的比重	全球网络安全指数	政府促进ICT投资	ICT监管环境	ICT相关法律
单位	—	—	人	%	%	%	—	—	—	—
取值范围	0~100	0~100	—	—	—	—	0~100	0~100	0~100	1~10
数据来源	PI	PI	WIPO	WIPO	WIPO	WIPO	ITU	PI	PI	华为
数据年份	2019	2017	2019	2019	2019	2020	2020	2020	2019	2020
中国	76.73	62.88	17.50	70.11	47.83	27.27	92.53	89.94	45.24	87.50
美国	100.00	85.41	52.43	88.09	67.39	100.00	100.00	100.00	92.26	100.00
德国	90.83	77.24	64.01	73.75	69.57	45.45	97.41	93.48	98.21	87.50
日本	68.88	94.93	63.92	90.40	69.57	27.27	97.82	91.20	73.22	87.50
俄罗斯	86.81	20.95	32.67	58.32	21.74	27.27	98.06	66.65	36.91	62.50
英国	86.37	67.08	55.91	50.91	39.13	45.45	99.54	84.57	100.00	100.00
韩国	88.23	100.00	100.00	100.00	100.00	18.18	98.52	98.59	84.13	100.00
法国	70.94	64.25	55.75	76.31	47.83	45.45	97.60	95.13	98.81	100.00

12.3.4 权重确定

本指标体系权重确定采取主观赋权与客观赋权相结合的方法。在指标体系中,各三级指标独立性较强,可以采用变异系数法。在一级指标与二级指标的赋权中,增加评价者对指标价值的理解。在征求专家个人意见后,确定各一级指标与二级指标的权重。

指标权重确定

1) 一级指标权重

一级指标权重采取主观赋权法中的专家评判法。其基本思路是征求专家的个人意见、看法和建议,然后对这些意见加以归纳,整理出对应的权重大小。具体数值如表12-4所示。

表12-4 一级指标权重表

	基础设施	数字技术	数字产业	数字R&D	数字环境
权重	0.16	0.24	0.24	0.18	0.18

2) 二级指标权重

二级指标权重采取主观赋权法中的专家评判法。在征求专家个人意见、看法和建议后,认定各个二级指标同等重要,所以二级指标权重平均分配,具体数值如表12-5所示。

表12-5 二级指标权重表

一级指标	基础设施	数字技术			数字产业				数字R&D			数字环境
二级指标	ICT基础设施资源	高新数字技术资源	高新数字技术投资	高新数字技术潜力	数字经济规模	个人数字应用	企业数字应用	政府数字应用	数字R&D技能	数字R&D人才	数字R&D投入	政府支撑力度
权重	1	$\frac{1}{3}$	$\frac{1}{3}$	$\frac{1}{3}$	$\frac{1}{4}$	$\frac{1}{4}$	$\frac{1}{4}$	$\frac{1}{4}$	$\frac{1}{3}$	$\frac{1}{3}$	$\frac{1}{3}$	1

3) 三级指标权重

三级指标权重采用客观赋权法中的变异系数法。根据各个指标在所有被评价对象上观测值的变异程度大小对其赋权。

① 计算各指标的标准差,反映各指标的绝对变异程度。

$$S_j = \sqrt{\frac{\sum_{i=1}^{n}(X_{ij} - \bar{X}_j)^2}{n}}$$

其中,S_j 表示第 j 个指标的标准差。

② 计算各指标的变异系数,反映各指标的相对变异程度。

$$v_j = \frac{S_j}{x_j}$$

③ 对各指标的变异系数进行归一化处理,得到各指标的权重。

第12章 数字经济测评与管理案例

$$w_j = \frac{v_j}{\sum_{j=1}^{m} v_j}$$

变异系数法的基本原理在于,变异程度越大的指标对综合评价的影响越大,权重大小体现了指标分辨能力的大小。

各三级指标的权重如表12-6~表12-17所示。以下各权重计算结果均保留4位小数。因保留位数限制,计算存在一定误差。

表12-6 "ICT基础设施资源"构成指标权重

三级指标	互联网接入率	4G和5G连接	10M及以上固定宽带用户占比	人均国际互联网带宽
标准差	12.388 4	1.408 7	7.188 6	5.157 0
平均数	85.493 8	7.625 0	91.693 8	69.570 0
变异系数	0.144 9	0.184 7	0.078 4	0.074 1
变异系数和	0.482 1			
权重	0.300 6	0.383 1	0.162 6	0.153 7

表12-7 "高新数字技术资源"构成指标权重

三级指标	云化率	每百万工人拥有多功能工业机器人数	人均物联网设备保有量	每百万人安全互联网服务器数
标准差	1.089 7	34.845 5	1.639 4	46 362.888 9
平均数	4.750 0	59.296 3	4.750 0	44 358.125 0
变异系数	0.229 4	0.587 7	0.345 1	1.045 2
变异系数和	2.207 4			
权重	0.103 9	0.266 2	0.156 3	0.473 5

表12-8 "高新数字技术投资"构成指标权重

三级指标	传统ICT投资占GDP比重	云服务投资占GDP比重	人均物联网相关基础设施和服务投资	人工智能投资占GDP比重
标准差	2.446 3	2.291 3	1.224 7	1.322 9
平均数	6.375 0	5.500 0	3.500 0	2.000 0
变异系数	0.383 7	0.416 6	0.349 9	0.661 5
变异系数和	1.811 7			
权重	0.211 8	0.229 9	0.193 1	0.365 1

表 12-9 "高新数字技术潜力"构成指标权重

三级指标	人工智能潜力	物联网潜力	云服务潜力
标准差	0.866 0	0.927 0	1.322 9
平均数	5.000 0	4.875 0	4.500 0
变异系数	0.173 2	0.190 2	0.294 0
变异系数和	0.657 4		
权重	0.263 5	0.289 3	0.447 2

表 12-10 "数字经济规模"构成指标权重

三级指标	数字经济 GDP 占比	数字经济规模	ICT 服务出口在贸易总额中的占比	ICT 服务进口在贸易总额中的占比
标准差	0.156 0	40 793.545 9	0.788 6	0.674 4
平均数	0.500 0	35 089.625 0	1.875 0	1.637 5
变异系数	0.312 0	1.162 6	0.420 6	0.411 8
变异系数和	2.307 0			
权重	0.135 2	0.503 9	0.182 3	0.178 5

表 12-11 "个人数字应用"构成指标权重

三级指标	使用在线购物用户占比	个人使用在线课程的占比	人均应用下载量
标准差	20.286 7	6.026 4	0.968 2
平均数	73.427 5	14.660 0	4.250 0
变异系数	0.276 3	0.411 1	0.227 8
变异系数和	0.915 2		
权重	0.301 9	0.449 2	0.248 9

表 12-12 "政府数字应用"构成指标权重

三级指标	电子参与指数	政府数据开放程度
标准差	0.081 6	13.838 4
平均数	0.931 6	61.500 0
变异系数	0.087 6	0.225 0
变异系数和	0.312 6	
权重	0.280 2	0.719 8

表 12-13 "企业数字应用"构成指标权重

三级指标	电子商务交易量	ICT 对新组织模式的影响程度
标准差	2.681 0	8.778 4
平均数	5.750 0	70.200 0
变异系数	0.466 3	0.125 0
变异系数和	0.591 3	
权重	0.788 6	0.211 4

表 12-14 "数字 R&D 能力"构成指标权重

三级指标	数字技能程度	每百万人申请 ICT/PCT 专利数量
标准差	8.437 6	21.499 8
平均数	71.217 5	66.472 5
变异系数	0.118 5	0.323 4
变异系数和	0.441 9	
权重	0.268 2	0.731 8

表 12-15 "数字 R&D 人才"构成指标权重

三级指标	每百万人口研发人员数量	企业研究人才占比
标准差	1 902.977 6	12.721 1
平均数	4 647.337 5	62.537 5
变异系数	0.409 5	0.203 4
变异系数和	0.612 9	
权重	0.668 1	0.331 9

表 12-16 "数字 R&D 投入"构成指标权重

三级指标	研发总支出占比(GERD)	计算机软件开发在 GDP 中的比重
标准差	1.028 3	0.264 3
平均数	2.662 5	0.462 5
变异系数	0.386 2	0.571 5
变异系数和	0.957 7	
权重	0.403 3	0.596 7

表 12-17 "政府支撑力度"构成指标权重

三级指标	全球网络安全指数	政府促进 ICT 投资	ICT 监管环境	ICT 相关法律
标准差	2.130 5	7.828 8	22.684 3	0.968 2
平均数	97.685 0	70.931 3	76.475 0	7.250 0
变异系数	0.021 8	0.110 4	0.296 6	0.133 5
变异系数和	0.562 3			
权重	0.038 8	0.196 3	0.527 5	0.237 4

各级指标权重相乘后得到最终权重,结果如表 12-18 所示。

表 12-18 数字经济指标体系权重总表

一级指标	二级指标	三级指标	权重
基础设施	ICT 基础设施资源	互联网接入率	0.048 1
		4G 和 5G 连接	0.061 3
		10 M 及以上固定宽带用户占比	0.026 0
		人均国际互联网带宽	0.024 6
数字技术	高新数字技术资源	云化率	0.008 3
		每百万工人拥有多功能工业机器人数	0.021 3
		人均物联网设备保有量	0.012 5
		每百万人安全互联网服务器数	0.037 9
	高新数字技术投资	传统 ICT 投资占 GDP 比重	0.016 9
		云服务投资占 GDP 比重	0.018 4
		人均物联网相关基础设施和服务投资	0.015 4
		人工智能投资占 GDP 比重	0.029 2
	高新数字技术潜力	人工智能潜力	0.021 1
		物联网潜力	0.023 1
		云服务潜力	0.035 8
数字产业	数字经济规模	数字经济规模	0.008 1
		数字经济 GDP 占比	0.030 2
		ICT 服务出口在贸易总额中的占比	0.010 9
		ICT 服务进口在贸易总额中的占比	0.010 7
	个人数字应用	使用在线购物用户占比	0.018 1
		个人使用在线课程的占比	0.027 0
		人均应用下载量	0.014 9
	政府数字应用	电子参与指数	0.016 8
		政府数据开放程度	0.043 2
	企业数字应用	电子商务交易量	0.047 3
		ICT 对新组织模式的影响程度	0.012 7
数字 R&D	数字 R&D 能力	数字技能程度	0.016 1
		每百万人申请 ICT/PCT 专利数量	0.043 9
	数字 R&D 人才	每百万人口研发人员数量	0.040 1
		企业研究人才占比	0.019 9
	数字 R&D 投入	研发总支出占比(GERD)	0.024 2
		计算机软件开发在 GDP 中的比重	0.035 8
数字环境	政府支撑力度	全球网络安全指数	0.007 0
		政府促进 ICT 投资	0.035 3
		ICT 监管环境	0.095 0
		ICT 相关法律	0.042 7

注:因小数点后保留位数有限,权重之和不为1,存在一定误差。

12.3.5 指数计算

利用标准化后的指标数据以及确定的权重,可计算出测评的最终结果,即数字经济测评总指数。计算公式为

$$I_i = \sum_{j=1}^{36} s_{ij} w_j$$

其中,I_i 为第 i 个国家的总指数,s_{ij} 为第 i 个国家第 j 个三级指标标准化后的指标值(见表12-3),w_j 为第 j 个三级指标权重值(见表12-18)。

数字经济综合发展水平总指数如表12-19所示。

表12-19 数字经济综合发展水平总指数表

排 名	国 家	总 分
1	美国	82.21
2	英国	74.86
3	韩国	73.14
4	日本	72.52
5	德国	72.22
6	法国	67.79
7	中国	64.85
8	俄罗斯	45.69

注:"总分"保留两位小数。

12.4 数字经济测评分析与管理建议

数字经济测评分析

数字经济综合发展水平指标体系由5个一级指标、12个二级指标和36个三级指标构成,围绕着数字经济在基础设施、数字技术、数字产业、数字R&D和数字环境等5个方面的表现状况,深入剖析世界各主要经济体的数字经济发展现状,并通过对比提出未来我国实现数字经济高质量发展的管理建议。

12.4.1 数字经济水平发展状况整体分析

本节计算了2021年中国、美国、德国、日本、俄罗斯、英国、韩国以及法国8个国家的数字经济综合发展指数,计算结果按指数高低排序如图12-1所示。

从图12-1可以看出,2021年美国数字经济综合发展指数高达82.21,为八国中第一位;紧接着,英国、韩国、日本、德国均位于平均值以上;而法国、中国、俄罗斯位于平均值以下。中国数字经济综合发展指数为64.85,在8个国家中排名第七,低于平均值4.31分,距离得分最高的美国相差17.36分,领先俄罗斯19.16分。

根据上述数字经济水平指数,利用平均连接、平方欧式距离的方法,对8个国家进行层次聚类分析。可以利用IBM SPSS软件进行聚类分析,其输出结果如图12-2和图12-3所示。

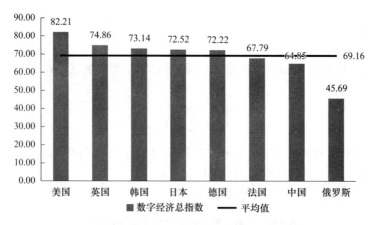

图 12-1　2021 年 8 个国家数字经济综合发展指数情况

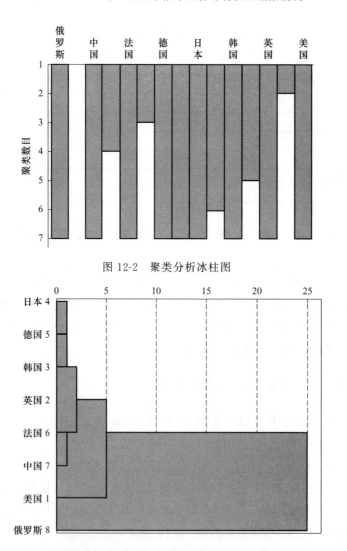

图 12-2　聚类分析冰柱图

图 12-3　使用平均联接(组间)的谱系图

将8个国家分为4类,分别为领跑型、加速型、潜力型、落后型,具体分类如表12-20所示。

表12-20 数字经济综合发展指数的聚类分析分类结果

分 类	国 家
领跑型	美国
加速型	英国、韩国、日本、德国
潜力型	法国、中国
落后型	俄罗斯

作为领跑型国家,美国数字经济综合发展指数在80分以上,远高于其他国家;加速型国家主要有英国、韩国、日本、德国,分值在70~75范围内;中国、法国作为潜力型国家,均在65分左右,还有待提高数字经济水平;俄罗斯得45.69分,远低于其他国家,排名落后。

除对总指数进行绘制图表、聚类分析,也可以对一级指标分类排名,查看各个国家在各一级指标方面所处的位置,明确其发展现状。8个国家数字经济发展水平各一级指标排名如表12-21所示。8个国家数字经济综合发展水平各一级指标柱状图如图12-4所示。

表12-21 8个国家数字经济综合发展水平各一级指标排名

	基础设施	数字技术	数字产业	数字R&D	数字环境
中国	6	1	3	7	7
美国	4	3	1	2	3
德国	5	2	6	4	4
日本	1	5	4	3	6
俄罗斯	8	8	8	8	8
英国	3	4	2	6	2
韩国	2	7	5	1	5
法国	7	6	7	5	1

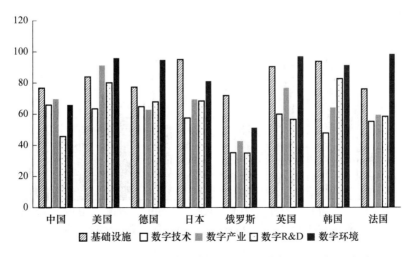

图12-4 8个国家数字经济综合发展水平指数各一级指标柱状图

结合以上图表,从一级指标的角度考虑,美国除了"基础设施"这一指标,其余 4 个一级指标都处于前三名,特别是在数字产业方面,远领先于其他国家。而俄罗斯所有一级指标均排第八位,与其他国家差距明显。英国除"数字 R&D"稍稍落后以外,其余指标均优于平均水平。总体来看,不同国家在不同指标上各具优势和劣势。日本在"基础设施"方面排名第一,韩国在"数字 R&D"方面排名第一,其他方面均表现尚可。中国与法国情况类似,有明显的优势,也存在一定的不足。比如,中国在"数字技术"方面的表现非常突出,"数字产业"优于平均值,其他三方面则有待加强。

12.4.2 数字经济综合发展水平二级、三级指标分析

在分析完一级指标之后,可以深入分析二级指标和三级指标。利用雷达图、柱状图、热力图、折线图等多种图表,对各国数字经济的发展现状的二级、三级指标进行详细分析。本节以"数字技术"为例,深入分析各国的表现情况。由于二级指标涉及的数据较少,因此可以利用雷达图充分展示数据趋势,如图 12-5 所示;利用柱状图充分展示数据构成,如图 12-6 所示。

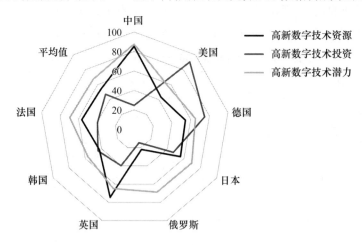

图 12-5 "数字技术"雷达图

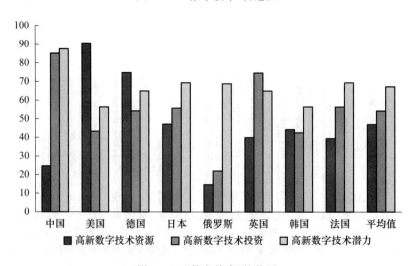

图 12-6 "数字技术"柱状图

第 12 章 数字经济测评与管理案例

"数字技术"包括高新数字技术资源、高新数字技术投资、高新数字技术潜力 3 个方面。"数字技术"方面,中国、德国、美国排前三名,得分均超过 60 分;英国、日本、法国排名处于第二梯队;韩国得 47.77 分,排名第七;俄罗斯排名第八位。中国在"高新数字技术资源"方面,明显落后于除俄罗斯之外的其他六国,但是从雷达图明显观察到,中国在"高新数字技术投资"以及"高新数字技术潜力"方面遥遥领先,故在"数字技术"方面总体排名第一。在"高新数字技术资源"方面,美国排名第一,但美国在"高新技术投资"方面低于平均值。

进一步分析中国表现相对薄弱的"高新数字技术资源"方面。此处,利用热力图,通过颜色变化,展示各国在各三级指标排名中所处的位置,如图 12-7 所示。

	云化率	每百万工人拥有多功能工业机器人数	人均物联网设备保有量	每百万人安全互联网服务器数
中国	57.14	39.65	50	0.67
美国	100	64.06	100	100
德国	57.14	100	62.5	68.77
日本	57.14	96.78	50	16.18
俄罗斯	57.14	1.42	25	9.42
英国	85.71	26.94	75	25.68
韩国	57.14	100	62.5	4.2
法国	71.43	45.52	50	25.57

图 12-7 "高新数字技术资源"热力图

美国在"高新数字技术资源"方面表现优秀,"云化率""人均物联网设备保有量""每百万人安全互联网服务器数"均处第一位,并且得分遥遥领先。德国表现虽差于美国,但明显优于其他六国,尤其在"每百万工人拥有多功能工业机器人数"方面排名第一,"人均物联网设备保有量"以及"每百万人安全互联网服务器数"均高于平均值。日本、英国、韩国、法国都存在某一个三级指标表现相对突出的情况,进而直接提高"高新数字技术资源"二级指标数值。比如,韩国在"每百万工人拥有多功能工业机器人数"方面排名第一;日本在"每百万工人拥有多功能工业机器人数"方面排名第三。而中国在"每百万工人拥有多功能工业机器人数"方面表现落后,尤其是在"每百万人安全互联网服务器数"方面严重落后于其他国家,如图 12-8 所示。中国在"云化率"与"人均物联网设备保有量"这两项指标上表现尚可;俄罗斯在此二级指标的各方面表现都较为落后。

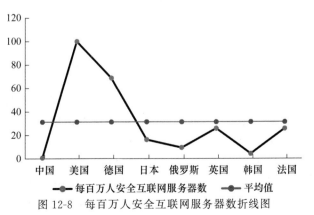

图 12-8 每百万人安全互联网服务器数折线图

如图12-8所示,八国在"每百万人安全互联网服务器数"指标上的表现参差不齐,差距明显。其中美国、德国处于绝对领先地位,英国和法国接近平均水平,其他4个国家得分远低于平均值。欧美国家在"每百万人安全互联网服务器数"方面的发展好于亚洲国家;中国在此三级指标上排名第八,与美国的差距极其明显。美国人口数量全世界排名第三位,约为中国人口数量的四分之一,而美国此指标得分是中国得分的149倍。由此可见,中美两国的"安全互联网服务器数量"上的差距也较为明显。

进行数字经济测评分析时,应对所有二级指标以及三级指标进行全面、系统的分析。在分析完所有指标之后,可以根据结果提出合理化的发展建议。本节对二级指标与三级指标的分析只局限于"高新数字技术资源"以及"每百万人安全互联网服务器数"。结果显示,中国在"高新数字技术资源"方面表现稍有落后,低于平均水平,尤其在"每百万人安全互联网服务器数"这一指标上与排名靠前的国家差距极其明显,说明中国在发展数字技术时应加大高新数字技术资源的发展力度。

以上分析主要介绍测评的过程与方法,对所有指标的具体评价、分析在此不再叙述,读者可自行分析。根据指标分析结果,可以提出促进我国未来数字经济高质量发展的合理化建议。

12.4.3 数字经济管理建议

根据对世界主要经济体数字经济发展现状的测评分析,可以看出我国数字经济仍处于发展期,数字技术与数字产业两项指标表现良好,而在基础设施、数字R&D与数字环境方面仍与发达国家存在一定差距,需要政府部门在今后加强建设。结合本章测评结果与前面各章对数字经济管理的分析,本书作者进一步提出以下几方面的有效施策促进数字经济高质量管理。

1. 完善数字经济基础设施建设

当前时期,我国要求加大对数字基础设施的建设力度,政府部门需要制定积极的财政政策,注重在公共服务和新基础设施建设上增加投入,加速公共服务的数字化转型以及新基础设施建设的数字化升级。数字经济必须依赖于一定的基础设施才能够良好运行,传统基础设施的转型升级与新型设施的出现不仅是数字技术应用的产物,还是推动经济社会向前发展的必要基础。目前,我国数字基础建设与发达国家相比依然有较大差距。发展数字经济,建设数字化基础设施,不仅包括互联网、5G基站等网络基础设施的建设,还包括对交通、电力等传统产业基础设施的数字化转型。数字经济发展越快,就越需要借助更新的信息技术,同时对基础设施的依赖性也越突出。推动数字经济基础设施的建设,能为传统产业转型升级提供支撑,也能为缩小东西部经济差距提供新动力。

2. 加大数字技术科研投入

当前,我国数字技术创新与发达国家存在一定差距,突破数字经济发展技术瓶颈最有效、最直接的方法就是加大科研投入,包括人、财、物的全方位投入。针对"人"的投入,我国需要加强对数字技术方面人才的培育,如提供学习前沿知识、专家讲座、外派学习等机会;提升技术研发人员的待遇,如涨工资、津贴,畅通晋升渠道,解决住房、户籍等问题;引进关键技术领军人物,采取提供高薪、高额科研启动金和住房等措施吸引和留住人才。针对"财"的投入,我国需要加大科研资金投入,包括向相关高校、科研院所财政提供资金支持,对研发企业实行相关项目增值税、消费税、营业税税收减免措施,设立数字技术科研基金等。针对"物"的投入,我国需要提供数字技术研究的场所、实验设备,加强全面 5G 通信、人工智能、工业互联网等基础设施的建设,以营造数字经济发展的实践氛围,打造广泛的数字技术支撑。

3. 强化数字经济开放力度

数字经济的根基是开放的互联网络,因此在实际发展过程中,保持良好的开放力度才能成功激发数字产业竞争活力,整合各种资源,促使数字经济生产率稳步提高。基于此,我国需要从监管层面入手,适当减少限制性政策,放宽数字产业市场准入标准,打破不同数字产业之间的行业壁垒。与此同时,针对数据跨境流动,需要建立专门的安全保障机制,防止威胁国家安全事件的发生。全球经济发展正处于新旧动能转换期,转换的主要方向之一是不断提升数字经济在经济发展中的地位与作用,为了实现这一目标,需要进一步加大对外开放力度,通过扩大开放促进数字经济加快发展。数字企业需要注重提高自身的核心竞争力,开阔国际化视野,形成互联网思维,进军国际市场,更好地在国外推行我国的数字经济技术、标准,扩大数字经济产业的国际影响力,更好地利用国内外资源,产生更多的数字经济效益,带动我国社会经济实现更好的发展。

4. 优化数字经济发展生态环境

优化数字经济发展生态环境,是推动数字经济稳定、顺利发展的保障。因此,必须采取有效措施,做好生态环境的有效优化,具体措施包括以下 3 方面。

① 加强生态环境监管,树立包容审慎理念,开展数字治理工作,建立完善的监管制度,规范数字经济发展行为。一方面,针对新型数字产业经济,应在加强监管的同时,提供适当的试错与容错空间,给予其一个相对宽松的发展环境,激发其创新活力;另一方面,针对存在侵犯知识产权、涉及虚假宣传的不法分子,应进行严厉打击。

② 建立规范的数据交易市场。从顶层设计出发,做好各方利益的平衡,结合实际,建立合理的数据市场化交易配套制度,促进数字技术潜在价值的良好发挥。另外,还应打通数字技术质押入股等资产化通道,引入资本市场调节力量,推动数字经济稳定顺利发展。

③ 从数字经济各方面的发展入手,做好立法工作。针对数字经济相关法规政策,应结合数字经济发展实际,做好动态性适应调整,确保调整后的法规能够更好地适应新型数字经济产业的发展,并为数字经济产业发展提供良好的法律保障。

思 考 题

1. Portulans 研究所网络就绪指数报告、华为《全球联接指数》、经合组织《数字经济展望》这 3 个指标体系有什么差异?
2. 分析指标时可以使用折线图、雷达图、柱状图、热力图等工具,请分析它们各自的优势。
3. 以本章提出的指标体系为基础,详细分析中国、美国、德国、日本、俄罗斯、英国、韩国以及法国 8 个国家"数字产业"一级指标下的各二级、三级指标的表现情况。
4. 请以美国、德国、中国、韩国、印度为测评对象,设计出一套独立的数字经济测评指标体系,说明计算方法并算出各国数字经济总排名。

本章参考文献

[1] 温毓敏.数字经济发展战略与对策分析[J].商展经济,2022(04):27-29.
[2] 河南省社会科学院课题组,刘昱洋.我国数字经济发展中的问题探讨及对策研究[J].区域经济评论,2022(01):99-106.
[3] 李秋香,张舸,黄毅敏,等.我国数字经济发展存在的问题及对策研究[J].创新科技,2021,21(12):11-18.